ARMORIAL

DE FRANCE

ANGLETERRE

ETC., ETC.

Histoire de Charles VII, roi de France, et de son époque : 1403-1461.
—Paris, 1862-1863. 3 vol. in-8°. Prix : 22 fr. 50 c.

Cet ouvrage a obtenu de l'Académie des Inscriptions et Belles-Lettres le second prix,
puis le grand prix Gobert aux concours de 1864 et 1865.

Paris.—Imprimerie Bonaventure et Ducessois, quai des Grands-Augustins, 55.

ARMORIAL DU HÉRAUT BERRY

Spécimens des blasons d'après une peinture copiée sur le Ms. original,
par M. VALLET DE VIRIVILLE.

Anglure ~ Etoges.

Pressigny.

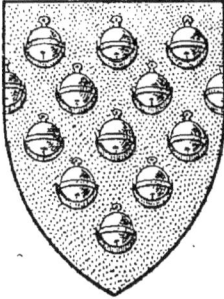
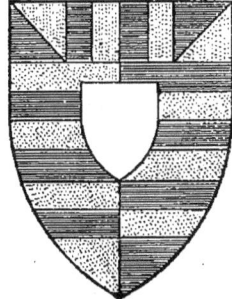

Bueil.

Coëtivy.

Hangest-Genlis.

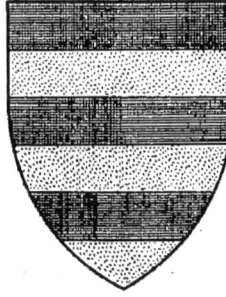
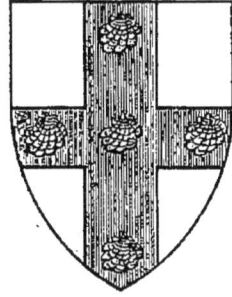

Les Groins.

La Trimouille.

Sevérac.

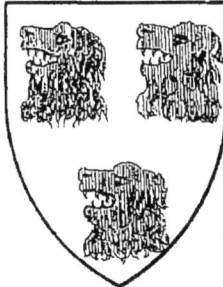

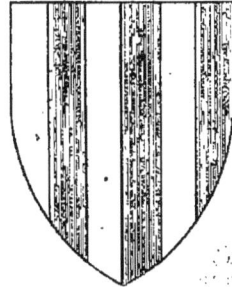

Barbazan.

Trainel.

Villequier.

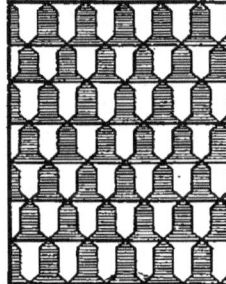
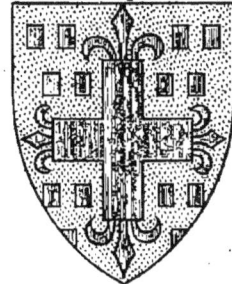

Lith. A. Choizer C¹º & Cⁱº, r. Bergère, Paris.

ARMORIAL
DE FRANCE
ANGLETERRE.
ÉCOSSE, ALLEMAGNE, ITALIE
ET AUTRES PUISSANCES

Composé vers 1450

PAR

GILLES LE BOUVIER, DIT BERRY

PREMIER ROI D'ARMES DE CHARLES VII, ROI DE FRANCE

TEXTE COMPLET

PUBLIÉ POUR LA PREMIÈRE FOIS D'APRÈS LE MANUSCRIT ORIGINAL,
PRÉCÉDÉ D'UNE NOTICE SUR LA VIE
ET LES OUVRAGES DE L'AUTEUR, ET ACCOMPAGNÉ DE FIGURES
HÉRALDIQUES
DESSINÉES D'APRÈS LES ORIGINAUX

PAR

M. VALLET (DE VIRIVILLE)

AUTEUR DE L'HISTOIRE DE CHARLES VII.

PARIS
LIBRAIRIE BACHELIN-DEFLORENNE
3, QUAI MALAQUAIS, 3,

AU PREMIER,

Près de l'Institut.

M.D.CCC.LXVI.

A M. HENRI WALLON

MEMBRE DE L'ACADÉMIE DES INSCRIPTIONS ET BELLES-LETTRES

ET DU CONSEIL DE PERFECTIONNEMENT DE L'ÉCOLE DES CHARTES

ANCIEN REPRÉSENTANT DU PEUPLE

PROFESSEUR D'HISTOIRE MODERNE A LA FACULTÉ DES LETTRES DE PARIS

AUTEUR DE L'HISTOIRE DE L'ESCLAVAGE DANS L'ANTIQUITÉ

ETC., ETC., ETC.

HOMMAGE PUBLIC ET PARTICULIER.

ABRÉVIATIONS ET SIGNES CONVENTIONNELS

Anc.	Ancien.
[B]	Banneret.
Bibl. imp.	Bibliothèque impériale.
Cf.	Conférez.
Col.	Colonne.
Fig.	Figure ou figures.
F°.	Folio.
Fr.	Français.
Goth.	Gothique.
Gr.	Grand, grande.
Ibid.	*Ibidem.*
Lat.	Latin.
Liv.	Livre.
Loc. cit.	Lieu cité.
M^e.	Maître ou Messire.
Ms.	Manuscrit, manuscrite.
Mss.	Manuscrits, manuscrites.
A. S.	Ancien style.
N. S.	Nouveau style.
N°.	Numéro.
Op. cit.	Ouvrage cité.
P.	Page.
Pl.	Planche.
S^r.	Seigneur.
St Ger.	Saint-Germain.
S. (ou) Suiv.	Suivant.
S.	Sou, sous.
Suppl.	Supplément.
T.	Tournois.
T.	Tome.
V°.	Verso.
Vol.	Volume.
V. (ou) Voy.	Voyez.

CONTENU DE L'OUVRAGE

La planche lithographique doit être placée entre les pages 180 et 181.

SOURCES CONSULTÉES

Manuscrits.

TRAITÉS GÉNÉRAUX DE LA NOBLESSE

Comment on fait l'empereur de Rome. Cet opuscule est suivi de plusieurs Traités de la noblesse, des offices princiers ou militaires, et aussi du blason. Ms. fr. 5930, Bibliothèque impériale, écrit sur vélin (xve siècle); suite blasons peints, tels que ceux des Neuf preux (1) et autres.

Cordebeuf (Merlin de). *Traité des Chevaliers errants* (xve siècle) Ms. fr. 1997, f° 81, et suiv. Cet opuscule est précédé de divers autres petits Traités sur les armoiries, les joûtes, tournois, etc.

Traité du blason, Ms. fr., 14357 exécuté vers 1489. (Armoiries des Chevaliers de la Table ronde et autres blasons légendaires). Nombreuses figures peintes.

Petit Traité du blason, écrit vers 1490. Ms. fr. 6129. Parchemin, figures. Abrégé du petit Traité, bien connu sous le nom de *Sicile : le blason des armes et escutz.*

Sicile le héraut. *Le comportement des armes.* Ms. fr. n°389. (xve siècle.)

Lefèvre de Saint-Remy, dit *Toison d'Or. Traité de noblesse.* Ms. fr. 1968. (xve siècle)

Recherche de la noblesse de Normandie, par Montfaut, en 1463. Ms. fr. 2782.

Le Feron (Jean) *Traité armorial.* Ms. fr. 5931 (xvie siècle.)

« *Sensuit le blason des armes.* » Ms. du xvie siècle, sur papier. Blasons historiques et blasons légendaires. Ms. St-G. fr., n° 662 (figures).

ARMORIAUX DE FRANCE OU DES PROVINCES FRANÇAISES.

Armorial du héraut NAVARRE, rédigé en 1397, écrit vers 1410. Mss. frr. N° 387 et 14356.

---

(1) Penthasilée (la *Preuse*) porte d'azur semé de grelots, ou grilléts d'argent (*voyez* ci-après, p. 202, et suiv.); sur le tout, une bande de gueules, chargée de trois bustes de reine au naturel et couronnées d'or.

Armorial intitulé : *C'est le rituel des anciennes armoiries de France du temps du roy Charles VII.* (Copie ou compilation plus moderne.) Ms. Gaignières, n° 9173.

Armorial de France (xve siècle). Ms. fr. 2777.

Blasons artésiens du xive siècle, répandus dans un Ms. de cette époque. Ms. lat. n° 10435.

Armorial d'Auvergne, composé par Revel (xve siècle). Ms. Gaignières, n° 2896.

Armorial de Lorraine. Ms. fr. n° 5468 (xviie siècle).

Armorial de Normandie (xviie siècle). Ms. fr. 8763.

Jean Le Feron. *Armorial de France et principalement de Picardie.* Ms. fr., 5934. (xvie siècle.)

LIVRES DIVERS SE RAPPORTANT A L'ART HÉRALDIQUE.

Le roman de Godefroy de Bouillon. Ms. du xive siècle. Sorbonne, n° 383. Figures héraldiques.

La conqueste d'Outremer. Ms. du xive siècle. Sorbonne, n° 387. Figures héraldiques

Recueil des armes des Chevaliers de l'ordre du Croissant, Ms. exécuté vers 1600. N° 5225, français, sur papier; 24 blasons peints or, argent et couleurs.

L'ordre d'Anjou institué par René, etc., *dans la ville d'Angers, l'an 1448.* Par Claude Menard. Angers 1644. Recueil d'estampes accompagné de notices généalogiques. Blasons et symboles personnels. Ce curieux Ms. provient de Baluze. Ms. fr. 5605.

Du Halle. *Antiquités de Troyes.* Bibliothèque de Troyes.

Imprimés.

TRAITÉS GÉNÉRAUX DE LA NOBLESSE, DE L'ART HÉRALDIQUE, DES ARMOIRIES, ETC.

(Par ordre chronologique).

D. d'Arcq. *Traité de blason du xve siècle.* Paris, 1858. In-8°, fig.

Armorial de France (par *Navarre* le héraut), publ. par M. D. d'Arcq. Paris, 1860. In 8°. (Voyez ci-dessus aux *Manuscrits.*)

Reichenthal (Ulrich de) *Concilium Buch zu Costencza* (Armorial du concile de Constance). Augsbourg, 1483. In-f°. goth. Fig.

Statuts et ordonnances des hérauts d'armes; dans Gaguin, les *Gestes romaines,* etc. Paris, sans date, vers 1500. in-f°, gothique.

Le Feron (Jean). *De la primitive institution des hérauts,* etc. Paris, 1555. In-4°.

Moreau. *Le Tableau des Armoiries de France.* Paris, 1609. In-8°.

Fauchet (Claude). *De l'origine des chevaliers, armoiries et hérauts.* Genève, 1611. In-4°.

Favyn (André). *Théâtre d'honneur et de chevalerie.* Paris, 1620. Deux vol. in-4°.

Louvan Geliot. *Indice armorial.* Paris, 1635. In-fol. Fig.

Le Laboureur. *Origine des armes.* Lyon, 1658. In-4°. Fig.

Paillot. *La vraie et parfaite science des armoiries.* Dijon, 1661. In-f°.

La Colombière (Marc Vulson de). *La Science héroïque.* Paris, 1669. In-fol. Fig.

Ménestrier (le P.). *Méthode de blason.* Paris, 1696. In-12. Fig.

Delpit (Jules). *Notes sur le blason et les armoiries dans la province de Guyenne.* Bordeaux, 1847. In-8°.

Grandmaison (Charles). *Dictionnaire héraldique.* Dans la collection de l'abbé Migne. 1852. Grand in-8° à 2 col.

Joannis Guigard. *Bibliothèque héraldique.* Paris, 1861. In-8°.

Chagot de Montigny. *Généalogies historiques.* Paris, 1736. Deux vol. in-4°. Fig.

Nobiliaires. — Généalogies (1).

Borel d'Hauterive. *Armorial d'Artois et de Picardie.* 1866. Grand in-8°. Fig. (Voir ci-après *Picardie.*)

Armorial de Flandres. 1865. (Même collection.) Cette publication doit reproduire toute la Recherche de 1696, qui s'applique à la France entière de Louis XIV.

Bouillet. *Nobiliaire d'Auvergne.* 1851. Six vol. in-8. Fig.

Soultrait (Georges de). *Armorial du Bourbonnais.* Moulins, 1857. Grand in-8°. Fig.

Catalogue des armoiries des gentilshommes qui ont assisté aux Estats de Bourgogne, de 1548 à 1682. Dijon, 1760. In-fol. Fig.

Beaune (Henri) et d'Arbaumont (Jules). *La Noblesse aux États de Bourgogne, de 1350 à 1789.* Dijon, 1863. In-4°. Fig.

Richard (l'abbé). *Essai sur l'histoire de la maison et baronnie de Montjoie* (en *Bourgogne*). Besançon, 1860. In-8°.

Du Paz (Augustin). *Histoire généalogique de plusieurs maisons illustres de Bretagne.* Paris, 1620. In-4°. Fig.

Le Borgne (Guy). *Armorial breton.* Rennes, 1667. In-fol. Fig.

Potier de Courcy. *Nobiliaire de Bretagne.* Rennes, 1862. Trois vol. in-4°. Fig.

Recherche de la noblesse de Champagne. Châlons, 1673. In-8°.

Recherches de la noblesse de Champagne. Châlons-sur-Marne, 1673 à 1758. Trois vol. grand in-plano. Fig.

De La Roque et de Barthélemy. *Catalogue des gentilshommes de Champagne... en 1789.* Paris, 1863. Grand in-8° (2).

(1) Nous les rangeons, autant que possible, suivant l'ordre alphabétique des provinces : *Artois, Auvergne*, etc.

(2) Un catalogue semblable a été publié, par les mêmes auteurs, pour chacune des anciennes provinces.

Allard (Guy). *Nobiliaire du Dauphiné.* Grenoble, 1671. In-12.

Gariel (Éd.). *Dictionnaire du Dauphiné.* Grenoble, 1864. Deux vol. in-8°. Fig.

Chorier. *Nobiliaire du Dauphiné.* Grenoble, 1697. Quatre vol. in-12.

Drouyn (Léo). *La Guyenne militaire.* Bordeaux, 1860-1865. Deux vol. grand in-4°. Fig.

Noulens (J.). *Maisons historiques de Gascogne.* Paris, 1865. In-8°, t. I. Fig. En cours de publication.

Caux (H. de). *Catalogue général des gentilshommes du Languedoc.* Pézenas, 1676. In-fol. Fig.

Beaudeau. *Armorial général des Estats du Languedoc.* 1686. In-4°. Fig.

Laroque (Louis de). *Armorial du Languedoc.* Paris, 1858-1860. Deux vol. in-8°. Fig.

Husson l'Escossois (Matthieu). *Simple crayon de la noblesse des duchez de Metz.* Toul et Verdun. 1674. In-8°. Fig.

Lallain de Montigny. *Anoblis tant du duché de Bar que de Lorraine,* etc. Liége, 1753. In-8°.

Dom Pelletier. *Nobiliaire ou Armorial de Lorraine.* Nancy, 1758. In-fol. Fig.

Cayon (Jean). *Ancienne chevalerie de Lorraine.* Nancy, 1850. In-fol. Fig.

Metz ancien, par le président d'Hannoncelles. Metz, 1856. Deux vol. in-fol. Fig.

Beaupré. *Les gentilshommes verriers, ou recherches sur l'industrie et les priviléges de la verrerie dans l'ancienne Lorraine.* Nancy, 1847. In-8°.

Magny (M. de). *Nobiliaire de Normandie.* Paris, 1863. Deux vol. grand in-8°. Fig.

Haudiquer de Blancourt. *Nobiliaire de Picardie.* 1693. In-4°. Fig.

Recherches de la noblesse de Picardie. 1716. In-plano. Fig.

Belleval (René de). *Rôles des nobles et fieffés du bailliage d'Amiens en 1337.* Amiens, 1862. In-12.

Nobiliaire du Ponthieu et du Vimeu. Amiens, 1864. Deux vol. in-8°.

Sauzay (Pierre de) *Rooles des bans et arrières-bans de Poictou, tenus en 1467,* etc. Poitiers, 1667. In-4°;

Filleau (H.), etc., *Dictionnaire historique,* etc., de l'ancien Poitou. Poitiers, 1340-1854. 2 vol. in-8°, fig.

Robert de Briançon. *Etat nobiliaire de Provence.* Briançon, 1693. 3 vol. in-12, fig.

Artefeuil. *Histoire de la noblesse de Provence.* 1776-1783. 3 vol. in-4°, fig.

Blancard (Louis). *Iconographie des sceaux,* etc ; *des archives du département des Bouches-du-Rhône ;* Marseille, 1860. In-4°, fig.

Costa de Beauregard. *Familles historiques de Savoie.* Chambéry, 1844. In-4°, fig.

Le comte de Foras. *Armorial et nobiliaire de Savoie.* Grenoble. In-f°, fig. En cours de publication.

L'ermite de Souliers. *Histoire généalogique de Touraine.* Tours, 1865. In-f°, fig. *Inventaire de la noblesse de Touraine.* Tours 1669 in-f°, fig.

OUVRAGES DIVERS.

Anselme. *Histoire généalogique de la Maison de France*, etc., 1729 et années suiv. 9 vol. in-f°.

D'Arbois de Jubainville. *Histoire des ducs et comtes de Champagne*, en cours de publication, plus de 6 vol. in-8°.

Aufauvre (Amédée), et Fichot (Charles). *Monuments de Seine-et-Marne.* Paris, 1858. In-f°. fig.

Barante. *Histoire des ducs de Bourgogne.* Paris, 1824, et années suiv. 13 vol. In-8°.

Barbazan. *L'ordène de chevalerie.* Paris, 1759. In-12.

Beaucourt (Gaston de). *Chronique de Mathieu d'Éscouchy.* Paris, 1863-64 3 vol. in-8°. (Publ, par la Société de l'*Histoire de France.*)

Belleval (René de). *Du costume militaire français en 1446.* Paris, Aubry. 1866. In-8°, fig.

— *Azincourt.* Paris, 1865. In-8°.

Bordier (Henri). *Eglises et monastères de Paris.* Collection Aubry. Paris, 1855, pet. in-8°.

Boutiot (Th.) *Notice historique sur Vendeuvre.* Troyes, 1858. In-8°.

— *Guerres des Anglais en Champagne*, etc. Troyes, 1861. In-8°.

Canat de Chisy. *Documents inédits relatifs à l'histoire de Bourgogne.* T. I, 1863. In-8°.

Cheruel (A.). *Dictionnaire des institutions*, etc. Paris, 1855. Gr. in-12.

Delecluze (E.-J.). *Roland ou la chevalerie.* Paris, 1845. 2 vol. in-8°.

Doüet d'Arcq. *Comptes de l'hôtel des rois de France des* XIVᵉ *et* XVᵉ *siècles.* Paris, 1865. In-8°. (Société de l'Histoire de France.)

Chronique de Monstrelet, éditée par M. D. d'Arcq. Paris, 1857-1862. 6 vol. in-8° (même collection).

Du Cange. *Histoire de Saint-Louis*, par Joinville. 1668, in-f°.

Duchesne (André). *Œuvres d'Alain Chartier.* Paris, 1667. In-4°, fig.

— *Histoire de la Maison de Montmorency.* Paris, 1624. in-f°, fig.

Gresy (E). *Etude historique et paléographique sur un rouleau mortuaire de Guillaume des Barres.* Paris et Meaux, 1865. In-f°, fig.

Histoire de Charles VI, roi de France, etc., éditée par Denis Godéfroy. Paris, imprimerie du Louvre, 1653. In-f°.

Inventaire des Archives de l'Hôtel-Dieu de Paris. Sous presse en 1866. In-4°.

Labbe (Philippe) *Alliance chronologique, tant du sacré que du profane*, etc. Paris 1641. In-4° (t, I).

La Broquière (Bertrandon de la). Voyez ci-après ; *Voyages.*

La Grenge (marquis de). Voyez ci-après, *Voyages.*

Langlois (Victor). *Numismatique de l'Arménie.* Paris, 1855, in 4°.

De la Sale (Antoine). *Le roman du petit Jehan de Saintré*. Ed. Guichard. Paris, 1843. In-18 anglais.

La Thaumassière. *Histoire de Berry*. 1693. In-f°, et en cours de réimpression, in-8°.

Le Bas (Philippe) et Wallon (Henri). *Recueil des historiens occidentaux des Croisades*. Paris, 1859. 2 vol. in-f°.

Le Métayer. *Dalles tumulaires de Normandie*. Paris et Caen, vers 1861. In-4°.

L'Espìnoìs (Henri de). *Histoire de Chartres*. Chartres et Paris, 1854. 2 vol. in-8°.

Marìn. *Histoire de Saladin*. Paris, 1758. In-12.

Masson (Papire). *Annœi Anglurii cognomento Givrii nobilissimi*, etc. *Elogium*. Paris, 1594. In-8°.

Mesrus de Saint-Ouìn, prieur de Loisy. *Oraison funèbre de Saladin d'Anglure*, etc. Paris, 1676. In-4°.

Montfaucon (Bernard de). *Monuments de la monarchie françoise*. 1729-1733, 5 vol. in-f°, fig.

Pauthìer (George). *Le livre de Marco Polo*, etc., 1865. 2 vol. gr. in-8°, fig. *Le Pas Salhadin*, publié par Trébutien. Paris, 1836. In-8°.

Vallet de Viriville. *Archives historiques du département de l'Aube*, etc. Troyes, 1841. in-8°, fig.

— *Histoire de l'instruction publique*, 1849. In-4°, fig.

— *Recherches sur la famille de Jeanne Darc*, etc. Paris, 1854. In-8°.

— *Iconographie historique*. Notice d'un ms. souabe, etc. Paris, 1855. in-4°, fig.

— *Chroniques de Jean Chartier*, etc. Paris, 1858. 3 vol. in-12.

— Chroniques de Cousinot, de P. Cochon, etc. Paris, 1859. In-12.

— *Histoire de Charles VII et de son époque*. 1862-5. 3 vol. in-8°.

— *Lit de justice tenu à Vendôme, pour le jugement de Jean, duc d'Alençon, en 1458*. Notice historique, avec figure chromo-lithographique, d'après la miniature de Jean Fouquet, peintre de Charles VII. Dans le *Livre d'heures d'Etienne Chevalier*, etc. Paris, Curmer, 1866. In-4°, fig. En cours de publication.

Voyage en Terre-Sainte, par Bertrandon de la Broquière, en 1432. Ms. fr., 5639. Imprimé dans les Mémoires de l'Académie des sciences morales et politiques, t. v. p. 422 et suiv.

Voyage d'Outre-mer en Jérusalem, par le seigneur de Caumont, en 1418, pub. par M. le marquis de la Grange. Paris, 1858. In-8°.

Voyez pages 26, note 3, et 208, note a, du présent ouvrage.

NOTICE

LA VIE ET LES OUVRAGES DE GILLES LE BOUVIER

DIT *BERRY*

PREMIER HÉRAUT D'ARMES ET CHRONIQUEUR DE CHARLES VII

I

BIOGRAPHIE DE GILLES LE BOUVIER.

Gilles le Bouvier naquit en 1386, comme il nous l'apprend lui-même par sa chronique. La Thaumassière affirme que notre personnage était « natif de Bourges. » Plusieurs circonstances concourent à donner à cette allégation le caractère de la vraisemblance, et nous ne prétendons pas nous élever contre une tradition qui n'a point été démentie jusqu'à ce jour. Mais les droits de la vérité, cette souveraine de l'histoire, nous font une loi d'exposer à cet égard l'état de la question (1).

Gilles le Bouvier s'exprime ainsi sur son propre compte dans le premier des documents que nous venons de citer : «.... Au seizième an de mon âge, qui fut en l'an 1402, j'eus en volonté... de prendre ma délectation à voir et parcourir le monde, ainsi que ma complexion s'y trouvoit beaucoup encline; et pour ce

---

(1) Chronique de Charles VI, édition Godefroy 1653, p. 411. La Thaumassière : *Hist. de Berry*, in-f°, p. 79.

1

que en icelle année le très noble et très chrestien royaume de France et la bonne cité de Paris estoient au plus haut honneur, autorité et renommée de tous les royaumes chrestiens ; où abondoit le plus de noblesse, d'honneur, de biens, etc... je formai et résolus dans ma pensée que, suivant mon petit pouvoir, etc... je verrois les beaux et hauts faits qui pourroient doresnavant advenir en iceluy royaume et me trouverois partout où je sçaurois les grandes assemblées et importantes besognes d'iceluy et autres, et qu'après leur vue je rédigerois ou ferois mettre en écrit, ainsi que je le sçaurois comprendre pour le mieux, tant les biens que les maux, lesquels j'y aurois peu remarquer (1). »

Il paraît résulter de ce passage, que Gilles était né hors de la capitale, qu'il s'y rendit à l'âge de seize ans, pour se frayer une carrière, et qu'il se mit dès lors à courir le monde, pour suivre les événements sur la scène variée où ils se produisaient. Mais il ne désigne pas spécialement le lieu de sa naissance. Le généalogiste La Thaumassière classe également le Bouvier au rang des nobles, ou du moins lui donne des armoiries. On lit, en effet, ces lignes dans la première édition (1690 in-f° p. 79.) de *l'Histoire de Berry :* « Il (c'est-à-dire le Bouvier) porte d'azur à trois têtes de bouc, de gueules accornées d'azur (*sic*) (2). »

Mais ce passage a été évidemment défiguré par des fautes d'impression (qui ne manquent pas dans cette édition de l'historien du Berry) (3).

Azur sur azur est en blason une faute d'orthographe et un manquement contre cette règle élémentaire : qu'on ne sauroit mettre *émail sur émail* ni *couleur sur couleur*. Il faut donc : porte *d'argent* (et non d'azur) à trois rencontres de bœuf (4). Telles sont en effet les armes que Gilles le Berry, dans son *Armorial*, attribue aux *Bouvier* ou *le Bouvier*, et qui forment ainsi des armoiries parlantes. Or, La Thaumassière, dans le passage cité,

(1) Godefroy, *ibid.*

(2) Conférer sur ce point la *Notice* de M. Chevalier de Saint-Amand, sur *Berry le Héraut* insérée dans les *Annales Berruyères* du 29 décembre 1836.

(3) Voy. sur ce point le témoignage de d'Hozier reproduit dans la *Bibliothèque héraldique* de Joannis Guigard. Paris, 1861, in-8°, p, 202, n° 2252.

(4) D'après le blason peint par Berry lui-même, dans son *Armorial*, et dont on va parler.

atteste avoir vu l'*Armorial* de notre héraut, et il suffit de lire ce court article de l'historien généalogiste pour s'assurer qu'il a puisé dans ce même *Armorial* presque tous les renseignements dont il s'est servi pour composer cette petite notice (1).

Au dire des hérauts, historiens de leur propre institution, la « noble profession de poursuivant d'armes, fondée par Jules César, » impliquait en effet la qualité de gentilhomme; et nul, d'après ces principes, ne pouvait s'élever au degré supérieur de héraut, maréchal et enfin roi d'armes, sans avoir passé par ce premier degré de poursuivant (2).

Toutefois, de l'aveu même de ces écrivains, au XVe siècle, l'ordre héraldique était, disent-ils, bien déchu de l'éclat dont il avait brillé dans les temps anciens. Déjà, en 1408, le collége des hérauts et rois d'armes, récemment fondé à Paris, adressait au roi une supplique dans laquelle ils émettaient les plaintes ci-après énoncées. « Depuis un certain temps, disent-ils, tout a dégénéré : les rois, ducs, princes, etc, ont fait écuyers, chevaliers, cappitaines, *héraults* « de enffens, de gens de meschante condition, et de dissolute vie ; » ou bien ces mêmes gens se sont institués eux-mêmes et de leur propre autorité, dans ces titres et fonctions héraldiques ou militaires. « Il est vray, ajoutent-ils ailleurs, que plusieurs nobles, au temps passé, ont fait plusieurs poursuivants de vieulx ménestreulx qui ne povoient plus corner. » « Aujourd'hui, s'écrie un autre écrivain du même ordre, aujourd'hui tout seigneur nomme qui bon lui semble son poursuivant, souvent quelque créature de basse et vile condition, pour estre leur flatteur et leur espie (3). »

(1) La phrase reproduite de La Thaumassière présente deux autres fautes typographiques : une virgule transposée et *gueulés* au lieu de *gueules*.

(2) Voy. Du Cange; *Glossaire*, au mot *Heraldus* et les sources alléguées ci-après.

(3) Ces plaintes, non exaucées, furent reproduites en 1435 au congrès d'Arras par-devant le duc de Bourgogne, en présence des connétable et chancelier de France. On les retrouve dans un traité ou compilation de Lefèvre Saint-Remi, dit *Thoison-d'Or*, et daté de 1464 (n. s.). — Le *Comportement des armes*, par Sicile-le-Hérault. Ms. fr. 389, f⁰ 33 et s. *Traité de la Noblesse, par Thoison d'Or*. Ms. fr. 1968; f⁰ 41 et s., 104 et s. Autre traité analogue, Ms. fr. 5930, f⁰ 30, etc. *Histoire de Charles VII et de son époque*, t. I, p. 345 (Haurenas et le sire d'Arly). Voy. aussi *Comptes de l'hôtel des XIVe et XVe siècles*, publiés par M. D. d'Arcq pour la Société de l'Histoire de France 1865, in-8⁰, p. 115 et 185. Voir plus loin le mot *histrio*, que nous noterons ci-après.

Dans le passage que nous avons ci-dessus reproduit, le chro-niqueur, ainsi qu'on a pu le remarquer, ne se qualifie pas *noble homme*, comme le font, par exemple, ses contemporains, Mons-trelet, J. du Clercq, Olivier de la Marche et d'autres, au début de leurs chroniques. Gilles le Bouvier se tait sur sa condition civile. Dans son *Armorial*, un des ouvrages sur lesquels nous reviendrons, la famille des Bouvier ne figure pas parmi celles du Berry. Mais elle figure au nombre des familles appartenant à l'Ile de France (1).

Je serais disposé à croire, d'après ces faits, que Gilles le Bouvier était *noble*, malgré son silence, et qu'il naquit à Bour-ges, comme le dit La Thaumassière, mais d'une famille qui, du moins, lorsqu'il composa son *Armorial*, était fixée en Ile de France.

Quoi qu'il en soit de ces particularités, Gilles entra dans la carrière héraldique, et tout nous induit à croire qu'il y porta les divers dons, ou qualités personnelles, qui étaient nécessaires pour la parcourir avec honneur et succès. Il fut d'abord, ainsi que lui-même nous l'apprend encore, « nommé et créé hérault par le roy de France Charles VII, en l'an 1420, et depuis, co-ronné et créé par iceluy prince, en son chastel de Mehun, le jour de la haulte feste de Noël, roy d'armes du pays et marche de Berry (2). »

D'après le cérémonial que retracent les traités sur la matière, le roi d'armes, pris parmi les hérauts, devait être effectivement

(1) Ms. fr 4985. f° 28, verso. (N° 175 de la présente édition.)
(2) *Ibid.*, f° 13. *Histoire de Charles VII*, t. I, p. 245. L'acte de nomination de *Berry* ne nous est pas parvenu dans son texte propre. Mais nous en possédons la formule dans le protocole suivant qui nous a été conservé. — « *Retenue de hérault ou pour-suivant.* » Carolus etc. Notum etc , quod propter habitudinem et disposicionem ad omne bonum etc., quas in *tali* percepimus, nos ipsum *talem*, nostris propriis manibus nostrum *histrionem*. (Voy. ci-dessus, p. 3, note 3) vel caduceatorem, seu heral-dum, vel (sic): — nostrum prosequentem armorum,—fecimus et creavimus; sibi nomen imponentes *Berry*. Qua propter omnes et singulos, ad quos eumdem nostrum heral-dum et familiarem declinare contigerit, actente rogamus, subditis nostris mandantes, quatinus eum benigne recipiant, tractent que et recipi et. tractari faciant eum omni amicicia. In cujus rei testimonium, etc. » Formulaire à l'usage des secrétaires du roi Charles VII, Ms. fr. 5053., f° 64.

créé et couronné, par le roi de France, un jour de grande fête et avec un rite consacré. L'antique tradition voulait aussi que le roi d'armes de la marche de l'Ile de France *ou roi des Français*, portât le nom ou titre de *Montjoie* (*Montjoie Saint-Denis!* cri d'armes des rois de France). Celui-ci (dit un roi d'armes qui écrivait à ce qu'il semble en Normandie, vers 1440), « précède tous les autres roys d'armes, et est proprement le dit Montjoye doyen de l'ordre (1). »

Mais il est certain qu'à la date même que je viens de citer, depuis longtemps ce principe n'était point exactement suivi. Des mutations fréquentes s'opéraient dans le nom et l'emploi des membres du collége héraldique. Ainsi, dans un acte très-important du 9 janvier 1407 (n. s.) qui institue la fondation de ce collége ou communauté, établi, sous cette date, dans une chapelle spéciale, à Saint-Antoine-le-Petit, le fonctionnaire qui figure le premier sur la liste des fondateurs ou contractants, est dénommé « Gilles Merlo, dit *Guesclin, roy des francsois*. » On n'y voit paraître qu'au cinquième rang « Guillaume de Reux, dit *Montjoie*, hérault du roy nostre sire; » et plus loin : « Jehan Lejeune, dit *Auvergne*, roy de Berry. » Dans un autre acte de 1408 apparaissent parmi « les rois d'armes et héraulx en chief, *Montjoie*, roy d'armes des francsois » et « le roy de Berry. » Si nous remontons plus haut, nous trouvons « *Navarre*, maistre hérault du très noble, très crestien et très puissant roy de France (Charles VI). » Navarre rédigeait, vers 1396, son livre « contenant le blazon et devis des armes de tous les roys crestiens, princes et seigneurs du sang de France et autres barons bane-roys, chevaliers du pais de France, Normandye, Champaigne,

---

(1) Ms. fr. 1968, fᵒˢ 43 à 45. Ms. fr. 5930, fᵒˢ 30 et s. *Mém. de la Société des Anti-quaires de France*, t. xxviii, p. 245; *Sceaux du xivᵉ siècle*), p. 15 du tirage à part. Du Cange, *loc. sup. citato*. Ces détails sur Montjoie, et la plupart des rêveries prétentieuses des hérauts d'armes, ne remontent pas au delà du xivᵉ siècle. Les manuscrits les plus anciens qui nous les présentent sont du xvᵉ. Le texte en a été imprimé pour la première fois, sans doute, par Vérard, dans un volume rarissime; il a pour titre : *Les Gestes romaines*, etc., compilées par Gaguin. Paris, sans date vers 1500, in-fᵒ gothique. *Les statuts et ordonnances des hérauts d'armes* se trouvent à la suite des *Gestes* et commencent au fᵒ ccvj. Lefèvre S. Remi, dit *Thoison d'or*, est le principal auteur mis à contribution dans cet appendice.

Bourgongne, Bretaigne, Le Maine, Anjou, Touraine, Vermendois, Beauvoisis, Pontif (Ponthieu), Artois, Corboyais (Corbyiois), Poitou, Berry, Breban, Flandre, Hénault et Angleterre (1). »

Les guerres désastreuses, l'invasion des Anglais, les troubles civils d'Armagnac et de Bourgogne, qui marquèrent la fin du règne de Charles VI, expliquent aisément la désorganisation, de plus en plus complète, qui s'introduisit à cet égard dans l'ordre de choses antérieur.

Le 11 novembre 1422, au rapport de Monstrelet, lorsque le cercueil de l'infortuné monarque eut été déposé dans sa tombe à Saint-Denis, *Berry*, roi d'armes, prononça la formule sacramentelle : *Le roi est mort, vive le roi*, et proclama sous ce titre Henri VI d'Angleterre. Ce Berry, évidemment, n'était point notre personnage, puisque ce dernier avait suivi Charles VII dans sa retraite et s'était attaché à sa fortune (2).

Le Dauphin, en effet, dès le mois de juin 1418, avait fui de la capitale, livrée aux Bourguignons, et était venu s'établir en Berry. L'un de ses premiers actes, après avoir constitué dans cette province le gouvernement du royaume, avait été, comme on l'a vu, de créer G. le Bouvier, son héraut, puis roi d'armes, sous ce même titre de *Berry*. Charles, dauphin à cette époque, venait de succéder, dans cet apanage, à Jean, duc de Berry. Il n'est pas étonnant que « le roi de Bourges, » même après son avénement à la couronne, ait conservé à son premier héraut, ou principal roi d'armes, la dénomination de *Berry*. *Montjoie* était le titre du roi des *François*; or, l'abbaye de Saint-Denis-en-France *(Montjoie et Saint-Denis)*, la capitale et la marche ou pro-

---

(1) Ms. fr. 387, f°s 31 à 33. Le livre de *Navarre* a été publié par M. d'Arcq dans le *Cabinet historique* 1859–1860, t. v et vi, *passim*, et tiré à part à petit nombre. En 1487, Charles VIII avait « délibéré de faire ung catalogue et vray muniment ou quel toutes les armes des ducs, princes, comtes, barons, seigneurs, chastellains et autres nobles gens de nos royaulmes pais de Daulphiné, comté de Prouvence et autres pais à nous appartenans, seront extraictes painctes et pourtraites selon leur droit blason. » A cet effet, il nomme maréchal d'armes de France, pour procéder à cette opération, Gilbert Chauveau, dit *Bourbon*, antérieurement simple héraut d'armes du connétable duc de Bourbon. Les lettres du roi, qui nous ont été conservées, sont du 17 juin 1487. (M^s. Clairambault, classe vii. *Rois d'armes*, f° 33 et s)

(2) Monstrelet, édition D. d'Arcq, t. iv, p. 123. *Histoire de Charles VII*, t. i, p. 358.

vince héraldique de *France* n'étaient plus soumises à sa domination. Une autre analogie historique, que l'on me permettra de rappeler ici, concourt également à expliquer cette dénomination. La *nation de France*, en l'Université de Paris, se composait de cinq tribus, qui comprenaient les évêchés ou provinces métropolitaines de : 1° Paris, 2° Sens, 3° Tours, 4° Reims, 5° *Bourges* et *tout le midi de l'Europe*. Ainsi, encore au xve siècle, un écolier du diocèse de Montpellier, de Toulouse ou de Barcelone, qui venait étudier à Paris, était de la *nation de France* et de la *tribu de Bourges* (1).

A l'appui de ces considérations, l'*Armorial* de Gilles le Bouvier nous montre que la marche ou juridiction de ce roi d'armes avait été, pour lui, singulièrement agrandie. Ainsi, dans cet ouvrage, « la royauté d'armes de *Berry* et *Touraine*, qui va jusqu'à la Garonne, et tout le *Languedoc*, » embrassait les trois provinces qui viennent d'être nommées, plus l'*Auvergne*, le *Bourbonnais* et le *Poitou*, c'est-à-dire tout le *domaine* proprement dit qui restait à Charles VII, dans les premières années de son règne (2).

Les commencements de notre héraut paraissent avoir été très-modestes, comme ceux du prince auquel il s'était attaché. Deux fragments de comptes authentiques nous représentent « Gillet le Bouvier » sous l'humble titre de « chevaucheur de l'escuirie de monseigneur le dauphin-régent, » employé à faire hâtivement des recouvrements financiers, qui ne rentraient jamais assez vite. Ces documents s'étendent du mois de novembre 1420 au mois d'août 1421 (3).

---

(1) Vallet de Viriville, *Histoire de l'Instruction publique*, 1849 in-4°, p. 122.

(2) Ms. 4985, f° 33 ; cf. Ms. fr. 14356, f°ˢ 1 et s. Ms. fr. 1977, f°ˢ 4 et 5. Ms. fr. 8930, f° 31. Ms. fr. 387, f°ˢ 33 à 39. L'Auvergne sous Charles VII eut aussi un roi d'armes particulier. Voy. l'*Armorial* de Revel, roi de cette marche : Ms. Gaignières, n° 2896.

(3) « A Gillet le Bouvier chevaucheur de l'escuirie de Monseigneur, la somme de dix-huit livres quinze sous tournois, qui deue lui estoit pour sa peine et sallère et despens, d'avoir esté, ou moys de novembre derrenièrement passé, de Mehun–sur–Yèvre à Lyon sur le Rosne, par devers Jehan Caille, receveur de la monnoie de ladite ville, pour savoir si ledit Jehan Caille payeroit le reste d'une deschargc de huit cent quarante livres tournois qu'il devoit audit escuier de Monseigneur. » (Du 10 au 25

En 1425, chargé d'une mission plus relevée, il servit d'intermédiaire ou messager d'État entre la cour de France et celle de Bretagne. Gilles fut chargé de porter et rapporter les négociations qui préparèrent l'entrevue et le traité de Saumur; c'est ainsi que se réunirent le duc et le roi, au mois d'octobre de la même année (1).

En juillet 1428, Charles VII assiégeait Bourges, dont les princes coalisés s'étaient momentanément emparés, par surprise. La première sommation d'avoir à évacuer la place, fut signifiée aux belligérants par le ministère de *Montjoye*, « *nostre premier hérault.* » C'est en ces termes que le roi le dénomme expressément, dans un diplôme authentique et original, qui nous a été conservé (2).

On voit donc qu'à cette date et peut-être en l'absence du *roi* Berry, Charles VII avait auprès de lui un premier héraut qui portait l'antique dénomination de Montjoie et qu'il employa dans cette circonstance.

Le 17 juillet 1429 eut lieu le sacre du roi à Reims. Les pairs de France, dit Monstrelet, furent évoqués et appelés devant le grand autel de la cathédrale pour prendre part à cette cérémonie. Ils le furent, ajoute-t-il, « par le roy d'armes *de France*, ainsi et par la manière qu'il est accoutumé. » Ce témoignage, sans doute erroné dans ses termes, doit, pensons-nous, s'appliquer réellement à Gilles le Bouvier, dit *Berry*, à l'exclusion de tout autre (3). Ce fut lui également, d'après nos présomptions,

novembre 1420, comptes du dauphin régent; à la Direction générale des archives. K. K. 53, fᵒ 93 vᵒ).

« A Gillet le Bouvier, chevaucheur de la dite escuirie, la somme de trente livres tournois, qui deue lui estoit pour sa peine et sallère d'estre alé de la ville d'Amboise ou Dauphiné, devers Jehan de la Barre, trésorier dudit païs, porter une descharge de douze mille livres tournois sur le fait de ladite escuirie; ou quel voyage il vaqua alant, séjournant et retournant audit lieu d'Amboise, où mon dit seigneur estoit lors, par l'espace de quinze jours entiers ou mois d'aout 1421, etc. » (*Ibidem*, fᵒ 95 vᵒ.)

(1) Berry, dans Godefroy : *Charles VII*, p. 373. *Histoire de Charles VII*, t, ɪ, p. 479.

(2) Archives générales, P 1358, 2, nᵒ 574; imprimé dans La Thaumassière, *Histoire du Berry*, liv. ɪɪɪ, ch. 27, p. 310 et s. de la nouvelle édition in-8ᵒ. *Histoire de Charles VII*, *ibid.*, p. 461.

(3) *Montjoie* était de service à la campagne du sacre. Ce fut lui qui, devant Chalons,

qui, selon le devoir de sa charge, s'entremit pour conférer, vers le même temps, un nom nouveau et des armoiries à la famille anoblie de la Pucelle. Une circonstance particulière semble confirmer ces deux allégations, qui se prêtent un mutuel appui : c'est que le héraut Berry, dans sa chronique, est le seul écrivain qui donne à la libératrice le nom de « Jeanne *du Liz,* » nom qu'elle ne porta jamais pour elle en propre, mais qui avait été légalement octroyé à sa famille par la concession royale (1).

Après le traité d'Arras, Berry le héraut accompagnait le lieutenant du connétable, lors de la mémorable tentative d'affranchissement qui se produisit en Normandie. Le 4 janvier 1436, assisté d'un poursuivant du maréchal de Rieux, il vint annoncer officiellement aux bourgeois de Compiègne que les villes de Montivilliers, Fécamp, etc., venaient de se soumettre au roi de France (2).

Nous pensons également que G. le Bouvier parle de lui-même lorsque, racontant l'entrée solennelle que fit Charles VII, au sein de sa capitale, le 12 novembre 1437, il mentionne « son roy d'armes, marchant devant lui (Charles VII) *portant sa cotte d'armes à 3 fleurs de lis.* » Car cette description correspond exactement à la miniature placée en tête de l'*Armorial* du héraut Berry, qui le représente revêtu de cet ajustement et offrant ce livre au roi de France (3).

En 1439, *Berry* fut envoyé par le roi en Lorraine, afin d'y faire cesser la guerre civile et de détacher La Hire et Floquet,

somma les habitants de se soumettre. « Ung hérault appelé Montjoie, » dit le document original (*Procès,* iv, 298); cette dénomination ne saurait s'appliquer au premier des rois d'armes.

(1) Monstrelet, t. iv, p. 339. Berry Godefroy, p. 376. Vallet de Viriville, *Nouvelles recherches sur la famille,* etc., *de Jeanne Darc,* Paris 1854, in-8°, p. 18 et 29; *Histoire de Charles VII,* t. ii, p. 98.

(2) Ms. de Dom Grenier sur la Picardie, comptes, volume n° xx *bis,* f° 17. *Histoire de Charles VII,* t. ii, p. 340 et s. *Montjoie,* roi d'armes *de France,* est nommé le premier par Jean Chartier au nombre des officiers héraldistes qui furent envoyés au congrès d'Arras au mois de septembre 1435. La ville et l'abbaye de *Saint-Denis* appartenaient à Charles VII depuis le mois de juin précédent. *Berry* ne figure pas dans la liste donnée par Jean Chartier; il demeura probablement auprès du roi, qui n'assistait pas au Congrès. (Chronique de J. Chartier, t. i, p. 206; cf. Ms. 387, f° 36, *loco sup. citato.*)

(3) Ms. 4985, f° 13 v° et 199 figure 3. *Histoire de Charles VII,* t. ii, p. 385 et s.

deux capitaines célèbres, du parti qu'ils avaient embrassé, à la suite d'Antoine de Vaudémont (1).

Le 22 juillet 1440, nous retrouvons Gilles le Bouvier à Mâcon, dans les États de Bourgogne. Porteur de lettres du roi, il venait réclamer la restitution « de certain harnois de guerre » appartenant à ce prince, et du marchand « qui menoit ledit harnois ; lesquels marchand et harnois avoient esté prins naguères à Marcigny-les-Nonains par le sire de Ternant, chevalier bourguignon (2). »

Lors des quatre grandes fêtes de l'année, le roi de France, habituellement, tenait gala et cour plénière. A la suite du festin, un hanap était empli de monnaie qui se distribuait au peuple ou aux assistants, de la part du prince, au cri répété de : *largesse, largesse !* Cette libéralité profitait spécialement aux officiers d'armes que le cérémonial chargeait de la répandre (3).

Charles VII vécut, toute sa vie, dans des retraites obscures, et, comme osait le dire un de ses évêques de cour, dans des « manières de petites chambrettes » ; il restreignit singulièrement la pompe et l'étiquette dont Charles VI, son père, et sa mère Isabeau avaient été, au contraire, très-amateurs et très-prodigues (4).

Cependant il observait aussi ces solennités, et des fragments de compte parvenus jusqu'à nous sont ainsi conçus :

« A *Touraine* et *Pontoise*, hérauts du roy, la somme de 41 liv. 6 s. t., en 30 escus d'or ; à eulx donnée par ledit seigneur au mois de may 1448, tant pour eux que pour *autres hérauts,* poursuivants, ménestrels et trompettes, pour avoir, le jour de la Pentecôte (12 mai) audit an, crié *largesse* devant sa personne, ainsi qu'il est accoustumé. » Et plus loin : « A *Pontoise*, BERRY et *Guienne*, héraults du roi, pour avoir crié *largesse* au

---

(1) Archives de la Meurthe, à Nancy. *Bulletin de la Société de l'Histoire de France*, 1859, in-8°, p. 38 et 39.

(2) M. Canat de Chizy. *Documents inédits relatifs à l'histoire de Bourgogne*, 1863, in-8°, t. I, p. 404.

(3) Cheruel : *Dictionnaire des institutions, etc,, de la France*, Paris 1855, in-12, au mot *Héraut*, et renvois.

(4) *Histoire de Charles VII*, t. I, p. 129, note 1 ; p. 316 et 317.

dîner dudit seigneur le jour et feste de la Toussaint (1ᵉʳ novembre 1452), ainsi qu'il est accoustumé de faire (1). »

Charles VII s'entremit avec zèle à faire cesser le schisme pontifical, qui durait depuis plus d'un demi-siècle et qui avait ébranlé dans toute la chrétienté les fondements de l'ordre social. Jacques Cœur et les plus habiles prélats, ou diplomates du royaume, accomplirent cette difficile et importante négociation, qui fut à la fin couronnée d'un plein succès. Le 10 juillet 1448, le magnifique argentier entrait à Rome, suivi de son ambassade : elle formait un cortége de 300 chevaux et venait faire obédience à Nicolas V, désormais seul pasteur de l'Eglise, réunie en un seul troupeau. Gilles le Bouvier assistait, dans l'exercice de ses fonctions héraldiques, l'ambassadeur du roi Charles VII (2).

De retour en France avec son illustre compatriote, Gilles le Bouvier, selon toute apparence, accompagna de nouveau Jacques Cœur durant le cours entier de la glorieuse campagne de Normandie. Les gratifications royales et les traités particuliers n'eurent pas moins de part, comme on sait, que la force des armes, à faire passer ou retourner cette province, du joug des Anglais à la domination du pouvoir national.

Parmi les comptes des dépenses secrètes ou politiques, relatives à ces négociations, nous lisons l'article suivant : « Au hérault du roy nostre sire, ix livres. » Ces faits se passaient vers octobre 1449. Le 10 novembre suivant, Charles VII faisait à Rouen son entrée solennelle. Gilles le Bouvier, en racontant cette pompeuse cérémonie, ajoute dans sa chronique : « Ceux de ladite cité firent de grands dons au roy et largement donnèrent à ses officiers *héraults* et poursuivants, qui là estoient. » Cependant le lendemain 11 novembre, « Gilles le Bouvier dit

(1) *Comptes de l'hôtel du roi* : K. K. 52 fᵒ 5 vᵒ et les comptes suivants. Du Cange : *Dissertations sur Joinville*, 1668, in-fᵒ, 2ᵉ partie, p. 162.

(2) *Histoire de Charles VII*, t. ɪɪɪ, p. 131, 132. « A Berry le Hérault pour son voiage d'avoir esté en ambassade (à Rome) avec mes seigneurs dessusdits, 100 livres tournois.» Rôle du 27 mars 1449, (1450. n. s.), *Chroniques* d'Escouchy, édition Beaucourt, t. ɪɪɪ, *supplément*, p. 19.

Berry, hérault du roy, » souscrivait envers Jacques Cœur une cédule ou obligation de 9 livres; probablement pour faire face aux dispendieuses avances qu'avaient dû nécessiter pour notre personnage sa tenue de campagne et la solennité même à laquelle il venait d'assister (1).

Le 13 avril 1450, le roi *Berry* se trouvait, à Bruxelles, auprès de Philippe le Bon, duc de Bourgogne. Il était allé, de la part du roi, inviter ce grand vassal à se faire représenter au concile ou synode gallican de Chartres, qui devait se réunir en cette ville le 15 mai suivant (2).

Diverses circonstances nous donnent à penser que la faveur dont jouissait auprès du roi son héraut de prédilection, excita la jalousie des autres officiers d'armes, et indisposa notamment ceux de la marche ou duché d'armes de Bourgogne. Ces officiers voyaient d'un œil d'envie l'extension de pouvoirs accordée au roi *Berry*. Ils n'envisageaient dans cette extension qu'une atteinte portée à de prétendus priviléges et à la circonscription des anciennes juridictions héraldiques. La prérogative de suprématie jadis attribuée à *Montjoie*, roi d'armes des Français, se justifiait par l'avantage qu'il y avait pour le roi à centraliser, dans les mains et par le ministère de cet officier, les renseignements que nous appelons statistiques. A l'aide de ces renseignements, le roi pouvait, dit-on, se procurer la notion ou l'état général des nobles du royaume qui lui devaient le service militaire (3).

---

(1) *Histoire de Charles VII*, t. III, p. 157, 165 et s. *Bibliothèque de l'école des Chartes*, 2e série, t. III, p. 135. Berry, dans Godefroy, p. 447 P. Clément, *Charles VII et Jacques Cœur*, t. I, p. 288 et t. II, p. 35. Pour s'assurer que Gilles le Bouvier assistait de sa personne à la campagne de Normandie, il suffit de lire le récit qu'il en a fait dans sa chronique. Son style est celui d'un témoin oculaire. En parlant du siége de Caen, notamment (p. 453), il décrit les lieux et les compare *de visu* avec des notions topographiques ou des souvenirs relatifs à la Tour de Londres, à celle d'Amboise ; à la ville de Corbeil et à celle de Montferrand en Auvergne. Ce sont là des traces intéressantes à recueillir et à noter, de ses nombreux voyages.

(2) Ms. Legrand : *Histoire de Louis XI*, t. VI. fº 301. (Ms. fr. 6 65). Lépinois : *Histoire de Chartres*, t. II, p. 90, 100. *Histoire de Charles VII*, t. III, p. 169.

(3) Ms. fr. 387, fº 38 vº. Ms. fr 1930, fº 30. Ms. fr. 1968, fº 50 et 51 vº. Charles VII paraît s'être préoccupé de former, d'une manière plus sûre et plus complète, cette statistique, en s'adressant, pour cet effet, à ses fonctionnaires administratifs. Nous trou-

Cependant la nécessité des temps présents et les grands événements que nous avons allégués ci-dessus expliquent assez cette modification apportée à l'ancien ordre de choses. Les qualités personnelles du héraut Berry semblent aussi montrer qu'il était parfaitement digne de l'accroissement d'autorité, ou de prérogatives, que le roi lui avait accordées. Il y a lieu de douter que Charles VII, lorsqu'il fut rentré en possession de l'intégralité de ses États, pût trouver, parmi ses autres officiers d'armes, un sujet qui l'emportât sur le héraut Berry, en sagesse, en lumières et en expérience, pour lui confier le premier poste dans cette hiérarchie de fonctionnaires.

Gilles le Bouvier, dès lors, avait rendu à son prince une longue suite de bons et loyaux services. Il avait été à la peine, comme disait l'immortelle héroïne de cette époque ; n'était-ce pas raison qu'il fût à l'honneur. Ce qu'il y a de certain, c'est que dès le moment où venait de s'accomplir la première campagne de Guyenne, la situation de notre héros se trouvait en quelque sorte officiellement régularisée. Nous possédons une lettre datée de juillet 1451, dans laquelle un poursuivant, acteur et témoin oculaire, rend compte de l'entrée solennelle qu'avaient faite, le 30 juin précédent, à Bordeaux nouvellement recouvré, pour le roi, Dunois et Xaintrailles. L'auteur adresse cette lettre « à son roy d'armes souverain, » qui n'est autre que Gilles le Bouvier. Elle se trouve en effet à la suite d'un ouvrage manuscrit, composé par ce dernier, et dont l'intitulé final est ainsi conçu : « Cy fine le livre du Recouvrement de la duchié de Normandie et d'une partie de la Guyenne, fait par Berry hérault nostre sire, *esleu à roy d'armes des Franchois* (1). »

Nous ajouterons maintenant que l'*Armorial* du héraut Berry, qu'il dressa laborieusement lui-même et par une enquête personnelle, ne contient, selon toute apparence, qu'un tableau sommaire, il est vrai, des familles nobles ou militaires suscep-

---

vons cette mention : « ung sac où sont les noms et surnoms des nobles du royaume, envoyez par les baillis et sénéchaux en l'an 1452. » Voy. *Histoire de Charles VII*, t. III, p. 218.

(1) Ms. fr. 5564, f°s 177, 178.

tibles d'y figurer. Il importe toutefois d'ajouter, en même temps, que ce tableau embrasse dans son cadre non-seulement la circonscription entière de la France de nos jours, mais plusieurs contrées étrangères. Ainsi Charles VII voulut conférer à Gilles le Bouvier la plénitude des prérogatives attribuées au premier fonctionnaire de cet ordre, avec le titre de roi d'armes des Français, tout en lui conservant le nom de *Berry*. Dans cette conduite, il doit être permis de voir, de la part du prince, un nouveau signe de son attachement pour une province qui partagea sa bonne, et surtout sa mauvaise fortune, avec une fidélité si remarquable. N'y a-t-il pas lieu de reconnaître également, dans ce qui précède, une application de ces vues d'unification, de réforme administrative et de progrès pour la monarchie, qui caractérisent l'un des aspects les plus recommandables de son règne?

Nous rencontrons enfin la mention suivante dans un compte royal, pour l'exercice ou année financière qui s'étendit du 1er octobre 1454 au dernier jour de septembre 1455 : « *Terçoiement et doubloiement du Bas-Auvergne;* charge sur ce : à Berry le héraut, 120 livres tournois (1). »

C'est la dernière notion historique qui atteste pour nous la continuité de son existence.

Nous allons maintenant énumérer les principaux ouvrages du héraut Berry, en consacrant à chacun d'eux, selon son importance, une appréciation plus ou moins étendue.

II

OUVRAGES DU HÉRAUT BERRY.

1° La première production de cet écrivain, probablement, dans l'ordre chronologique de ses œuvres, la plus importante et la seule connue, je veux dire imprimée, est sa *Chronique du roi Charles VII.*

(1) Ms. fr. 2886, f° 25. P. Clément, *op. citat;* t. ii, p. 436.

Elle commence à l'an 1402 (1403 n. s.), date qui correspond d'une part à la naissance de ce prince, et, de l'autre, à l'année où Berry, comme on l'a vu, fit son entrée dans le monde. L'auteur paraît avoir poursuivi son œuvre, d'année en année, et au fur et à mesure des événements, jusqu'au terme de sa propre existence.

Il règne, dans la *Chronique* de Berry, une proportion et comme une symétrie, remarquables au point de vue de l'ensemble, entre les diverses parties dont elle se compose. Ainsi se décèle un premier mérite, qui devient plus sensible en tenant compte de la considération qui précède, à savoir que ce livre a été composé d'année en année. Cette qualité indique un esprit d'ordre et de mesure; elle se rattache à d'autres avantages plus élevés et plus essentiels. La *Chronique française* du héraut Berry est écrite avec beaucoup de sens et d'un style sobre, clair et précis. Ses jugements se font remarquer par leur justesse et leur impartialité. Attaché de cœur et par position à la cause nationale, il excite naturellement notre sympathie, par la thèse qu'il plaide sans effort, sans exagération, et qui, dans ce grand débat historique du xvᵉ siècle, est le côté saillant, le côté de la justice et de la vérité.

Je citerai, comme un spécimen de sa manière, cet éloge concis qu'il fait de la belle-mère ou seconde mère de Charles VII, Yolande d'Aragon, morte en 1442; éloge qui ne saurait s'appliquer à la propre mère de ce prince. « Elle fut, dit Berry, en parlant d'Yolande, une fort bonne et sage (1) dame. » Ce seul mot peut servir et m'a servi de guide, pour apprécier le rôle considérable joué, à cette époque, par une princesse à laquelle, si je ne me trompe, les précédents historiens n'ont pas rendu toute la justice due à ses services et à ses vertus (2).

L'auteur de la *Chronique de Charles VII* occupait une posi-

___

(1) *Bon* et *sage*, au xvᵉ siècle, avaient un sens plus relevé et plus étendu qu'aujourd'hui : témoins les surnoms donnés aux rois Jean le *bon* et à Charles le *sage. Bon* ne signifiait pas seulement débonnaire, mais brave et noble ; *sage* signifiait *savant, éclairé.*

(2) Berry, p. 422.

tion qui ne lui permettait guère cette indépendance absolue,
que nous sommes, de nos jours, portés à demander, par un sentiment juste sans doute, mais bien exigeant peut-être, aux
chroniqueurs du moyen âge. Le héraut Berry a pu louer, sans
dommage pour sa propre dignité, les grandes et belles actions
du règne de Charles VII; mais il ne lui a point toutefois pros-
titué, comme d'autres l'ont fait, son approbation et ses louan-
ges. A côté des témoignages laudatifs que rehausse la discrétion de l'auteur, on observe dans la *Chronique* de Gilles le Bouvier plusieurs lacunes ou omissions, évidemment volontaires.
Ainsi notre chroniqueur se tait sur la mort d'Agnès Sorel et sur
les intrigues de cour, sur le triomphe scandaleux des femmes
perdues qui lui succédèrent dans les faveurs royales. Il se tait
également sur la disgrâce, sur la condamnation si injuste de
son compatriote, et comme on l'a vu son créancier, l'illustre
J. Cœur. Le chroniqueur militaire du règne de Charles VII ne
souilla pas du moins sa plume, en faisant chorus avec ces courtisans, ou ces écrivains, qui abandonnèrent, pour le dénigrer,
leur bienfaiteur, ou le grand citoyen, lorsqu'il fut tombé.

Si l'on considère les choses de près, on reconnaîtra que cette
attitude silencieuse, cette voie de prétermission était, pour le
héraut Berry, la seule qui, sur ces points délicats, fût ouverte
à un écrivain, jaloux du respect de soi-même. De tels motifs,
si je ne me trompe, ajoutent une valeur morale à ses omissions, comme à ses témoignages, et l'on peut appliquer à la
chronique du héraut Berry le sens élevé de notre adage moderne : Le silence *des peuples* est la leçon des rois.

L'*Histoire de Charles VII*, par G. le Bouvier, s'arrête à proprement parler à l'an 1455. Son éditeur, Denis Godefroy, en
avertit expressément le lecteur. Il y a joint deux continuations
anonymes qui poursuivent le récit jusqu'à la fin du règne. La
première s'étend de 1455 à 1459, et contient la relation très-
circonstanciée d'un événement important. C'est la descente
opérée en 1457, par les forces navales combinées de la Bretagne
et de la Normandie, sur les côtes anglaises, à Sandwich. *Normandie*, duc d'armes de cette province, collègue ou subor-

donné du roi *Berry*, est mis en scène dans cette narration avec une sorte d'affectation personnelle (1),

Il y a lieu de présumer, d'après cet indice et d'après les habitudes littéraires du xve siècle, que ce héraut dit *Normandie*, qui s'appelait de sa naissance Roger de Golont, est le véritable auteur de cette première suite (2).

La seconde, insignifiante et très-écourtée, constitue un raccord ou compilation de deux pages d'étendue, qui conduit l'histoire de Charles VII jusqu'au récit des obsèques de ce prince (3).

L'année 1455 coïncide également avec la date où s'arrête la série des témoignages analytiques et directs que nous avons pu recueillir sur l'existence propre de Gilles le Bouvier. Il nous paraît donc assez vraisemblable que la mort de notre personnage eut lieu vers cette époque. Il aurait été alors âgé d'environ 70 ans.

En résumé, la *Chronique* du héraut Berry est une des principales sources d'information, et des meilleures que nous possédions, pour étudier l'histoire de France, dans la période qu'embrasse ladite chronique. Elle a servi de guide en certaines parties à la chronique officielle de Jean Chartier. Celui-ci l'a suivie pas à pas, mais non d'une manière constante; et, tout en la copiant servilement, lorsqu'il ne cherche point ailleurs ses matériaux, il est demeuré de beaucoup, sous maint rapport, au-dessous du modèle.

La première édition du héraut Berry a été imprimée sous ce titre : *Les chroniques du feu roy Charles septiesme, par feu maistre Alain Chartier*, 1528; Paris, F. Regnault, petit in-fo gothique. Pour baptiser cette œuvre d'un nom d'auteur erroné, il avait suffi que le premier éditeur rencontrât un des manuscrits

(1) Berry, dans Godefroy, p. 476.

(2) Ce passage, rencontré par Clairambaut, dans un ms. de *Berry*, avait provoqué de la part de cet éminent critique un sentiment analogue au nôtre, et il avait classé cet extrait à l'un de ses recueils, intitulé *Rois d'armes* (classe vii, ms. déjà cité; à sa date : 1457.)

(3) *Ibid.*, p. 479, 480. *Mémoires d'Escouchy*, éd. Beaucourt, t. iii, p. 391. *Histoire de Charles VII*, t. iii; voyez à la table le mot *Normandie*.

de la *Chronique*, auxquels manquait le préambule dans lequel
Gilles le Bouvier se nomme en toutes lettres : la réputation du
poëte Alain avait fait le reste des frais de cette méprise. L'édition de 1528 fut réimprimée à Nevers en 1594, et le savant
André Duchesne s'y trompa lui-même à son tour. Il la réimprima, en 1617, dans son édition des *Œuvres* du poëte, et de
plus il fondit ou plutôt confondit ensemble, dans un déplorable
amalgame, les éléments biographiques relatifs au héraut d'armes, avec ceux qui concernaient le poëte-secrétaire. Douze
mois ne s'étaient pas encore écoulés depuis cette publication
des *Œuvres de maistre Alain*, lorsque, en 1618, Duchesne dé-
couvrit un manuscrit de la *Chronique*, dans lequel le voile de
l'anonyme était levé. Le savant fondateur de la grande collection des historiens de France reconnut alors son erreur et s'em-
pressa de le faire publiquement (1). Godefroy vint ensuite et
réimprima sous son véritable nom d'auteur cette *Chronique*,
qu'il morcela en deux parties : l'une accompagna l'*Histoire de
Charles VI* (Paris, 1653, in-f°, imprimerie du Louvre), et l'autre
celle de *Charles VII* (1661, *Ib.*).

La Révolution française a réuni, pour le plus grand profit
de nos études, tous ces manuscrits dispersés, que les gens
de lettres, les couvents ou les libraires détenaient isolément,
dans les temps antérieurs. La Bibliothèque impériale possède,
à elle seule, huit manuscrits précieux de cet ouvrage. Une
édition nouvelle et spéciale de la *Chronique de Charles VII*,
revue sur les textes originaux, aujourd'hui que nous connaissons mieux l'auteur, sera sans doute jugée bientôt nécessaire
et opportune. On peut compter à cet égard, et pour opérer cette
œuvre en temps et lieu, sur l'activité vigilante et éclairée d'une
compagnie qui a rendu et qui rend chaque jour de signalés services à l'érudition nationale. Tout le monde a compris que je
veux parler de la *Société de l'Histoire de France*.

2° *Mémoires du fait et destruction d'Angleterre, en partie;
Histoire du roi Richard.*—En 1440, au moment où éclatait la

Praguerie, le connétable de Richemont, qui, par ses origines maternelles, était particulièrement initié aux annales de la monarchie anglaise, Richemont vint trouver Charles VII et lui dit : « Sire, qu'il vous souvienne du roi Richard ; ne vous enfermez point en villes ni en places. » Charles VII écouta ce conseil et le suivit (1). Il s'agissait de Richard II, qui se laissa assiéger par ses parents et qui fut supplanté par le père de Henri V, compétiteur, ainsi que son fils Henri VI, de Charles VII lui-même. Le roi chargea son héraut Berry de compulser les chroniques d'Angleterre et de lui faire connaître au long cette histoire du roi Richard. Telle est, selon toute apparence, l'origine de cette œuvre de Gilles le Bouvier, demeurée manuscrite. Ce sujet a été renouvelé de nos jours par un éminent érudit qui a succédé à M. Guizot, dans sa chaire de la Sorbonne, pour l'enseignement de l'histoire moderne. Voici le titre de son œuvre : *Richard II, épisode de la rivalité de la France et de l'Angleterre*, par H. Wallon, membre de l'Institut, Paris, Hachette, 1864, 2 volumes in-8°. Ce titre à lui seul indique assez la connexion qui rattache ce sujet à notre propre histoire, et, par conséquent, le genre d'intérêt que présente l'œuvre manuscrite du héraut Berry (2).

3° *Chronique et Recouvrement de la Normandie.* — Un écrivain habile, Georges Châtelain, qui a peint Charles VII au vif sans le flatter, lui décerne le titre d'*historien grant*. Le roi, en effet, déshérité par de funestes événements, aimait, pour revendiquer sa fortune, à s'appuyer sur les arguments du droit et de l'histoire. La *Chronique de Normandie* fut vraisemblablement commandée par le roi à G. le Bouvier, en vue de préparer la réduction de cette province à son obéissance, et le *Recouvrement de la Normandie* fut l'histoire de cette réduction. Le *Recouvrement* fait suite à la *Chronique*. Celle-ci est une compilation qui remonte aux origines du Rou (Rollon). Celle-là a servi de type à diverses relations de cette grande

(1) *Histoire de Charles VII*, t. ii, p. 408, et s.
(2) Voir dans les *œuvres d'A. Chartier*, p. 253 et suiv. : *Généalogie des Roys de France depuis sainct Loys jusqu'à Charles VII*.

campagne militaire. Elle se trouve fondue dans la *Chronique de Charles VII*, du même auteur, et qui a été mentionnée ci-dessus.

4° *Géographie en forme de voyages*. — Cet ouvrage est de tous ceux de Gilles le Bouvier celui qui offre la lecture la plus attrayante et la plus facile. Il n'a pas encore reçu, jusqu'à ce jour, un honneur qui lui serait bien dû, celui d'une publication complète et spéciale. L'exemplaire unique que nous en connaissons consiste dans un petit volume qui porte aujourd'hui la cote : Ms. fr. 5873 de la Bibliothèque impériale. Ce livret, écrit avec soin sur vélin, mais par un scribe plus habile de sa main qu'intelligent et instruit, n'est qu'une transcription non contemporaine et quelque peu défectueuse ou fautive de l'original. En tête du volume, se voit une élégante peinture, représentant le blason du roi Charles VIII (1), à qui cet opuscule paraît avoir été offert. Depuis cette époque, le livre n'a pas cessé d'appartenir à la Bibliothèque royale ou nationale. Au dos, on lit ce titre en lettres dorées : *Description de pays*. L'ouvrage est signé à la fin en ces termes : « Ce livre a fait le roy d'armes de Berry, premier hérault du roy de France, des pays et régions où il a esté en son vivant; avec les fleuves et cités principaulx de toute crestienté. Δοξα Θεῷ. » (*Doxa théô; gloire à Dieu.*)

Ainsi, le titre exprès de l'ouvrage atteste que l'auteur parle *de visu*. On peut donc joindre aux notions biographiques relatives à Gilles le Bouvier le fait de ces importants et lointains voyages. Le narrateur lui-même porte également ce témoignage dans le préambule où il expose le plan et le but de son œuvre :

Pour ce que, dit-il, pour ce que plusieurs gens de diverses nacions et contrées se délectent et prennent plaisir, comme j'ay fait le temps passé, à veoir le monde et les diverses choses qui y sont, et aussi pour ce que plusieurs en veullent savoir sans y aler, et les aultres veullent veoir, aler et

(1) Écu de France, cerfs ailés pour supports (imité de Charles VII ;) : *Montjoie* pour cri d'armes et le collier de Saint-Michel.

voyager, j'ay commencé ce petit livre, selon mon petit entendement et afin que ceulx qui le verront puissent savoir au vray la manière, la forme et les propriétés des choses qui sont en tous les royaulmes crestiens et des aultres royaulmes où je me suis trouvé; de la longueur d'iceulx, des montaignes qui y sont et des fleuves qui y passent, de la propriété des païs, des hommes et des aultres choses estranges, comme sera ci après déclaré (1).

Les contrées que le récit de Gilles le Bouvier fait parcourir au lecteur se succèdent dans l'ordre suivant : France, Italie, Suisse, Haute-Allemagne, Bavière, Sicile, Chypre, Rhodes, le royaume de Jérusalem, qui comprenaît six autres États soumis au soudan ou grand-turc, savoir : Babylone, Syrie, Égypte, Damas, Arabie, Arménie (et Jérusalem); puis la Perse, le pays du grand Kan de Tartarie, ou Prêtre-Jean; les pays d'*Amazonie* et de *Taborlen*, Russie, Pologne, Norvége, Prusse, Italie, Lucques, Bologne, Florence, Rome, Terre de Labour; Basilicate, Naples, Géorgie, Arménie, Turquie, Constantinople, Albanie, Morée, Dalmatie, Hongrie, Finlande, Norvége, Islande, Lubeck, Brême, Hambourg, Brabant, Clèves, Juliers, Basse-Allemagne, Hollande, Liége, Namur, Luxembourg, Ardennes, Bar, Lorraine, Metz, Toul, Verdun, Saxe, Suisse, Lucerne, Zurich, Bade, Wurtemberg, Ulm, Bavière, Bohême, Prusse, Angleterre, Irlande, Écosse, Espagne, Portugal, Aragon, Catalogne (2).

L'auteur débute par une description de la France, qui, dans ses termes succincts et méthodiques, nous fournit des renseignements précieux. Ce morceau a déjà été imprimé plusieurs fois (3). Nous nous abstiendrons par ce motif de le répéter ici, et nous nous arrêterons de préférence à des passages inédits.

Nous ferons toutefois exception pour le fragment qui va suivre :

(1) Manuscrit français 5873, fᵒ 1.

(2) On remarque dans cet ordre plusieurs *retours* et même des pages entières deux fois transcrites (Voyez, par exemple, la Suisse fᵒˢ 15 vᵒ et 44). Une partie au moins de ces interversions nous paraît devoir être attribuée au copiste.

(3) Labbe, *Alliance chronologique*, etc. 1651 in 4ᵒ, t. i, p. 696 à 706. P. Clément, *Charles VII et J. Cœur*, t i, p. 154 et s. Le héraut Berry avait composé sur l'ancienne Gaule un autre sommaire emprunté aux *Commentaires de César*. Il a été imprimé par Duchesne, *OEuvres d'A. Chartier*, p. 259 : *La Description de la Gaule.*

Et après est le païs de Bourbonnois, le païs de Berry et le païs de Combrailles où y a bains chaulx nommés les bains de Bourbone, de Vichy et de Néris... Et les païs de Bourbonnois et de Berry sont bons païs et fertils de blez, de vins, de bestial blanc et rouge et grant foison d'estans, belles foretz et petites rivières, et y a une bonne cité nommée Bourges. Les gens de ce païs sont bonnes gens et simples et bien obéissans à leur seigneur et ne sont pas gens de grans bobans en habillemens, ne en vesture (1).

Quant à la configuration générale de la France, l'auteur dit :

Ce royaume est en manière d'une lausange, car il n'est ne long ne quarré et passe le fleuve de Loire formant par le milieu du royaume (2).

La France et l'Angleterre, au xv⁰ siècle, n'avaient point de marine propre. Ces deux puissances empruntaient, louaient ou achetaient en grande partie des Génois, surtout au commencement de cette période, leurs navires de guerre. Gilles le Bouvier s'exprime ainsi au sujet des Génois :

La cité de Jennes est bonne ville et sont grans marchans par mer; car ils vont par tout le monde crestien et sarrasin. Ces Jennevois ont les plus belles navires et les plus grans du monde et sont moult vaillans hommes et hardis en mer (3).

Voici la description que Gilles le Bouvier fait de la Suisse (4) :

(1) *Ibidem.*
(2) Ms. fr. 5873, f⁰ 4 v⁰. La losange ou le losange était la forme héraldique consacrée pour l'écu féminin. Lorsque Charles VII tint à Vendôme, en 1458, le lit de justice ou cour des pairs qui jugea le duc d'Alençon, prévenu de lèse-majesté, le forme ou plan de l'auditoire fut configurée en losange. V. *Histoire de Charles VII*, t. III, p. 413 et *Revue des Provinces* du 15 avril 1865, p. 132. Nous citerons encore, comme offrant un intérêt général, le passage suivant : « Hainaut. En ce païs a 2 bonnes villes : Vallenciennes en laquelle passe la rivière d'Escault. qui va à Tornay et à Gant ; et l'autre ville est Mons, qui siet ou meillieu d'icelle rivière d'Escault et part (sépare) le royaulme de France et l'Empire, jà soit ce (encore bien) que *anciennement tous les païs deçà le Rin en mer estoit du royaulme de France.* » (Ms fr. 5873, f⁰ 41.) En parlant du Piémont, l'auteur dit que « les villes et chastiaulx du païs sont fais de briques ». (F⁰ 14.) Le château ou *Palais Madame*, à Turin (piazza Castello), réparé et agrandi en 1416, par Amédée VIII, nous présente un spécimen, encore debout, de ce mode de construction.
(3) F⁰ 15.
(4) F⁰ 15 v⁰.

Or veu ge parler du païs des Suesces (Suisses) qui est païs de montaignes; et s'estant depuis la Savoie et la Bourgongue d'un costé, jusques vers les montaignes de la duché de Millan; et, de l'autre costé, devers le soleil levant, depuis Basle jusques à Constance. Ce païs est fort païs, assez plain (plat) du costé de la conté de Bourgongne. De celle part, y a deux grans lacz : dont l'un s'appelle le lac de Neufchastel et l'autre s'appelle le lac d'Auletain (lac de Genève?) Et en ce païs (1) a quatre villes, Berne, Fribourc, Suric (Zurich) et Luserne. Ces gens sont cruelles gens et rudes et se combatent à tous leurs voisins, s'ilz leur demandent rien; et, tant du plain que des montaignes, se treuvent 40 ou 50 mille hommes ensemble pour combattre. Et anciennement ont combatus et desconfis plusieurs fois les ducs d'Aultriche et de Savoie. Le duc d'Aultriche dit que ils sont à luy et jamais n'y veullent obéir; et aussi pour ce que ils sont au duc de Savoie, il les vourait avoir à ses hommes; mais il ne puet (peut), par ce que ils sont trop fors. Au plain païs croist assez blez, vins, chevaulx et bestial et sont les mons haulx; et en tout temps plains de neiges. Ès vallées a acés (assez) blez, vins et bestial rouge et blanc, et, ès montaignes, ours, chamois et boucz sauvaiges à grant foison. Et sont les plus hautes montaignes de cristienté et y a assez de grans lacz. Et en ce païs sont les pires et plus périlleux passaiges ès montaignes qu'ilz soient en cristienté; car on ne peut aller en Lombardie que par là des parties d'Alemaigne. Ces gens sont barbus et ont grosses gorges (goîtres). Et sont vestus de gros bureaulx et, en labourant, portent leurs espées et bastons ferrés (2).

Passant en Bavière, l'auteur s'exprime ainsi (3) :

Ce païs est très bon et fertil de blez, de vins, de bestial gros et menu et de chevaux moult bons. Les nobles sont belles gens et blons; et chevauchent bien et fermement; et se vestent légièrement. Les gens de labour et le commun sont rudes et ordes (sales) gens et grans mangeurs, pour ce que leur païs est froit espéciaument l'iver; et par tout païs froid sont grant mangeurs. Ces gens sont bons arbalestriers à cheval et à pié et tirent d'arbalestres de corne ou de nerfs, qui sont bonnes, seures et fortes; car ils ne rompent point; et les arbalestres de bois et les arcs sont autres (différents); ilz (ceux de corne) ne rompent quand elles sont gellées. Et pour ce, les font de corne; car pour le froit elles ne rompent point et plus fait froit plus sont fortes (4). Pour le froit qui fait ès Alemaignes, l'iver, ils ont fourneaux (poêles), qui chauffent par telle manière qu'ilz sont chaudement en leurs chambres, et l'iver les gens de mestier y font leur besongne et y tiennent leurs femmes

(1) F° 16
(2) F° 16 v°.
(3) F° 17.
(4) F° 17 v°.

et leurs enfants, et ne fault guères de bois à les chauffer (1). Et les nobles et
gens de guerre et aultres gens oyseux y sont pareillement à jouer, chanter,
boire et mengier et passer le temps; car ilz n'ont nulles cheminées. Les Ale-
mans sont joyeuses gens et usent en leur mengier fort d'espice et de safran
et vont souvent aux estuves et chantent volentiers et jouent (2).

Venise, au xv⁰ siècle, partageait avec Gênes le scepire de la
navigation et du commerce. Gilles le Bouvier, dans la page qui
suit, nous peint la situation de cette florissante république.

Et au pié des haultes montaignes d'Alemaigne siet, du costé d'Itally,
la cité de Venise, laquelle est en mer de toute part et n'en puet on approcher
près de deux lieues, et n'est point fermée que de mer. Et, par toutes les rues,
la mer passe par manière que les grans bastiaulx de la mer arrivent et descendent les denrées ès huys (aux portes) des marchans. Et n'y a nulle ville en
crestienté où tant descendent de marchandise que il fait en ycelle cité; tant
de païs crestiens comme de Sarazins. De celle cité et de tous les païs à eulx
obéissans, marchandent (3) avec les Sarazins et avec les Crestiens par tout
universel monde. Et en vérité je croy que c'est la plus riche cité de crestienté et où il y a plus d'or et de marchandises.

Ces Véniciens sont moult grans seigneurs, car ils ont moult de païs en
mer et en terre ferme. Ilz tiennent Pade (Padoue) et le Padouent. Ilz tiennent Véronne et le Véronnois, le païs de Friol, le païs de Lutrie (Istrie), le
pays d'Esclavonie, d'Albanie et de la Morée et tout au long de la mer de
Venise, jusques en Constantinoble et tiennent l'isle de Quandie et grant
seigneurie en Cipre (Chypre) et le port de la Tenne en Tartarie. Et se gouvernent iceulx Véniciens comme solloient (*solebant*) faire les Romains (4).

L'isle de Quandie est grant ysle, et y a quatre cités et 700 milles de tour.
En celle ysle de Quandie a de grans montaignes, et en icelles montaignes
sont les bois de cyprès dont il font les grans navieres et les tonneaux où il
mectent leur vin que on appelle Malvisie (Malvoisie). En ce païs croist grant
foison sucre et coton et prennent oysiaulx plus grans que faucons qui s'appellent gerfaux, qui vivent des lievres et perdris; et fracolis (5) qui sont en
celle ysle et y croist moult de vins, qu'ilz chargent en vessiaulx et le main-
nent en païs d'Occident et le vendent moult chier; et aussi font il le bois de
cyprès, pour faire coffres et plusieurs aultres choses.

(1) Et le bois de chauffage ne manque pas; ou peu de bois suffit pour chauffer
ces poêles.
(2) F⁰ 17 v⁰. Ces étuves (bains) étaient des lieux de plaisir.
(3) F⁰ 18. Font le commerce.
(4) La Tane sur la mer d'Azof. Renseignement dû à mon confrère M. L. de Mas-
Latrie, auteur de l'*Histoire de Chypre*. — *Solebant* : avaient coutume de faire.
(5) « Il y a en Chypre (dit *Berry*, f⁰ 20 v⁰), oisiaux qui sont comme faisans, qui
s'appellent *francolis*, qui sont très-bons à mengier. »

En celle ysle, a ung duc de par les Vénisiens, qui se tient en la cité de Candie, qui est la meilleure cité de l'isle. Et y a grant foison villaiges et quatre cités et sont ces gens Grès (Grecs). Et y sont tous vêtus de futaines, de jaquettes et sont housés (1), hommes et femmes et enffants, pour ce qu'il y a en celle ysle une menue herbe qui picque (tellement) que se (si) une personne en est picquée par la jambe en alent, il est mort. Celle ysle est très fertile de blez, de vins et de toutes choses ; et est très chault païs et a icelle ysle 700 lieues de tour. Ces gens portent tous grans barbes (2).

Au droit de Chypre, continue le Bouvier (3), devers le Midi, est le païs de Surie (Syrie), qui est le royaulme de Jhérusalem ; qui est très chault païs et y croist peu bois et assez blez et bestes blanches à laine, huilles d'olives, amandes et moult d'aultres fruitz qui ne pourroient croistre par de çà, comme dattes, choques, orenges et aultres fruitz. La maîtresse cité de ce royaulme est Jhérusalem, et Damiette. Et y a 20 cités comme Acre, Barrist (Beyrouth), Tripolis, Rames, Nesaret, Gazere, Béléan (Bethléem) et aultres. En ce païs croist assés vins, mais les gens du pays n'en boivent point, car leur loy le deffent, et ne menguent point de porc, mais boivent du bruvaige qui croist sur arbres en cosses, qui (qu'ils) font piller en pressouers avec eaue doulce et est très bon à boire et doulx comme sucre.

En ce païs n'a nulles cloches, mais les prestres portent une pièce de bois sur leurs espaules et frappent d'un marteau dessus pour faire venir les gens à leur moustier. Ils ont prebstres et évesques de leur loy. Ce païs est au soudan, qui se tient au Caire. Et est gouverné ce païs par crestiens regniés (renégats) en josnesse, qui gouvernent la justice et la guerre. Et les plus gens de bien sont amiraulx et lieutenans du païs et gouverneurs. Et quant le soudan meurt, on le fait des plus souffisent d'iceulx lieutenans ou gouverneurs ; et aucunes fois se fait d'un d'iceulx soudan par force (4)...

En ce païs ne pleut comme point ; mais de nuit y a grans rosées qui norist le blé, dont il vivent ; et le gardent en citernes pour la chaleur. Ils ont tant de femmes que il veulent, mais qu'il aient de quoy les norir. Et puent selon leur loy prendre leur parente, seurs ou cousines. Ilz sont misérables gens et vivent povrement sans avoir grans mesnaiges de cuivre, de fer, ne d'estain, comme paelles, escuèles, grils et trepiers. Tout ce qu'ilz veullent mengier, le vont acheter tout cuit.

Ces gens sont vestus de robes comme le sont les diacres en France quant ilz veullent chanter la messe, aussi large par hault que par bas. Et sont leurs robes fendues par costé et ne portent nulles chausses, mais portent souliers jaunes quant ilz vont par la ville ; et quant ilz sont à l'ostel sont piés nuds pour estre plus freschement ; et sur leurs testes portent de fines toilles entortillées de 30 ou 40 aulnes fines et s'appellent tocques (5) ; selon

(1) Guêtrés.

(2) F° 28 v°. Le costume que décrit notre voyageur est encore aujourd'hui celui des Palikares et des Chypriotes.

(3) F° 21.

(4) Quelquefois, on élit l'un d'eux et on le fait, de force, soudan.

(5) Turbans.

ce que il ont puissance, il les portent de fines toilles. Ces gens ne se desgui-
sent jamais; ilz se abillent toujours d'une fasson (1).

Quant les femmes vont par les villes, elles ont sur leurs robbes leurs sur-
plis de toille et une estamine bien déliée au devant de leur visaige et ung
gent couvrechief sur leur teste et ungs solliers jaunes. Elles voient bien les
gens; mais les gens ne voient point leur visaige. Mais celles de par de ça
sont bien joieuses quant on voit leurs visaiges et leurs sains; quant elles
sont belles. Et selon que elles sont riches, portent à leurs aureilles
anneaulx d'or et de pierrerie toutes selon leur estat. Hommes et femmes
menjussent (mangent) à terre sans table (2).

Les hommes ne portent nulles braies se ilz ne chevauchent. Mais les
femmes les portent; et quant elles sont en leurs maisons, elles les mettent
à la perche et en font parement et sont richement brodées de brodure et de
pierreries et de perles. Et y a de riches gens et de povres comme par de çà.
Ces gens croient en Dieu qui fist le ciel et la terre. Et sont faulces gens et
maulvais à courrocier et frapent en traïson, car ilz sont couars. Je ne diray
rien de la cité de Jhérusalem pour ce que plusieurs gens y vont en pèlerinage
qui en savent assez parler (3).

Le Soudan demeure en la cité du Caire, qui est la plus grant cité de tout
le païs. En icelle ville a moult de peuple plus que en trois les plus grans
cités de crestienté et passe parmy le fleuve du Nil, qui vient de Paradis terrestre et apportent par celle rivière les espices et autres marchandises du
païs de Prestre-Jehan (4), et les marchans crestiens du païs d'Occident les
chargent en Alexandrie (5), où icelle rivière tumbe en mer; et y a trois
journées de Alexandrie au Caire et du Caire en Jhérusalem a dix journées,
et du Caire à Saincte Katherine a quatorze journées, et de Jhérusalem à
Saincte Katherine quatorze désers; mais plusieurs gens vont de Jhérusalem
à Saincte Katherine, qui ne vont pas au Caire.

(1) C'est-à-dire : leur costume ne varie pas.
(2) Fº 21 vº à 22 vº. — J'ai vu à Parïs, chez M. Mündler, un charmant portrait
d'odalisque, peint à Constantinople (par Gentile Bellini?) qui répond parfaitement à ce
que dit Bouvier. Voy. *Gazette des Beaux-Arts* 1866, p. 287.
(3) Nous pouvons indiquer plusieurs de ces relations qui sont parvenues jusqu'à
nous. Tels sont : 1º *le Voyaige d'Oultremer en Jérusalem par le seigneur de Caumont en l'an* 1418, publié par M. le marquis de La Grange, Paris, Aubry, 1858,
in-8º. — 2º *Voyage en terre sainte par Bertrandon de la Broquière en* 1432, etc.
Ms. fr. 5639, publié dans les *Mémoires de l'Académie des sciences morales et politiques*, tome v, p. 422 et suiv. — 3º *Voyage de George de Ehingen, chevalier souabe,
à la Terre sainte, etc., en* 1454; ms. nº 141 (*Hist.*), *de la bibliothèque de Stuttgart*,
publié par extraits et traduit en français, avec un trait des figures ou portraits qui
accompagnent l'original, dans une brochure intitulée : *Iconographie historique, Notice d'un manuscrit souabe*, etc., par Vallet de Viriville, Paris, Didron, 1855, in-4º.—
4º *l'Amour de Sion*, relation d'un voyage exécuté de Ferrare à Jérusalem, par le rabbin
Éliah de Ferrare, vers 1438, dans Carmoly, *les Itinéraires de Terre sainte des xiiie au
xviie siècles*, trad. de l'hébreu; Bruxelles, 1847, in-8º, p. 321 et suiv.
(4) Voy. G. Pauthier, *le pays de Tonduc ou du Prêtre-Jean, etc.* 1862, in-8º.
(5) Fº 23.

Puis y est, joignant le royaulme de Jhérusalem, la ville de Damas (1), qui est moult riche et viennent les marchandises en celle ville de la terre de Prestre-Jehan, pour mener en la Turquie et en Pollaine et par toutes les haultes Alemaignes, mais les basses Alemaignes se fournissent en Flandres de ceulx qui les amainent d'Alexandrie et sont Jenevois et Vénisiens. Et y a aucun marchans des parties d'occident qui vont à Damas pour acheter les pierres précieuses, pour ce que (2) c'est le lieu qui est le meilleur marché de drap de Damas et de soie et de pierrerie. Et près du païs de Damas est le païs de Terce et de Perse, et dont est seigneur le Taborlen et est ou meillieu des terres du grant quan de Tartarie, du Soudan et du grant Turc.

Et auprès d'icellui Taborlen, du costé du midy, par delà la rivière de Eufrates, qui vient de Paradis terrestre, est le païs d'Amazonie, qui s'appelle *Féménie* (pays des femmes). Les femmes de ce païs ne souffrent nuls hommes. Mais quant elles veullent avoir compaignie d'ommes elles passent celle rivière à tropeaulx (par troupeaux), et entrent en cellui païs de Taborlen, et là se font engrosser et puis s'en retournent et font leur labour, mestier et autres choses que les hommes puent (peuvent) faire. Il ainsi usent leur vie (3) pour ce que elles ne veulent point estre en subjection d'ommes.

Ce Taborlen fait guerre au grand Can, au Soudan, au Turc et à tous ses voisins; et est persécuteur de ceulx de la loy de Mahomet, jà soit ce que il en soit comme eulx.

Ansi ce Taborlen (4) puet finer (peut trouver) 700 mille hommes, et à son besoing mande les femmes d'Amasonie qui le viegnent servir pour avoir leurs plaisirs des hommes; et sont à cheval, pareillement abillées que les hommes.

Quelques-uns des passages qui précèdent exciteront peut-être le sourire, en attestant la naïveté, parfois même la crédulité de l'auteur. Cependant, il faut bien tenir compte à cet égard du rôle que le merveilleux jouait au XVe siècle dans les esprits, surtout lorsqu'il s'agissait de pays lointains et de

---

(1) C'est dans cette place que Jacques Cœur se trouvait en 1433, lorsqu'il y fut rencontré par le voyageur Bertrandon de la Brocquière.

(2) Fº 23 vº.

(3) Elles adoptent ce genre de vie, parce qu'elles etc. — Un très-curieux livre allemand, le plus ancien armorial imprimé que nous connaissions, nous donne le blason de Sa Majesté la reine des Amazones : « *Die Hochwürdig Künigin Amazonum Calistria. — Sic vocantur omnes regine;* » toutes les reines de ce pays portent ce même nom (Calistrie), ajoute l'auteur. Les armes représentées dans ce même ouvrage sont une reine aux cheveux flottants et couronnée d'or, à la robe de gueules, tenant d'une main une flèche et de l'autre un miroir au naturel. Ulrich de Reichenthal, *Concilium-Buch zu Costencza* (armorial du Concile de Constance, tenu en 1404), Augsbourg, 1483, in-fº, goth. figures, feuillet ciij verso.

(4) Fº 24.

choses inconnues. Si l'on compare les récits de Berry avec les fables absurdes et incroyables qui, bien longtemps encore après lui, dominèrent l'opinion publique, on n'hésitera pas à lui reconnaître relativement la qualité d'un observateur, toujours sincère, et généralement exact et sensé. Il convient aussi de démêler ou de distinguer dans l'œuvre du narrateur deux parts : celle des faits qu'il atteste personnellement, sous la garantie de son expérience, et celle des *on dit*, qu'il a recueillis, tantôt parmi ses compatriotes ou compagnons, et tantôt sur les lieux qu'il venait explorer. Lui-même, dans un passage que nous allons citer, nous aide à discerner ce double élément, à analyser cet alliage; et ce passage décèle en même temps l'esprit méthodique du voyageur. « Des pays des Sarazins, » (en ce qui concerne les pays des Sarrasins,) dit-il, « j'en parle peu des villes et des rivières, pour ce que je n'y ai pas tant communiqué que en la crestienté (1). »

Sur les contrées moins éloignées de la France et notamment sur l'Italie, le livre de Gilles le Bouvier contient des renseignements pleins d'intérêt et d'un caractère frappant de vérité. Nous pensons que le lecteur reconnaîtra ces qualités dans les nouveaux extraits qui vont suivre.

Puis y est la cité de Fleurence (2), qui est une des belles villes qui soit au monde, de ce qu'elle contient. Et y a moult de richesses d'or et d'argent. Cestes gens tiennent change par toute la crestienté et tout ce qui (qu'ils) gaignent, apportent en icelle ville de Fleurence; et pour ce est la ville si riche. Ces gens sont moult sages gens et honnestement vestus et sont bien soubres gens de boire et de mangier. A l'entour d'icelle ville, y a grant multitude de belles maisons et fortes, qui semblent chasteaulx, et au meillieu de la ville a une moult belle église qui est de marbre et est moult grant église. Ce païs est ung très fort païs de montaignes et est tenu en grant justice et en grant paix et y est on bien et honnestement servi. En ce païs a sept cités et y a une belle vallée qui vient de Pérouse à Fleurence et de là à Pise, et part du lac de Pérouse la rivière de Nargue (Arno) et passe à Fleurence et de là à Pise (3).

(1) Fo 32 vo.
(2) Florence. Fo 26 vo.
(3) Fo 27.

Nous savons que Berry avait fait partie de l'ambassade qui entra solennellement à Rome en 1448. La page suivante va nous retracer le tableau du pays que le voyageur visitait alors et de l'état où se trouvait la capitale de la chrétienté, redevenue depuis peu le séjour des souverains pontifes et de la cour romaine.

Après y est le païs de Rome (1), qui est ung païs mal peuplé et plain de bois pour les grans guerres qui y sont anciennement esté, jà soi ce que ce soit un des bons païs du monde s'il estoit peuplé. En ce païs a grant foison cités et villes et n'y a nuls villaiges, pour les guerres ; et passe par le meillieu de ce païs la rivière du Tisbre, qui part d'emprès de Pérouse et passe parmy la cité de Rome et tumbe en mer trois lieues au dessoubz en une cité qui s'appelle Houstio. Celle cité de Rome est la plus grant ville de crestienté. Mais il y a de présent plus de masures que de maisonnaiges, pour les graus guerres qui anciennement y ont esté : et y a plusieurs grans et merveilleux palais fondus, dont on voit encores les apparences et la plus part d'icelle cité est en vignes, en jardins et en désert. Et y a dedans les caves (catacombes) qui sonten ces lieux désers, gran foison pors-espics, taissons(2), hairissons et regnars.

Dedans la fermeture d'icelle ville, il lui a ung moult fort chastel du (3) costé devers occident qui s'appelle le chasteau Sainct-Ange ; et est tout ront comme une tour et est tout marcif de pierre et sont les logis de ceulx qui le gardent au plus hault dessus la terrace. Ce chastel est sur le bort d'ung grant pont de pierre et passe la rivière du Tisbre par dessoubz le pont. Et est l'entrée de Rome, à venir de France, d'Espaigne et d'Alemaigne et de Lombardie, de Fleurence, de Boulongne et de Venise. Et entre lon par le pont dedans ledit chastel et dedans la ville de Rome sans entrer ou chastel. Les vesseaulx de la mer viennent jusques dedans la ville de Rome par la rivière du Tisbre. En ce païs a grant foison bestial rouge et blanc et y a grant foison bugles, qui sont grans bestes noirs, plus grans que beufs, fors qui (excepté qu'ils) ont les cornes de la façon d'un bouc et ont peu poil.

En ce royaulme des Romains a quarante cités et sont les meilliurs cités : Rome, Ancquosne, Pérouse et Viterbe. Ce royaulme a six journées de long et autant de large et est forment ront (4). Les hommes de ce païs, espécialement le peuple, sont mauvaises gens et cruelz et mauvais crestiens et les femmes sont moult dévotes et bonnes femmes. Et est moult chaud païs et y a assez lacz, dont il ont des poissons et y a en ce païs de maulvaises bestes et venimeuses comme escorpions et tarentes (tarentules), qui si tien-

(1) Fo 27 vo.
(2) *Houstio* : Ostie ; *Taissons* : Blaireaux.
(3) Fo 28.
(4) Formant rond.

nent volentiers dedans la paille de vielz litz et dedans vieilles murailles, et si poingnent ung homme, il est mort (1).

Dans ces divers passages, ainsi qu'on a pu le remarquer, l'auteur se met bien rarement en scène. Son livre n'affecte point la forme d'un journal ou récit personnel, mais d'une sorte de composition *ex professo*. On n'y trouve pas une seule date, du moins expressément formulée. Il résulte de cette narration indirecte et de cette modestie, ou de ce silence personnels, que le lecteur est privé, par là, des notions importantes qu'il voudrait recueillir sur l'époque où Berry explorait ces différentes contrées, et du rôle qu'il jouait dans ces excursions.

Car, en dépit du langage évasif que l'auteur tient dans son préambule, il est difficile d'admettre que le premier héraut du roi de France visitât avec autant d'intelligence ces contrées lointaines et accomplît ces dispendieux voyages, sans autre but que de voir le monde et de satisfaire sa curiosité. Déjà nous l'avons vu à Bruxelles, à Rome et en Lorraine, (pays qu'il décrit dans sa géographie), remplir, dans ces postes divers, des missions officielles. On peut estimer de là, par induction, que le héraut Berry fut accrédité, au titre de ses fonctions, dans les divers pays qu'il parcourut, ainsi que nous l'apprend son opuscule.

Nous reviendrons prochainement sur cette question.

Quelques derniers fragments, dont nous allons joindre la citation aux précédentes, auront surtout pour but de déterminer *l'époque* à laquelle se réfère, pour les passages reproduits, la présence de l'auteur au sein des régions qu'il mentionne.

Gilles le Bouvier, en décrivant la Hongrie, désigne ainsi le souverain qui régnait alors dans cet Etat.

Cellui qui est de présent roy, dit-il, est roy de Hongrerie, de Boême, de Crossie (2) (Croatie), de Dalmatie, et duc d'Autriche et marquis de Moravie ; et se tient en la cité de Vienne sur la Dunaue(Danube, *Danau*), qui est

(1) F° 28 v°. — Si elles piquent un homme, il est mort.
(2) F° 36.

la plus grande cité dès Alemaignes (1). Il est roy de Poulaine (2), de Craco et de Lestau et duc de Nitot. Et tient toute la terre qui est de la mer Majour, en Norvèghe, qui est sur la mer occident. Et puet finer ce roy de trois cens mille hommes à cheval, armés à la guise de son païs. C'est cellui qui garde de venir le can de ça la Russie, pour ce que il est seigneur d'une partie d'icelle Russie et pour les grans guerres qui sont et ont esté d'une part et d'aultre entre crestiens et sarasins.

Le personnage désigné dans ces lignes ne peut être que Ladislas VI, le Posthume, né en 1439, sacré en 1440, et mort en 1457, après avoir été promis comme époux à la princesse Madeleine, fille de Charles VII (3).

Notre auteur revient sur le compte de Venise et de Gênes dans le passage que voici : « Les Veniciens, dit-il, et Jenevois marchandent avecques les Sarrasins plus que les autres crestiens et portent aux Sarazins toutes choses qui leur sont prouffitables; posé que icelles soient nuisables à la cristienté pour ce que *ilz n'ont point de seigneur* et ne tendent qu'à leur proffit (4). »

Cette mention paraît être antérieure à 1446; car, à cette dernière époque, les Génois reconnurent la souveraineté du roi de France (5),

Lorsque le héraut Berry visita Constantinople, ou mieux, lorsqu'il écrivit sa relation, cette ville n'était point encore tombée au pouvoir des Turcs, qui s'en emparèrent en 1453. On va voir comment il s'exprime au sujet de l'empire grec et de sa capitale :

En icelle cité (Constantinople, dit-il), a une moult belle église (6) nom-

(1) F° 36 v°.

(2) Pologne.

(3) *Hist. de Charles VII*, t. III, p. 398 et suiv. « La Sardaigne (dit ailleurs Berry, f° 19), de présent au roy d'Aragon qui l'a surgaignée par force » (vers 1420); il s'agit ici d'Alfonse Ier d'Aragon qui mourut en 1458.

(4) F° 25 et 25 v°.

(5) Voy. *Hist. de Charles VII*, t. III, p. 127. — « En ce pais, a 3 cités qui anciennement estoient au duc de Lorraine, qui *de présent sont seigneurs d'eulx-mesmes*; c'est Mes, Toul et Verdun; » (F° 43 v°). Metz, Toul et Verdun furent soumis par Charles VII, en 1444, et P. de Brezé y fut reçu, comme lieutenant-général du roi dans les Trois-Évêchés. (*Ibidem*, p. 48.) La mention de Berry paraît donc antérieure à 1444.

(6) F° 33.

mée Sainte Soufie de Constantinoble, qui est toute de marbre. Les gens
d'icelle région parlent tous grec et s'abillent comme les Sarazins de vesture
et de chaussure et en armes; mais que en lieu des toques, portent cha-
piaulx (1).

Le grant Turc tient la plus part de la terre ferme d'entre la rivière de
Dunaue (Danube) et la mer Méditerraine et les Vénisiens et Jennevois tiennent les isles Grèges. En celle Grège, en terre ferme a encore des païs
crestiens, la Morée et l'Ablaine (l'Albanie), et sont très bons païs et abon-
dens de tous biens. Ce païs de la Morée tient *l'empereur de Constantinoble
de présent*. Avant qu'il fut empereur s'appeloit prince de la Morée. En ce
païs a deux ports de mer qui sont aux Vénisiens, dont l'un se nomme
Modon et l'autre Coron (2).

Le même voyageur dit des Géorgiens ; « Ces gens ont ung
empereur qui s'appelle l'empereur Pietresonde (3); et *l'empereur
de Constantinople de présent* a espousé sa fille. »

Par ces mots : « l'empereur de Constantinople *de présent* »,
répétés dans ces deux fragments, Berry, selon toute apparence,
a voulu désigner uu seul et même personnage. Ce serait alors
Jean VII, Paléologue, mort le 31 octobre 1448, qui avait effectivement épousé, en troisièmes noces, Marie, fille d'Alexis Com-
nène, empereur de Trébisonde (4).

Le passage suivant de Gilles le Bouvier, relatif à l'*Arménie*,
nous fournit un nouveau synchronisme.

Ces gens, dit-il, ont esté conquis par le Soudan depuis 60 ans et vint
leur roi à Paris requérir secours en France et mourut à Paris. Le roy de
Cypre s'en dit roy et y tient un chastel qui est sur la mer Miterraine qui
s'appelle Lecorp, qui est moult fort et par ce chastel se pourroit legièrement
conquester le royaulme, si les rois crestiens estoient bien d'accord (5).

D'après le témoignage du *Religieux de Saint-Denis*, chroniqueur officiel de Charles VI, Léon ou Livon V de Lusignan,
dernier roi chrétien d'Arménie, dépossédé par les Turcs, vint,

(1) Excepté qu'au lieu de turbans ils portent chapeaux. Voir le médaillon du Pisan
qui représente l'empereur Jean Paléologue. Gravé dans Du Cange, édit. Didot, t. vii,
et ailleurs. Les exemplaires de cette médaille ne sont pas très-rares.

(2) F° 33 v°.

(3) *Sic* ou Pietresoude. Lisez : de Trébisonde. (F° 31.)

(4) *Art de vérifier les dates*, t. i, p. 456 et suiv..

(5) F° 31.

en 1384 ou environ, chercher un refuge à Paris auprès du roi de France. Il serait sans doute imprudent de prendre au pied de la lettre l'indication chronologique qui nous est ici donnée. On peut toutefois en déduire approximativement que cette mention du héraut Berry se rapporte environ de 1440 à 1445 (1).

Gilles le Bouvier, en décrivant le pays de Luxembourg, nous fournit ces renseignements : « La maitresse ville de cette contrée, rapporte-t-il, est Luxembourg ; et départ la Meuse, au long d'icelle duché, le royaume de France et l'Empire. » L'auteur ajoute, au sujet des nobles de cette région : « Il y a longtemps qu'ils n'ont eu seigneur autre que l'Empereur qui ne s'est pas tenu au païs. » — « Monseigneur de Bourgogne, dit-il encore, tient ceste duché assez en paix et lui couste plus à garder qu'elle ne lui vault de présent (2). »

Ce témoignage nous conduit nécessairement à quelques années en deçà, par rapport à nous, de 1443, époque à laquelle Philippe le Bon entra en possession du duché de Luxembourg (3).

Notre voyageur raconte aussi que les Hussites de Prague furent réduits « par le moyen du pape Eugène IV (mort en février 1447) et des clercs de son ambassade (4). »

Il atteste enfin que « l'Irlande est en l'obéissance du roy d'Angleterre ; et en est seigneur le dit roy et le duc d'Yorht (5). »

Ce témoignage nous reporte évidemment de 1448 à 1450, époque à laquelle Richard, duc d'York, fut lieutenant d'Irlande, avant qu'il retournât en Angleterre, pour prendre part à la querelle des deux Roses et pour y revendiquer la couronne (6).

(1) Religieux de Saint-Denis, édition Bellaguet, t. I, p. 325 et t. II, p. 113. Victor Langlois, *Revue orientale*, t. I, p. 432 et suiv.; *Numismatique de l'Arménie*, 1855, in-4°, p. 47 et suiv.; *Mémoires de l'Acad. des Inscript. et belles-lettres*, 1839, t. XII. 2ᵉ partie, p. 153 (article de M. Saint-Martin).
(2) Fᵒˢ 42 et 42 vᵒ. — Et la Meuse sépare, au long, etc.
(3) Barante, *Histoire des ducs de Bourgogne*, édition de 1824, t. VII, p. 141 et suiv.
(4) Fᵒ 47.
(5) Fᵒ 50.
(6) Biographies du duc d'York.

Pour résumer les renseignements chronologiques précédemment exposés, nous serions disposé à conclure que le héraut Berry, de 1438 à 1441 environ, décrivait ou visitait l'Arménie et la Turquie; vers la même époque, ou un peu plus tard, Prague et la Bohême; vers 1445, le pays de Luxembourg; et, de 1448 à 1450 environ, l'Angleterre et l'Irlande (1).

En 1446, notre personnage avait atteint la soixantaine. Il est naturel de penser que, parvenu à cet âge, il sentit déjà quelque peu se ralentir en lui l'énergie nécessaire pour continuer ces lointaines pérégrinations, qui entraînaient tant de fatigues et de périls à l'époque où il vivait. La saison du repos arrivait d'ailleurs légitimement pour lui, après une carrière si activement et si utilement remplie.

Nous devons revenir maintenant, par un dernier mot, sur les circonstances au milieu desquelles Gilles le Bouvier accomplit ces diverses excursions. Les faits biographiques que nous avons rassemblés dans le premier chapitre de cette notice offrent, comme on l'a vu, une série de vides ou lacunes, qui alternent avec les notions positives et datées, que nous avons pu recueillir. Les voyages du héraut Berry, par le moyen des synchronismes approximatifs ci-dessus indiqués, doivent se combiner avec ces intervalles d'absence, ou lacunes (2).

Peut-être les archives et les documents historiques des nombreux États qu'il a ainsi parcourus, renferment-ils des notions nouvelles ou inconnues, que nous révéleront, quelque jour,

---

(1) Ces supputations n'excluent pas les déplacements que Gilles le Bouvier, comme il nous l'affirme, entreprit dès sa jeunesse et bien avant 1438.

(2) Nous croyons devoir résumer ici en un court tableau la série des déplacements du héraut Berry pendant le cours de sa carrière. On y trouvera son itinéraire et les dates relatives à ses stations. Ce tableau présentera aussi les intervalles d'absence dans lesquels ses voyages doivent être intercalés et classés. Une lacune principale se fait remarquer, sous ce rapport, de 1440 à 1448.

Itinéraire, avec dates, embrassant la carrière de Gilles le Bouvier dit Berry.

1386. Naît à Bourges.

1402. Vient à Paris.

1420, novembre à 1421, août: à Bourges ou à Mehun. Chevaucheur du roi; il est nommé héraut, puis roi d'armes de Berry. Diverses missions à Amboise, Lyon, Vienne en Dauphiné.

les progrès incessants de l'érudition et les conquêtes de la critique. A l'aide de ces notions, il sera peut-être permis de compléter l'essai de biographie que nous avons tenté. Les faits qui doivent constituer l'histoire de cet homme distingué pourraient alors se classer et se coordonner dans leur ensemble.

En attendant, et malgré notre éloignement pour les hypothèses gratuites, il est une dernière indication que nous croyons devoir consigner ici.

On sait que Jacques Cœur, dès 1433, avait fondé dans le Levant une série de relations qui devait produire les résultats les plus fructueux, non-seulement pour lui-même, mais pour les intérêts généraux de la France, au point de vue du commerce, de la navigation et des rapports diplomatiques ou politiques. Les facteurs de J. Cœur furent accrédités par l'autorité de Charles VII, et, à leur tour, ils servirent à ce prince d'intermédiaires ou de représentants auprès des puissances barbaresques. Jacques Cœur prit part de sa personne à d'autres légations, et notamment à celle de Rome, où il avait à ses côtés le héraut Berry. Jacques Cœur et Gilles le Bouvier étaient nés tous deux dans la même ville. L'office que remplissait ce héraut du roi lui assignait en quelque sorte un rang nécessaire parmi les agents officiels de ces relations. Nous considérons donc comme un fait très-vraisemblable, — quoique la teneur des textes ne nous autorise pas jusqu'ici à l'affirmer positivement, — que ces lointaines expéditions du roi d'armes

1425. Juillet–octobre environ; envoyé (par le roi qui séjournait à Poitiers) en Bretagne.

1429. Juin, juillet, décembre, accompagne le roi dans l'Orléanais, à Reims et en Berry.

1436. Janvier 4, en mission à Compiègne.

1437. Novembre 12, Paris.

1439. Vers janvier–février, en Lorraine.

1440. Juillet 22, Mâcon.

1448. Juillet 10, Rome.

1449. Juillet à novembre et au delà, campagne de Normandie.

1450. Avril 13, Bruxelles.

1452. Novembre 1, auprès du roi (à Changy, en Roannais ou dans les environs).

1454-5. Dernière mention. Une allocation financière lui est affectée sur les contributions du bas pays d'Auvergne.

voyageur, notamment dans les parages orientaux, furent entreprises par lui à l'ombre et avec l'aide protectrice de l'illustre argentier. Nous pensons enfin qu'il dut y remplir une suite de missions appropriées au titre de son office, et sur lesquelles il a laissé tomber le voile de son silence, c'est-à-dire de sa modestie ou de sa discrétion (1).

5° *Armorial ou registre de noblesse.* — Ce dernier ouvrage se rattache au précédent par un lien sensible d'analogie. Il en offre, jusqu'à un certain point, le résumé; car il réunit les blasons des diverses puissances ou des familles privilégiées, ainsi que des individus, appartenant aux différentes régions qu'avait explorées le voyageur. Mais l'importance et l'intérêt propres qui s'attachent à cette production nous font une nécessité de lui consacrer une étude étendue et spéciale. C'est ce que nous nous proposons de faire dans une nouvelle division de ce travail.

III

NOTICE ET EXTRAITS DE L'ARMORIAL MANUSCRIT DU HÉRAUT BERRY.

Le manuscrit unique, à notre connaissance, qui contient cet ouvrage, porte à la bibliothèque impériale la cote : Fonds français n° 4985. Il se compose de 205 feuillets, dont 93 de parchemin et 112 de papier, entremêlés. La hauteur de ces feuillets est actuellement de 28 centimètres, sur 20 de largeur. L'ensemble du livre a été formé tout d'un coup, au XV° siècle, à l'époque où il fut achevé, époque que nous essayerons de déterminer ci-après d'une manière plus précise.

La marche générale, au point de vue de la réunion matérielle, est celle-ci :

1° *Généalogie des rois de France.*

---

(1) Nous trouvons d'autres exemples de cette discrétion ou de cette réserve diplomatique, au moyen-âge et dans des temps antérieurs au héraut Berry. Voy. Pauthier, *Le livre Marco Polo*, etc., 1865, grand in-8°, t. I, *introduction*, p. viij.

2° *Armorial.*

3° *Suite de trois estampes imprimées représentant les 9 preux.*

L'ensemble de ces parties date de la formation du livre, sans addition postérieure d'une partie quelconque par rapport aux autres. Ainsi le prouvent deux circonstances notables. La première, c'est que les cahiers sont classés par une méthode uniforme, usitée au XVe siècle et dont on retrouve des marques ou *signatures*, d'un bout à l'autre. La seconde consiste dans la gaufrure primitive des tranches, qui subsiste, en dépit d'une reliure ultérieure, et qui règne sur toutes les parties.

Revenons maintenant du général au particulier, en consacrant à chaque partie une analyse moins succincte que cet énoncé.

La *Généalogie des rois de France* embrasse les feuillets 1 à 10. Ce morceau a été écrit par deux mains bien distinctes. La première, qui a tracé le commencement, est celle de l'auteur primitif, c'est-à-dire du héraut Berry ou de son scribe. Voici ce commencement :

C'est la généalogie (1) des roys de France, depuis le père du roy Sainct-Loys, jusques au roy Charles septiesme de son nom [qui est de présent] (2).

Louis VIII, dit-il, fit la guerre aux Anglois. Il régna 3 ans seulement et conquist la Rochelle........

Charles le bien aimé (Charles VI; f° 9 v°.) Il trespassa l'an mil IIII^cccc et xx (3) et fut enterré à Saint-Denis en France, et la royne Isabelle sa femme emprès luy (4).

La seconde main, qui paraît être celle d'un Auvergnat ou Limousin, lequel vivait sous Louis XI, a ajouté, dans le vide que présentait le cahier primitif, ce qui suit, f° 9 v° :

(1) André Duchesne a publié un morceau analogue à celui-ci et du même temps, mais d'une autre rédaction, sous ce titre : *La généalogie des Roys de France depuis S. Loys jusqu'à Charles VII;* dans les *Œuvres d'Alain Chartier,* 1617, in-4°, page 253 et suivantes.

(2) Ces quatre derniers mots ont été grattés lors de l'addition, dont il sera parlé tout à l'heure.

(3) Erreur pour 1422; ou mieux il faut lire 142..... (unités indéterminées).

(4) Isabelle de Bavière mourut en 1435, avant la rédaction de cette généalogie.

L'an mil iiii^{cccc}.....

Après la mort de Charles VI, régna son fils Charles septieme de son nom lequel eut moult de travail et de grans afayres, l'an mil iiii^{cccc}xxx, le moys de julliet, et fut sacré et couronné à Rains (1), in sa jeunesse; car aucuns des seigneurs de son sanc et lingnayge luy firent grant guerre et s'alièrent aux Angloys à la contra de luy et luy firent grant guerre. A la fin firent paix et rédusirent par force d'armes, à l'aide de Dieu et des nobles, de son réaume et de son noble conseil, les duchés de Normandie et de Guyanne. Et en ce point myst tous son réaume en paix et myst bone ordenance en ces (ses) gens d'armes, tièlemant que murchandise corroit par tout son réaume. Il fut begnin prince, tant qui (qu'il) vesquit. Jamès ne consantit mort de homme et amoyt justice sur toute chouse et gens de bon governement. Il estoyt bon catolique et bien servant Dieu. Il eut bella lingnée. Il espousa Marie fille du roy Loys de Cecille et duc d'Anyou (Anjou) dont il eut d'icelle dame onze enfans, cinq filz et cinq filles.

Le premier filz fut Loys, qui fut roy de France après son père.

Le segont fut Philippe, qui (que) tint le duc de Bourgoine (sur les fons.)

Le tiers fut Jehen, qui guères ne vesquit.

Le quart fut Jaques.

Le ve fut Charles, qui et (est) duc de Berri (2) du tans de Loys son frère.

La prymyre fille fut mariée au duc Jehan de Bourbon.

La segonde au duc de Savoye.

La tierce fut mariée au comte de Charollas, filz du duc de Bourgongne.

La quarte au roy de Hongrie et de Bahaingne; le quel roy morut sans avoir sa compagnie.

Et les autres deux moururent sans estre mariées.

Item led. Charlles, le quiel eut beaucolp afères contra Bourguinons et Anglois et de grans racontrées et batailles, tant pour luy que contra luy et à l'ayde de Dieu et des nobles ches (chefs) de guerre; bouta cès anemys hors de son réaume et demora roy pesible. Et régna xxx neuf ans; et trespassa en son chatel de Mun sus Yvre (3) le xxij jour de la julliet, jour de la Magdalaine et est enterré à Saint-Denis de France après (auprès de) son père.

A la suite de cette pièce liminaire, vient, au f° 13 v°, une vignette ou miniature de dédicace. Ici commence à proprement parler *l'Armorial*. Cette peinture, d'un travail fin et serré, l'emporte, comme talent d'exécution, sur les autres sujets peints que nous aurons à mentionner. Elle occupe la partie supérieure de la

(1) La date exacte du sacre est le 17 juillet 1429.
(2) Mort en 1472.
(3) Mehun sur Yèvre (Cher).

page et représente une galerie supportée par des piliers, qui s'ouvre sur une vue maritime (1). Le roi Charles VII est debout placé sous un dais fleurdelisé. Il est chaussé de souliers noirs, et de chausses vertes ; vêtu d'une tunique bleue à maheutres ; la tête couverte d'un chaperon mauve, à crête, dont la draperie retombe vers le sol. A l'autre extrémité, un groupe de courtisans. Entre le roi et ce groupe, Le Bouvier, ras, cheveux gris, tête découverte, un genou sur le carreau de pierre, présente à Charles VII son livre, doré sur tranches et couvert de velours rouge. Il est vêtu de chausses rouges et d'une tunique mauve fourrée, par-dessus laquelle il porte sa cotte d'armes; blasonné, sur le dos et aux épaules, des armes pleines de France (et non de Berry), comme « élu roi d'armes des Français (2). »

Au-dessous de cette miniature commence une sorte de préface, libellée en forme d'acte public et ainsi conçue :

Je Gilles le Bouvier, dit Berry, premier hérault (3) de très hault, très excellant, très puissant prince et très chrestien, le Roy Charles, septiesme de son nom, par la grâce de Dieu, Roy de France, par lui nommé et créé hérault, en l'an mil quatre cent et vingt, et depuis coronné et créé par icellui prince en son chastel de Mehun le jour de la haulte feste de Noël, Roy d'armes du Pays et Marche de Berry, honneur et révérance, avecques toute humble obéissance.

Plaise savoir à tous seigneurs, chevaliers et esquiers que, pource que tous Roys d'armes sont tenus de savoir au vray le blason des nobles armes que iceulx seigneurs et nobles gens portent, je me suis appliqué et applicque à mon povoir de savoir et mettre par escript et en painture leurs dictes armes en ce présent livre, pource que, par les grans guerres et divisions qui ont esté moult longuement en ce Royaume, plusieurs jeunes nobles hommes se sont absentez et mis hors de leur hostel et s'en sont allez les ungs en estrange pays, les autres en la guerre; et cependant les maisons et églises où povoient estre paintes leurs dites armes, par le long temps que la guerre a duré, sont du tout tumbées et désollées; par quoy les dessus dits ne scevent de présent quelles armes ils portent; et aussy, par icelles guerres

(1) Peut-être la Rochelle ?
(2) Voy. ci-dessus, page 15.
(3) Dans cette lettre, rédigée par Berry au commencement de son enquête, il ne prend pas le titre de roi d'armes des Français.

et divisions, ont esté perdus et portez, les livres qui anciennement avoient
esté fais par les Roys d'armes, hors de ce Royaume (1).

Pourquoy j'ay entrepris, au plaisir de Dieu, de moy transporter ès lieux
où je saray les nobles partout ce dit Royaume, et mettre leurs armes en ce
dit livre. Et aussi leurs noms : affin que à tousjours mais en soit trouvé
mémoire. Et après mon décèps sera mis icellui livre ès mains de mes héritiers, ou à saint Anthoine le Petit à Paris en la main et garde des religieux
de séans (2), affin que les dits nobles le treuvent s'ils en ont affaire, et pareillement ceux dont les dictes armes sont audit livre paintes. Et pour ce
que ledit Royaume de France est long et de grante estandue, je ne puis
bonnement faire la visitation des diz nobles sans l'aide d'iceulx.

Supplie et requier à tous, qui (qu'il) leur playse à moy aider de ce qui
leur plaira selon leur possibilité en poursuivant et alant sur les lieux où ils
demeurent; car autrement je ne pourroye bonnement accomplir ne faire de
la diligence que j'ay entrepris de faire, pour avoir et mectre en sedit livre
les armes desdits nobles. Et ainsi seront cogneuz les nobles hommes de tout
ce Royaulme en ce livre, et d'autres, dès le temps qui fut fait et devant et
en sera perpétuel mémoire. Et se (si) lesdites armes ne sont mises selon les
degrez des seigneurs ou nobles qui les portent, ne desplaire (pour *déplaise*)
à nul; car je m'en rapporte à un chacun de desbatre son fait : car je n'en
vueil avoir amour ne ayne, car la charge me seroit trop grande. Mais pour
hoster les debbats, je les ay mises en ce livre ainsi qu'elles m'ont esté bail-
lées et fait à fait que je les ay trouvées.

Dans les lignes qui suivent, l'auteur trace l'ordre général de
son œuvre. Il nous fait connaître en même temps le nombre
et la circonscription des marches d'armes, existant à l'époque
où il composait son armorial.

(1) Les plus anciens armoriaux que possède le département des manuscrits de la
bibliothèque Impériale ne remontent guère, en général, à une époque plus ancienne
que celle du livre composé par le héraut Berry. Il en est un toutefois qui est plus
ancien et qui mérite d'être signalé. C'est le ms. fr. 14,356 (anc. Suppl. fr. 254, 24,) Il
porte la date de 1406 et pourrait avoir été transcrit au xve siècle. Mais il appartient au
siècle précédent et paraît avoir été composé vers 1396. Ce petit ms. contient seulement
la description ou registre des armes portées par les gentilshommes des différentes
marches de France ; mais il ne donne pas les figures. Ce livre précieux dont nous
avons déjà parlé, a été publié par M. D'Arcq, Nous y recourrons fréquemment pour
le comparer à l'armorial du héraut Berry.

(2) Religieux de Saint-Antoine de Vienne, en Dauphiné. Charles V, en 1368,
leur donna un terrain et deux maisons, sises sur le domaine royal, pour s'y établir.
(Direction générale des archives : MM. 182.) — Un manuscrit de la bibliothèque de
Metz (n° 84; 178, f° 160 v°), contient une généalogie des rois de France analogue à
celle qui précède. On y lit à l'article de Charles V : « Il fonda, à Paris, *le petit
Saint-Antoine* et gît à Saint-Denis. » C'est là que fut établie, en 1407, la confrérie
ou communauté formant le collége des rois et autres officiers d'armes de France.

Et le premier Chapitre est du Roy nostre souverain Seigneur et d'aucuns des prochains de son sang et des principaulx chiefs de guerre de son royaulme et des armes des nobles, de la *Royaulté d'armes des François,* qui contient depuis la rivière de Loire compris la Cité d'Orléans, jusques a la rivière d'Ayne, compris la Cité de Soissons et en sont les comtez (comtés) de Chartres, du Perche, de Dreux, de Monfort, de Valoys, de Dampmartin, et les pays de Beausse, Gastinoys, Pyroie, Urepois, France, Brye, Veuquecin le François (le Vexin français), la Cité de Sanlis, jusques a la rivière d'Ayne et d'Oyse.

Le second chappitre est des nobles seigneurs barons et autres, de la *Royaulté d'armes de Berry et de Tourayne,* depuis saint Martin de Cande où tumbe Vienne en Loire, jusques à la rivière du Rosne et au long de la mer jusques à Narbonne et tout Languedog jusques à la rivière de la Garonne.

Le tiers chappitre contient les *Royaultés d'armes de Ponthieu, Artoys, Corbyas* (Corbyiois), et *Vermendoys.*

Le quatrième chappitre contient la *duchié d'armes de Normandie* qui contient ladite Duchié seulement.

Le cinquième chappitre est la *Duchié d'Anjou* qui contient le Maine [et] le pays de Vendomoys.

Le VIᵉ chappitre contient et est la *Royaulté d'armes de Champaigne,* la Duchié de Bar, la Duchié et Conté de Bourgoigne, Nivernoys, Beaugeloys, Savoye, Daulphiné, et Prouvence et tout le pays jusques au Rosne et jusques en Pimont, c'est assavoir l'entrée de Lombardie.

Le VIIᵉ chappitre est la *Royaulté d'armes de Guyenne,* qui contient depuis la rivière de Loire jusques au pays de Bisscaye (Biscaye) qui est l'entrée du Royaume d'Espaigne et de la mer de Bourdeaulx jusques à Thouloze.

Le VIIIᵉ chappitre est la *Royaulté d'armes de Bretaigne* qui contient toute la dicte Duchié.

Le IXᵉ chappitre contient les haultes et basses Almaignes.

Le Xᵉ chappitre contient les Espaignes.

Le XIᵉ chappitre contient la Royaulté d'Ecosse.

Le XIIᵉ chappitre contient le royaume de Sicille et toutes les Ytallis depuis la pointe de Calabre jusques aux montaignes de Savoye, d'Alemaigne, ou Daulphiné et de Prouvence.

Le XIIIᵉ chappitre contient tout le Royaulme d'Angleterre et les pays de Galles, de Cornouaille et de Nort.

Et pour ce, très nobles seigneurs, vueillés avoir ledit Roy d'armes pour recommandé; car l'ouvrage est de grant coust et de grant peiné et travail comme il appert, et se nomme ledit livre le Registre des Noblesses (1), et aussy y sont escrips les tymbres et les cris desdits nobles, affin que à tousjours en soit mémoire (fº 14 vº).

(1) *Sic,* pour *Nobles.*

C'est ici que s'ouvre le chapitre Ier, consacré à la marche de France ou Ile de France. Pour chaque marche, l'auteur procède dans l'ordre que voici : Il représente d'abord, à l'aide de peintures sur parchemin, qui occupent toute une page, le prince ou seigneur dominant de cette marche ; puis, de la même manière, les grands seigneurs les plus éminents qui viennent après le prince. Il y joint leurs blasons, timbres et cris d'armes. Arrivent ensuite les armoiries des chevaliers bannerets, figurées sur des bannières carrées, fixées latéralement à des hampes. Puis enfin les blasons des nobles, ou militaires, sont représentés en peinture sur des cahiers de parchemin ou de papier. Ces écus, en ogive renversée, sont groupés généralement par douze à la page. L'auteur joint à chacun d'eux le nom de la famille ou du titulaire, et quelquefois le cri ou devise de la maison.

Nous décrirons avec quelques détails les peintures qui sont annexées au chapitre de la province de France. Ces développements nous dispenseront de répéter les mêmes particularités analytiques pour les autres marches du royaume. Nous nous bornerons ensuite à énumérer les sujets. Le livre du héraut Berry paraît être demeuré inachevé : peut-être bien par la mort de l'auteur. L'ensemble a été formé de matériaux préparés de longue main, mais encore imparfaits. Ainsi, sur un certain nombre de feuillets de parchemin, l'auteur, suivant l'usage, avait désigné par un nom, inscrit au bas et à la plume, les *histoires* ou miniatures qui devaient être exécutées par le peintre, auxiliaire né, au moyen âge, du scribe. Beaucoup de ces feuillets, dans l'armorial de Berry, sont demeurés vides de peinture. Nous comprendrons toutefois ces désignations dans la table ou énumération qui va suivre ; mais nous distinguerons par le caractère italique les sujets qui ont été exécutés.

Le roi, ses deux fils, le connétable et le chancelier (f° 15, v°). — Une estrade élevée divise la scène ou miniature en deux, par le milieu de la hauteur. Le roi est vêtu du manteau antique, ou habit royal. Il porte le cercle ouvert, ou couronne d'or à fleurons. Il tient le sceptre et la main de justice. Son siége (1) a la forme d'X, ou antique, caractérisée dans *le Siége de Dago-bert*. Les pieds du roi reposent sur deux lions. Au-dessus de lui, s'élève un ciel, ou dais bleu, semé de fleurs de lis d'or. Le retour ou baldaquin du ciel est, en dedans, tapissé de rouge et orné d'un soleil d'or. Le cadre qui entoure l'avance carrée de ce baldaquin est *componé* aux couleurs du roi : bleu, blanc, rouge, vert; devise : *Montjoye*.

Deux princes sont placés aux côtés du roi, sur des siéges moins élevés : à droite, le dauphin; à gauche, Charles, duc de Berry, accompagnés de leurs armes. Ils sont vêtus à peu près comme le roi, mais sans sceptre ni main de justice. Au-dessous de l'estrade et en avant du trône, sont assis, sur des escabeaux, les deux plus grands dignitaires du royaume : le chef de la guerre et le chef des conseils ainsi que de la magistrature. Arthur de Richemont, connétable de France, duc de Bretagne en 1457, mort le 26 décembre 1458, est représenté armé de toutes pièces et tenant l'épée. On reconnaît, de l'autre côté, Guillaume Jouvenel des Ursins, chancelier de France depuis le 16 juin 1445, revêtu de la robe royale ou parlementaire. Tous deux sont accompagnés d'un écu portant leur blason, qui sera décrit ailleurs.

Le duc d'Orléans (fᵒ 16, vᵒ). — Il est assis et vêtu comme le roi et ses fils. Son écusson, trois fois répété, porte d'azur à trois fleurs de lis d'or, avec un lambel trois pendants d'argent; devise : *Montjoye*.

Le comte d'Angoulême (fᵒ 17). — Armé de toutes pièces et à cheval, il tient au bras gauche un bouclier blasonné de ses armes. De la main droite, il porte un bâton de commandement rouge. Sa coiffure consiste en un chapeau de castor noir à longs poils et à larges bords convexes, surmonté d'une plume rouge (2). Son cheval, également armé et houssé de pied en

_____

(1) Ce siége se retrouve dans les autres miniatures où se voient des princes assis. Il offre une grande analogie avec le siége du trône céleste dans lequel est assise la Vierge de Melun, peinte par Fouquet, sous les traits d'Agnès Sorel. C'était la forme qu'affectaient ces meubles dans les résidences du roi.

(2) Ce chapeau était alors à la mode. Il succéda aux aumusses et au chaperon, sans

cap, est blasonné, sur la housse, des armes d'Orléans ; le premier lambel surbrisé d'un croissant d'azur. Comme tous les
princes de la fleur de lis, le comte d'Angoulême crie : *Montjoie* (1).

Le connétable de Richemont (f° 17, v°). — Il est, de nouveau,
représenté semblable au précédent, sauf les armes, qui sont de
Bretagne, c'est-à-dire d'hermine au lambel trois pendants de
gueules ; sur chaque pendant, trois léopards (2) d'or.

Le lieutenant général (sic), comte de Dunois (f° 18). — Il est
représenté comme le comte d'Angoulême. Ses armes sont celles
d'Orléans, surbrisées d'un bâton de bâtardise.

Le seigneur de Lohéac, « marisal de France » (f° 19, v°). —
De même. Armes : d'or à la croix de gueules chargée de cinq
coquilles d'argent, qui est Laval, surbrisé d'un lambel trois
pendants d'argent ; sur chaque pendant une pointe d'hermine.

« *Le seigneur de Sainterailles*, marisal de France » (f° 20, v°).
— De même. L'écu, écartelé : un et quatre d'argent à la croix
alésée de gueules ; deux et trois, de gueules au lion d'argent,
onglé et lampassé de sable.

Au folio 16, en regard de l'*histoire* du roi, on lit ce qui suit :

Ces sont les timbres et les cris du Roy de France et des princes grands seigneurs de son sanc et des nobles de la Royaulté d'armes des François.

Le timbre du Roy est une double fleur de lis sur son heaulme, et crie :
Notre-Dame; Montjoye-Saint-Denis au très-chrestien Roy!

Les princes de son sang portent leur timbre : la fleur de lis double houpée
de chacun d'eulx de la couleur qu'ils portent en leur devise comme elle est
cy dessous peinte (3) et crient tous *Monjoye* ceulx qui sont descendus de la
fleur de lix.

[Montmorencis crie : *Dieu aide au premier chrestien* et sur son timbre
un paon qui fait la roue].

---

le détrôner complétement. Il précéda les *hauts bonnets*, qui prirent leur grande vogue
sous Louis XI.

(1) Ce mot, dans l'Armorial, est tantôt écrit *Montjoie* et tantôt, très-lisiblement,
Moujoye.

(2) Richemont était Anglais par sa mère.

(3) Au-dessous est peint un heaume fermé, garni d'un volet ou de lambrequins,
sommé d'une fleur de lys double, croisée; celle-ci ornée de perles bleues et le volet
bleu.

[Les tenans à leur naturel et de leur couleur] (1).

Pour en finir avec la partie d'art et les figures, nous allons énumérer successivement les princes et leurs cris, dans l'ordre où les présente l'armorial. Quant aux bannerets et aux armes des simples gentilshommes, ils se trouveront dans l'armorial proprement dit, que nous nous proposons de reproduire à la suite de la présente notice, et dans un chapitre spécial.

« *Berry* » (*le duc de*), f° 32, v°.—Il est figuré assis et adulte (2), comme le duc d'Orléans, sous un pavillon. Les armoiries, tendues sur le fond du tableau, sont de France, à la bordure engreslée de gueules; couleurs ou devise : blanc, bleu, vert; cri : *Monjoie-Saint-Denis*.

Bueut (ou *Bueil*), (f° 33, v°.) — L'amiral Jean de Bueil. Il figure à cheval, comme Dunois et autres. Ses armes sont ici, écartelées : un et quatre d'azur semé de croisettes d'or au pied fiché l'écu chargé d'un croissant d'argent; deux et trois, de gueules à la croix ancrée d'or; sur le tout, en abîme, un écusson, écartelé : un et trois d'Auvergne, deux et quatre de Champagne.

Charles d'Artois, comte d'Eu (f° 37, v°). — Représenté à cheval, l'épée nue à la main, coiffé d'un chaperon. Son cheval armé, houssé et blasonné aux armes du comte. *Monjoie.*

Le baron de Courtenay (f° 38). — Représenté de même. Armes : d'or à trois courteaux de gueules.

Le duc de Bourbon (f° 44). — En manteau de prince; assis comme le duc d'Orléans. *Monjoie-Saint-Denis.*

Le comte de la Marche (f° 45). — A cheval, armé à blanc comme les précédents; chapeau noir à longs poils.

« Le comte de Boulongne (f° 46, v°). » — Cette *histoire* n'a pas été exécutée.

Normendie (le duc de), (f° 58, v°.) — Un prince à cheval, comme les précédents. La housse, de gueules, porte deux léo-

(1) Les mots entre crochets sont ajoutés, d'une autre main, à ce qui précède.
(2) En 1455, date présumée de l'exécution, Charles, duc de Berry, était âgé de neuf ans. Charles, duc d'Orléans, représenté du même âge, était né en 1391.

pards d'or; cri : *Rouvl* (Rou ou Rollon) *au vaillant duc.*

Bourgongne (f° 59). — Figure analogue ; au fond les armes de Bourgogne-duché : bandé d'or et d'azur à la bordure de gueules.

« Harrecourt » (f° 60). — Vide.

« Tancarville » (f° 61, v°). — Id.

« Longueville » (f° 62, v°). — Id.

« Aumalle » (f° 63, v°). — Id.

Le duc d'Anjou (f° 74, v°). — Ce prince est assis, le front ceint d'un bandeau ou cercle d'or enrichi de pierreries. Il porte le manteau. *Monjoie-Saint-Denis.*

Le comte du Maine (f° 75, v°). — A cheval ; celui-ci houssé de ses armes (celles d'Anjou).

Le comte de Vendôme (f° 77). — Il est à cheval, et coiffé d'un heaume fermé. Ses armes, de France à la bande de gueules, chargée de trois lionceaux d'argent, sont reproduites sur son bouclier, qu'il tient au bras, et sur la housse de son coursier. *Monjoie.* Dans la bordure qui encadre ce tableau, on remarque un chiffre, composé des deux lettres, J et Y entrelacées, qui se détache, tantôt en argent, tantôt en or, sur un fond rouge. Ce chiffre est celui de *Jean de Bourbon*, comte de Vendôme, et de Ysabel de Beauvau, unis en mariage par contrat passé à Angers, le 9 novembre 1454 (1).

Laval (le comte de), (f° 78, v°.) — Représenté comme celui de Vendôme.

« Vandosme » (f° 79, v°). — Vide. (Il est figuré ci-dessus.)

Le duc de Bourgogne (f° 86, v°). — Le prince est assis. Ses armes (au fond du tableau) sont de France à la bordure componée d'argent et de gueules.

« Charollois » (f° 87, v°). — Vide.

« *Chenpaigne* » (le comte de), (f° 98). — Armé de pied en cap ; coiffé du heaume ; vêtu, lui et son cheval, de ses armes, qui sont d'azur à la bande d'argent, accompagnée de deux cotices potencées et contre-potencées d'or de treize pièces (2).

---

(1) Voy. Anselme, *Histoire généalogique,* dernière édition, t. ɪ, p. 324.

(2) A raison, a-t-on dit, des 13 justices ou vassaux qui relevaient du comte de

« Retel » (f° 99). — Vide.

« Tonnerre » (f° 100). — Id.

« *Guiene* » (f° 109, v°). — Prince à cheval; l'épée nue à la main. Sur sa tête, un cercle fleuronné.

Le sire d'Albret (f° 111, v°). — Comme le précédent; coiffé d'un chaperon.

« Rodez » (f° 112, v°). — Vide.

« Bierne » (le comte de Béarn), f° 113, v°. — Vide.

« Toulouse » (le comte de), f° 119. — Vide.

Le comte de Foix (f° 119, v°). — A cheval. Ses armes sur son bouclier. *Foys et Béarn!*

Le duc de Bretagne (f° 126). — A cheval, l'épée nue. *Malo au riche duc!*

Le comte d'Etampes (François II, qui fut duc après le précédent), (f° 127). — Représenté comme le duc. Ses armes sont d'hermine, brisé d'un lambel trois pendants d'azur; ledit lambel doublé ou surbrisé d'un second lambel trois pendants d'argent; sur chaque pendant d'azur, une fleur de lis d'or.

« Pantièvre » (le comte de Penthièvre), (f° 127, v°).—Vide.

« Porhohet » (le baron de), (f° 128, v°). — Vide.

« Daufyné. — (Le daufin? » Lecture douteuse, f° 137).—A cheval; heaume fermé, l'épée nue, ses armes écartelées de France et du Dauphiné. Sur son heaume, la double fleur de lis, rehaussée de perles, argent et or.

« L'empereur d'Allemaigne » (f° 149). — Vide.

« Le roy de Cecille » (Sicile), (f° 169).—Vide.—Répété (f° 175.) Idem.

TIMBRES ET CRIS (f°ˢ 33, v°, et 34).

Ce sont les timbres des seigneurs et nobles de la Royaulté de Berry.

Le conte de Sancerre. Son timbre est la teste d'un roy à grant cheveulx et à grant barbe et crie : *Passavant!* (Comme issu de Champagne.)

Champagne. Dans sa géographie en forme de voyage, le héraut Berry s'exprime ainsi : « Et a le conte de Champaigne, xiii contes, ses hommes. » Ms. fr. 5873, f° 7 v°. Sur les armoiries des comtes de Champagne, voyez un excellent mémoire de M. d'Arbois de Jubainville, *Revue archéologique*, 1852; reproduit dans son *Histoire des Comtes*.

Le seigneur de Chauvegny : son timbre est la tieste d'un chine (1) et crie : *Chevaliers pleuvent!*

Le timbre de Lignières est la teste d'une royne eschevelée et crie :… (ce cri manque)

Le timbre de Sainte-Sévère est une gerbe d'or et crie : *Brose* (Brosse).

Le timbre de Prie est la teste d'un esgle et crie : *Cans* (chants) *d'oyseaulx!*

Le sire de Cullant. Son timbre, ung-demy lion d'or et crie : *Notre-Dame au pigne* (peigne) *d'or!*

Ceulx de Vauldenay crient : *Au Brut!*

Ceulx de la Chartre (La Châtre) crient : *à l'attrait des bons chevaliers!*

Ceulx de Bar crient : *Au feu! au feu!*

Ceulx de Jard crient : *Rochesouart* (Rochechouart).

CRIS *de Picardie* (fᵒ 38, vᵒ).

Vervin crie : *Coussi* (Coucy) *à la marveille!*

Jenly (Genlis) crie : *Anget* (Hangest)!

Bolongne (Boulogne) crie : *Bolongne belle!*

Cramaille crie : *Anget!*

Le sire de la Tournelle crie : *La Tournelle!* et tous ceux qui portent les cinq tournelles.

Le sire de Saucourt porte d'argent frecté de gueules ; et tous ceulx de Picardie qui portent fretté cryent : *Saulcourt!* Et tous ceulx de Picardie qui portent la croix rouge cryent : *Hangeth!*

Ceulx qui portent les maillets, cryent : *Mailly!*

Aufemont crye *Cleremont!* Gaucourt crie *Clermont!* Wavrin crie : *Mains* (moins) *que le pas!* Le sire de Mouy crie *Saucourt!* et tous ceux de Picardie qui portent fretté.

Le conte de Saint-Pol crie : *Lesignen* (Lusignan)! et sur son heaulme une serpent qui se boigne en un boing qui est de sa couleur. (Melusine.)

Le sire de Crequi crie : *Créqui au Créquier!*

Ce sont les timbres et cris des barons et nobles d'Auvergne et de Bourbonnois (fᵒ 47, vᵒ).

Le sire de Tournan crie : *Aux plus drux!* et sur son timbre la teste d'un lion d'or qui engueule le heaulme.

Cris d'Anjou, etc. (fᵒ 76).

Laval crye : *Dieu ayde au premier crestien* (2)! et sur son timbre ung paon.

Craon crie : *Cleriau* (3)!

Vendosme crie : *Saint Georges!* et sur son timbre une liasse de plumes de paon.

---

(1) Cygne.

(2) Voy. ci-dessus Montmorency.

(3) Au commencement du xvᵉ siècle Louis, duc d'Orléans, avait à son service un hérault, dit *Orléans,* qui s'appelait de son nom Hannotin (Petit-Jean) de *Clairiaux.* Voy. *Chronique de Cousinot,* 1859, in-12, p. 114.

Le duc de Bourgoigne crye : *Chastillon au noble duc !* et sur son timbre ung oiseau qui s'appelle ung duc (fº 88).

Champaigne crye : *Passe avant au noble conte* (comte) ! et sur son timbre la teste d'un ancien roy, à une grant barbe ; chauve (fº 97, vº).

Guienne crie : *Saint Georges au puissant duc !* et sur son timbre ung liépart d'or (fº 113).

Armegnac crie : *Armegnac !* et sur son timbre ung lambequin d'armines et ung lyon de gueules dessus.

Labrait crye : *Saint George !* et sur son timbre la teste d'un morien (Maure).

Foix crie : *Foix et Biarne !* et sur son timbre la teste d'une vache.

Le seigneur de Sainteraille crie : *Sainteraille !* et sur son timbre la teste d'un more.

Les peintures que nous venons de passer en revue sont de mains diverses et inégales. D. Bernard de Montfaucon, auteur des *Monuments de la Monarchie françoise*, et d'autres critiques moins autorisés, se sont trompés en prenant toutes ces images en bloc, sans distinction, et en les reproduisant comme des portraits (1). Sans doute, l'auteur de cet armorial avait, le plus souvent, en vue d'individualiser les personnages qu'il met en scène. Ainsi, pour lui, le duc de Bretagne était bien, selon nous, Pierre II, et non autre ; le roi de France et ses fils, Charles VII, Louis et Charles. A propos du comte de Vendôme, on a vu figurer le chiffre, sans doute récemment inauguré, des deux époux ; mais quelquefois aussi, dans l'esprit même de l'auteur, ces figures n'étaient que des types abstraits : tels que le duc de Normandie, le duc de Guyenne, le comte de Champagne, etc., qui, à la date où Berry commençait son armorial, n'existaient point en réalité.

Une autre considération importante, est le talent variable du peintre, qui, les trois quarts du temps, n'a pas entendu faire un *portrait*, par cette raison, très-vraisemblablement (et entre autres), qu'il ne s'en sentait pas capable. Au résumé, quatre figures seulement, dans tout ce recueil, nous paraissent propres à renseigner le lecteur *jusqu'à un certain point*, sur la personne physique ou les traits individuels des personnages représentés. Ce sont : 1º le connétable, 2º le chancelier (fº 15 vº) ; 3º Char-

(1) *Monuments de la Monarchie françoise*, tome III, planche LV, figures 1 et suivantes.

les VII (1) et, peut-être, le héraut Berry ? dans la vignette de dédicace (f° 13 v°).

Tout le reste, au point de vue iconographique proprement dit, peut être regardé comme pure fantaisie. Ces images, toutefois, sous le rapport de l'art et même de l'histoire, ne sont pas à dédaigner. Quelques-unes ont une tournure pittoresque et remarquable. Toutes enfin se recommandent par un mérite fort caractérisé qui leur est propre, c'est de nous renseigner d'une façon officielle en quelque sorte, et très-digne de confiance, sur tout ce qui touche à l'appareil *héraldique* et militaire des personnages représentés.

Quant aux blasons qui composent l'armorial, ils paraissent être l'œuvre directe et originale du héraut lui-même, ainsi que les noms des titulaires, ou inscriptions qui les accompagnent. Nous avons là probablement devant nous un album composé de cahiers séparés ; cahiers de *croquis*, pris sur place et successivement par l'auteur. Celui-ci, sans doute, arrivé à des stations ou domiciles à lui personnels, s'est transcrit et retouché, en se faisant aider, au besoin, par ses peintres héraldistes, et par ses poursuivants, ou auxiliaires. Ainsi s'expliquent, à nos yeux, les inégalités d'exécution qui se remarquent également dans cette partie, les blasons inachevés, et les transpositions que présentent divers chapitres. Ces armoiries, en somme, sont agréables à voir, même pour le plaisir des yeux, et de l'esprit. On n'y trouve pas, Dieu merci, cette forme d'écus, dite *en accolade*, qui a prévalu à une époque où le blason devenait avec la *Civilité puérile et honnête*, l'une des grammaires que devait apprendre tout enfant de bonne maison ; mais à une époque, aussi, où l'art *héraldique* et le sentiment du moyen âge n'existaient plus. Cet art et ce sentiment, on les retrouve, naïfs et sans prétention, mais tout entiers dans l'armorial du héraut Berry. C'est par ce motif que nous faisons des vœux pour que cet ar-

(1) Ce portrait, si on peut lui accorder ce titre, est fort médiocre, comparé à d'autres effigies excellentes, qui nous sont restées. (Voy. *Histoire de Charles VII*, t. III, p. 74.)

morial, très-fatigué d'ailleurs et unique exemplaire (1), trouve un éditeur qui le reproduise en couleur et en *fac simile*.

Nous ne quittons pas le domaine de l'art, en traitant, à son tour, de la 3ᵉ et dernière partie. Elle se compose, comme on sait, des *Neuf Preux*, rangés trois par trois, sur chaque planche; ce qui fait une planche pour chaque *loi*. Ces trois lois sont : 1º la loi païenne ou *Sarrazine*; 2º celle de l'ancienne Église, ou Ancien Testament; 3º la nouvelle loi, ou série des preux chrétiens. Tous se voient représentés à cheval, armés de pied en cap, blasonnés de leurs armoiries comme les princes de l'armorial, et placés sous des arcs d'honneur ou de triomphe. Le 1ᵉʳ, qui ouvre ou plutôt qui ferme la marche en chevauchant de gauche à droite, est *Hector de Troie*; et les autres suivent, en marchant devant lui, la même direction. Cet ordre est conforme à celui des processions, qui se terminaient toujours par le plus haut ou le plus ancien dignitaire. Les deux autres preux Sarrasins sont : *Le roi Alexandre* et *Julius César*. Deuxième planche : *Josué, Le roi David, Judas Machabeus*. Dernière : *Le roi Artus, Charles le Grand, Godefroy de Bouillon*.

Ces figures sont gravées sur bois dans de grands blocs, imprimées au fronton, en encre pâle, mais bien venue, puis enluminées à la main. Au bas de chaque personnage règne une inscription, qui contient en six vers français l'éloge de ce preux.

Tous ces héros, adoptés par les historiens du temps, figurent à chaque page dans les traités d'armes qui avaient cours au XVᵉ siècle. Ils étaient regardés comme les fondateurs de la chevalerie, de l'art militaire ou héraldique, et comme les auteurs primitifs des règlements en vigueur qui régissaient les institutions de cet ordre. Cette suite d'estampes se rattache donc moralement et logiquement à l'armorial du héraut Berry, avec lequel il a fait corps physiquement, dès le principe (2). Le collége des hé-

---

(1) Depuis ces lignes écrites, nous avons découvert une copie moderne du ms. 4985. On en trouvera la notice ci-après, page 181.

(2) Voyez ci-après, nº 1242, ch. VIII; *le seigneur du Glacquin*.

rauts d'armes avait son siége à Saint-Antoine le Petit, église située sur le domaine du palais royal de Saint-Paul à Paris. C'est là que l'auteur voulut que son livre fût déposé après sa mort (à moins qu'il passât à ses héritiers.) Cette image des *Neuf Preux* était, par son sujet, à l'usage de tous les membres de cette communauté, et devait être, auprès d'eux, d'un débit commercial assuré. Ces considérations, ainsi que le dialecte *français*, employé dans les légendes, conduisent naturellement à présumer que ces planches ont été exécutées à Paris et recueillies par Berry lui-même. Or, comme cet auteur est mort vers 1455, époque où se terminent ses ouvrages et où nous ne trouvons plus aucune trace de son existence, nous pensons qu'il y a lieu de signaler ici un incunable xylographique français qui ne saurait être postérieur à 1455.

Le temps est arrivé, maintenant, de revenir sur cette question chronologique, en essayant de déterminer l'époque à laquelle fut confectionné le livre du héraut Berry.

Nous savons que ce livre n'a pas été composé ou écrit d'un seul jet, ni à un moment donné. Ainsi qu'on peut le voir par la préface, ci-dessus transcrite, l'auteur a pu se mettre à l'œuvre dès qu'il eut qualité compétente, c'est-à-dire dès 1420. Mais on ne saurait assigner, même au commencement de son œuvre, une date aussi reculée. Ainsi, tant que la France entière, sauf quelques provinces, fut livrée à la guerre civile compliquée de la guerre étrangère, le héraut Berry ne put accéder, hors de sa *marche*, auprès des nobles, qu'à l'état de parlementaire. Nous pensons donc que pour la France, le héraut ne put sérieusement commencer son recueil qu'après la réduction de Paris (1436) et même après les trêves de 1444.

Nous voyons en effet, au commencement de son armorial, figurer (1) parmi les grands barons le comte de *Dunois*. Or ce titre fut conféré, à celui qui le porta, en 1439. Ce commencement est donc postérieur à 1439. Il est également sensible que la Normandie, la Guyenne ne purent être recensées, la première avant

(1) F° 23 v°.

1449, la deuxième avant 1451, date du recouvrement de ces deux provinces. Les peintures sur parchemin, que nous avons examinées ci-dessus, offrent entre elles une certaine uniformité. Elles ont été intercalées de *marche* en *marche*, à la tête des divers chapitres et au milieu des cahiers de papier, lorsqu'il s'est agi de réunir l'ensemble en un volume.

Le filigrane du papier présente 4 types savoir : 1° une R majuscule onciale surmontée d'une croix ; 2° la marque du papier d'Orléans : une fleur de lis dans un écu, brisé d'un lambel 3 pendants, l'écu surmonté d'une croix garnie des 3 clous de la Passion ; 3° une grande fleur de lis suspendue par ses lobes, à deux pontuseaux ; ces 3 marques sont dans le papier de l'armorial ; 4° *l'ancre* (dans le papier des Neuf Preux.) Ces quatre types appartiennent tous, par d'autres exemples connus, à la période comprise entre 1440 environ et 1455 environ (1).

On remarque, parmi les personnages que représentent ces peintures, le *marisal* de Saintrailles, qui reçut le bâton de cette dignité par lettres du 1er avril 1454, et enfin le chiffre d'Ysabelle de Beauvau, postérieur au 9 novembre 1454. Nous ne voyons pas, dans tout le manuscrit, de synchronisme postérieur à ceux qui viennent d'être indiqués.

Essayons maintenant de déterminer la limite de temps *avant* laquelle le manuscrit dut être achevé.

Vers le mois d'août 1458, la cour des pairs fut convoquée à Vendôme, pour juger le duc d'Alençon, pair lui-même et prévenu de haute trahison. Charles d'Artois, comte d'Eu, et Gaston de Grailly, comte de Foix, furent créés pairs par le roi, afin de combler les vides qui existaient parmi ces dignitaires. L'arrêt qui intervint condamna l'accusé à perdre tous ses biens, titres et dignités ; il cessa d'être pair (2). Or, si nous ouvrons l'armorial de Gilles Bouvier, nous y constaterons ce qui suit. Jean, duc d'Alençon, y figure comme *pair* et les deux autres barons,

---

(1) Voy. *Gazette des Beaux-Arts*, 1859, premier article, texte, page 155, figure n° 7 ; deuxième article, texte, pages 159, 162, 163 ; figure n° 43.

(2) Voy. *Revue des Provinces*, avril 1865, pages 128 et suivantes.

ci-dessus désignés, n'y portent pas ce titre (1) : donc l'armorial a été terminé avant 1458. Nous pouvons resserrer encore, si je ne me trompe, cette limite. Il résulte de citations déjà faites, que Pierre II, duc de Bretagne, et son oncle Arthur, comte de Richemont, y font deux personnages distincts. Or, le duc Pierre, mort le 22 septembre 1457, eut pour successeur Arthur de Richemont. Donc le manuscrit du héraut Berry fut achevé entre le 9 novembre 1454 et le 22 septembre 1457; disons, pour employer la formule la plus précise et la plus vraisemblable : *vers 1455*.

L'art a ce privilége, même dans ses manifestations les plus élémentaires, d'exciter, dès l'enfance, l'intelligence de l'homme, en captivant ses yeux. Le Blason, avec son bariolage essentiellement symétrique et pittoresque, avec ses lois fixes mais connues des seuls initiés, avec son orthographe ingénieuse et sa terminologie sonore, jouit particulièrement de cette prérogative. Il tente la curiosité, il aiguise l'esprit, rien qu'en exhibant ses énigmes coloriées. Aussi, combien de regards ont, depuis vingt générations, parcouru les pages illustrées de cet album ! Combien de mains ont tourné ces feuillets, les unes par des préoccupations généalogiques et personnelles ; celles-ci en vue de graves recherches, historiques ou d'érudition ; beaucoup d'autres, par manière de distraction et de passe-temps ? Combien ? C'est ce qu'attestent, sans le mesurer d'une manière précise, les traces sordides qui règnent sur toutes les marges des pages ; c'est ce qu'attestent le papier usé, les peintures, çà et là presque effacées, de ce livre, l'un des plus consultés que possède le riche dépôt auquel il appartient.

Le manuscrit du héraut Berry passa-t-il, après sa mort, à ses héritiers ? Ou bien fut-il déposé à Saint-Antoine le Petit ? Telle est la première question que l'on se pose lorsqu'on cherche à savoir quelle a été, depuis l'auteur jusqu'à nous, la destinée de ce recueil. De ces deux hypothèses, nous inclinons à admettre

(1) Folios 22. (Voy. ci-après *Armorial*, nᵒˢ 35, 41, 64 et suivants.)

comme vraie la dernière, et quelle que soit la valeur de nos raisons à cet égard, nous en ferons juge le lecteur.

Sur les marges ou feuilles de garde du manuscrit, on ne voit aucun *ex libris* qui puisse se rapporter aux héritiers directs de l'auteur ; aucun nom du XVe, ni du XVIe siècle. Et cependant, ce genre d'inscriptions, titre de propriété pour un objet précieux, était alors très-usité ; si bien que peu de livres en sont exempts. Puis, au XVIe siècle, nous trouvons, parmi les papiers ou manuscrits de Jean le Feron, une compilation tirée de notre armorial. Elle a pour titre *Traité armorial* et porte en toutes lettres et en tête, cette note du compilateur : *Du livre de* Berry (1). Jean le Feron, ce grand rechercheur d'armoiries, comme l'appelle Pasquier, était avocat au parlement de Paris. Né en 1504, il mourut vers 1570. De son temps, comme il l'atteste dans un de ses ouvrages, le collége des hérauts subsistait à Saint-Antoine, et Feron, à ce qu'il semble, en avait exploré personnellement les titres et archives (2). C'est là, selon toute apparence, qu'il consulta cet armorial, ou qu'il l'emprunta, pour le compiler chez lui.

En 1620, lorsque Favyn écrivait son *Théâtre d'honneur et de chevalerie*, de grands changements étaient survenus. On connaît les regrets, les plaintes satiriques ou amères que les hérauts d'armes, dès 1408, faisaient entendre sur l'ancienne splendeur de leur ordre, sur sa décadence, sur les abus qui s'y étaient introduits. Ces lamentations depuis le XVIe siècle, vont *crescendo* et de plus en plus aiguës, en passant de héraut en héraut, de bouche en bouche, et d'auteur en auteur. Du temps de Favyn,

---

(1) Ms. fr. 5931, f° 3. Voy. *Biographie Didot*, article *Le Feron*, t. xxx, colonne 328, note 1.

(2) Il parle de Gilles de Merlo et Guillaume de Reux : « lesquelz magnifiques et nobles roys d'armes on trouvera inscriptz ès lettres d'ordonnances et fondation de la chapelle des roys, hérauds et poursuivans d'armes du royaume de France, fondée en l'église monsieur Saint-Antoine-le-Petit, de Paris, où *hont* et doivent havoir et tenir leur siége, collége et fondation de leurs offices, comme *on* (l'auteur) *l'a veu* par la copie d'icelles, en date de l'an 1406, [*a. s.*] et par Guaguin en son traicté d'armes. » (*De la primitive institution des hérauds*, etc.; Paris, 1555, in-4°, f° 40.)

le collége de Saint-Antoine n'existait plus depuis longtemps et cet écrivain ne le mentionne qu'à l'imparfait (1).

La communauté de Saint-Antoine était devenue séminaire en 1615 ; puis elle fut réunie à l'ordre de Malte (2). Les archives du collége durent nécessairement être dispersées. En 1651, le père Labbe publiait un extrait de notre armorial : « tiré, dit-il, d'un livre d'armoiries qui appartient à M. Du Bouchet » (3). *L'ex libris* autographe de ce possesseur se lit encore effectivement et deux fois répété aux f°s 1 et 13 v° de notre manuscrit 4985. Du Bouchet, généalogiste célèbre, mourut en 1664, et le manuscrit passa de ses mains dans la bibliothèque de Colbert, dont il fit partie sous le n° 1867. Il entra vers 1730, avec cette magnifique collection, dans la bibliothèque du roi, où il prit place sous la cote 9653, 5. 5. La couverture primitive qu'il portait était sans doute, par sa vétusté, hors d'usage. Il reçut alors sa reliure actuelle, en maroquin rouge plein, aux armes du roi.

Le livre de *Berry* est aujourd'hui placé dans la réserve.

Cet ouvrage est une curiosité bibliographique, déjà fort altérée (4) dans sa substance, et qui peut périr. Une reproduction complète, ou *fac-simile* de toutes les figures ou blasons, serait très-intéressante pour les érudits et les curieux. Mais elle ne trouvera sans doute jamais d'éditeur. — Puisse le défi que je porte ici publiquement m'attirer la défaite d'un démenti (qui deviendrait pour nous une victoire) !

---

(1) S. Antoine... « où se *voyoient anciennement* les chartes et statuts des officiers d'armes, etc. » (Tome I. p. 55)..... « Aujourd'hui, dit-il, tout est tellement corrompu, tous offices estant vénaux, que ceux qui tiennent les charges de hérauts sont personnes roturières qui n'ont jamais rien veu, et sont tellement impertinens au noble art des blasons et de la peinture, qu'ils ne savent pas deviser les armes d'un prince et grand seigneur. A l'entrée que le feu bon roy Henri III°, de pieuse mémoire, fit à Paris, ayant été nommé roy de Pologne, les peintres ignorans, à la veüe de hérauts plus ignorans qu'iceulx, blasonnèrent les armes de Pologne d'argent et de sable, au lieu qu'elles sont de gueules à l'aigle d'argent, etc., etc. » Suit une longue citation de bévues ou âneries héraldiques analogues. (*Ibid.* pages 60 et 61.) Voir, sur le même sujet : Fauchet, *De l'origine des chevaliers, armoiries et hérauts.* Genève, 1611, in-4°, p. 97.

(2) Favyn, *ibid.* Bordier, *Eglises et Monastères de Paris,* p. 57 et suiv.

(3) *Alliance chronologique,* in-4°, t. I, p. 690.

(4) Plusieurs feuillets ont été enlevés depuis longtemps. Voir notamment entre les chiffres 41 et 42 de la pagination, qui est moderne, et ci-après *Armorial,* n° 245, note.

Une partie de ce vœu est déjà remplie, grâce à l'excellent procédé de M. Pilinski, artiste lithographe (1). Le reste du volume a été bien des fois allégué, cité ou copié, texte ou figures, par extraits, mais jamais *in extenso*. Nous nous proposons de publier, indépendamment des fragments qui précèdent, la reproduction complète de ce que l'on peut appeler le *texte* de l'armorial : nous voulons dire le relevé onomastique de tous les blasons dont il se compose.

Le lecteur a vu ci-dessus l'ordre que le héraut Berry, auteur du *registre des nobles*, s'était prescrit. Cependant quelques transpositions s'y sont introduites, par des circonstances que nous avons indiquées. Pour réparer ces écarts, nous avons ramené, dans notre édition, ces fragments séparés, à chacun des chefs, ou têtes de chapitres, sous lesquels ils devaient se ranger. L'ensemble des éléments ainsi distribués peut se résumer, numériquement, dans le tableau ci-après :

		NOMS DES MARCHES OU CONTRÉES.	BLASONS.
		Villes capitales, etc.	30
Chap.	Ier	France (marche de)	173
		Supplément	23
—	II	Berry, etc.	159
		Supplément	75
—	III	Picardie, etc.	141
		Supplément	83
—	IV	Normandie	169
—	V	Anjou et Touraine	78
		Supplément	24
—	VI	Champagne, etc.	323
		Supplément	1
—	VII	Guyenne etc.	150
—	VIII	Bretagne	77
		Supplément	3
		TOTAL pour la France	1,509

(1) Nous avons sous les yeux plusieurs exemplaires du *fac-simile* exécuté par M. Pilinski, inventeur d'un nouveau procédé, qui conservera son nom. L'édition de ce tirage a été faite pour servir et sert à l'enseignement de l'école des Chartes.

		Report...................................	1,509
Chap.	IX	Allemagne...............................	60
—	X	Espagne................................	10
—	XI	Ecosse.................................	124
—	XII	Italie.................................	64
—	XIII	Angleterre.............................	183
—	XIV	Orient.................................	3
		TOTAL GÉNÉRAL...........................	1,953

Il suffit d'étudier quelque peu ces nombres, en jetant les yeux sur ce tableau, pour remarquer les quantités peu élevées qu'ils présentent. On ne saurait donc voir, dans ce recueil, un état exact et complet des éléments que l'on pourrait y croire recensés. L'auteur lui-même n'a pas évidemment prétendu dresser une statistique officielle des nobles. Il s'est borné à conserver à cet égard la part d'attribution administrative que le roi lui avait laissée. Elle se bornait à recueillir, au point de vue purement héraldique, la figure des blasons, pour en conserver le type à la postérité des titulaires. L'insertion de ces figures était complétement bénévole de la part des intéressés. Encore même le héraut, comme il nous l'apprend, s'abstenait-il d'y apporter le contrôle de son autorité. Il enregistrait les blasons, tels qu'ils lui étaient donnés. Nous devons supposer aussi qu'un certain droit, une certaine taxe, était le prix de cette insertion ; taxe payée au profit du héraut qui se soumettait, pour cette œuvre, à d'onéreux et continuels déplacements.

Cette redevance était de droit, suivant les livres d'armes de l'époque, et tout à fait en harmonie avec les anciennes traditions (1). Il n'en faudrait pas davantage pour expliquer, en partie du moins, ce petit nombre d'armoiries, fruit d'une si longue et si laborieuse moisson.

Nous devons y voir enfin, si je ne me trompe, un signe de l'indifférence des intéressés ; un signe du désarroi, du laisser-

---

(1) Voy. ms. fr. 1968, fos 103 et suiv. Ms. fr. 387, fos 33 et suiv. Favyn, *loco citato*, p. 57.

aller, qui se manifestent relativement, dans l'histoire des vicis-situdes qu'ont subies de tout temps, chez nous, les institutions nobiliaires ou aristocratiques ; lorsque l'on compare ces institutions avec celles de l'étranger, et notamment de nos voisins les Anglais.

Aux figures que nous n'avons pu reproduire, nous avons substitué ou ajouté la description des armoiries qu'elles présentent. Malgré les secours qui ne nous ont pas fait faute et que nous ont fournis de nombreux devanciers, nous ne sommes point assuré d'avoir accompli sans faillir cette première partie de notre tâche. Car, autre chose est d'aimer, de pratiquer une langue *étrangère*, il s'agit ici du *blason;* autre chose est de la parler correctement comme notre idiome vulgaire et maternel.

Un second point, non moins difficile, a été de restituer d'une manière intelligible et d'identifier les noms des titulaires, écrits le plus souvent sous une forme arbitraire, surchargée, ou effacée dans l'original. Pour ce qui est de la France, nous n'avons épargné ni temps, ni peine, ni celle de nos amis qui nous ont assisté de toutes parts, afin d'arriver au résultat désiré. Nous soumettons le tout, pour l'améliorer, à la correction du lecteur.

Des numéros d'ordre, qui n'existent point dans l'original, ont été ajoutés par nous à cette nomenclature. Cette addition a pour but de faciliter les citations ou les renvois. Elle nous servira spécialement à construire la table ou relevé général alphabétique, appendice nécessaire par lequel devra se terminer notre travail.

Nous devons revenir, avant de clore ces préliminaires, sur deux autres sujets qui ont été touchés ci-dessus.

On a vu, page 57, que le héraut Berry (vers 1420) divise le royaume en huit marches héraldiques. Dans le livre de *Navarre*, on compte jusqu'à dix-huit de ces divisions. Antoine de la Sale porte ce nombre à douze. (Voy. le roman du *Petit Jehan de Saintré*, édition Guichard, 1843, in-12, p. 175.) Or, Antoine de la Sale écrivait ce roman vers 1455. Ce nouveau fait, ce nouveau rapprochement nous montre combien était variable tout ce qui touchait à la circonscription et au règlement des matières héraldiques.

Notre dernière observation a trait aux cris d'armes et aux bannières.

Du Cange s'exprime ainsi dans l'une de ses savantes dissertations sur Joinville : « Depuis que le roy Charles VII, dit-il, eut établi des compagnies d'ordonnance et dispensé les gentilshommes fiévez (pourvus de fiefs), d'aller à la guerre (1) et d'y conduire leurs vassaux, et par conséquent d'y porter leurs bannières, l'usage des cris d'armes s'est aboly (2). »

L'armorial du héraut Berry diffère, en effet, par une particularité notable, des armoriaux précédents, et notamment de celui de *Navarre*. Dans chaque *marche*, primitivement, les nobles fieffés ou militaires étaient classés en *bannerets* et en *bacheliers*. Tel est l'ordre que suit *Navarre*. Le héraut Berry n'admet, pour chaque marche, qu'une seule liste. Il met seulement en tête, et par loi de préséance, les princes et les ex-chevaliers à bannières; quelquefois même ceux-ci marchent-ils confondus avec les autres gentilshommes.

(1) Ordonnances de 1439 et 1445. — Ces deux ordonnances furent un grand pas fait dans l'ordre de l'égalité civile. Elles ouvrirent, en effet, légalement et régulièrement les rangs de l'armée au tiers état; de féodale, l'armée devint nationale.

(2) Dans le *Glossaire*, édition Didot, tome VII; dissertation XII. — Le cri d'armes devint simplement la *devise*.

ARMORIAL DU HÉRAUT BERRY.

Villes capitales.

1 Rome (fº 21 du ms. 4985).

2 Paris.

De gueules au chef cousu de France, savoir d'azur à trois fleurs de lis d'or, en fasce; sur le gueules, un navire d'argent.

3 Venise.

4 Fleurence (Florence).

5 Jenes (Gênes).

6 Roen (Rouen).

Comme Paris, le champ chargé (au lieu de navire), d'un agneau pascal tenant une bannière d'argent.

7 Toulouse.

De gueules, plein; chargé d'une tour, ou porte de ville, d'argent, surmontée d'un agneau pascal d'argent, tenant une croix recroisetée et pommetée d'or.

8 Sene (Sienne).

9 Colongne (Cologne).

Potentats et princes chrétiens (a).

10 Le prestre Jhen (Prêtre-Jean, Etat d'Asie) (b).

11 L'empereur de Contentinoble (Constantinople).

12 L'empereur d'Almaigne.

13 Le roy de France (f° 21 v°).
    D'azur à trois fleurs de lis d'or.

14 Le roy d'Espaigne.

15 Le roy d'Engleterre.

16 Le roy de Honguerie.

17 Le roy de Cécille (c).
    Semé de France, au lambel trois pendants de gueules.

18 Le roy de Boème.

19 Le roy d'Aragon.

20 Le roy d'Escoce.

21 Le roy de Norvègue.

22 Le roy de Chypre.

23 Le roy de Portigal.

24 Le roy de Mallorque (Mayorque).

25 Le roy de Polaine (Pologne).

26 Le roy de Dennemark.

27 Le roy de Grenade.

28 Le roy d'Imbernie (Irlande).

29 Le roy de Trinacle (ou Trinacrie, Sicile).

30 Le roy de Frise.

(a) L'ordre de préséance qui suit (et dans lequel le pape ne figure pas), doit être considéré comme l'ordre officiel admis par le roi de France pour régler ses rapports avec les diverses puissances.

(b) Sur ce pays, voyez le *Pays de Tenduc et les descendants du prêtre Jean*, par M. G. Pauthier, Paris, 1862, in-8°, déjà cité ; Vallet de Viriville, *Histoire de Charles VII*, etc. Paris, 1865, t. III, p. 442.

(c) (Sicile), Naples et Jérusalem (René d'Anjou).

CHAPITRE PREMIER

ROYAUTÉ D'ARMES DE FRANCE.

31 Le daulphin (de France).

Écartelé de France (a) et de Dauphiné : d'or, au dauphin d'azur, crêté, oreillé et barbé de gueules.

32 Le duc d'Orléans (Charles).

De France, au lambel trois pendants d'argent.

33 Le duc (b) d'Anjou (René).

De France à la bordure de gueules.

34 Le duc de Bourgogne (Philippe).

Écartelé : de France à la bordure componée d'argent et de gueules ; et de Bourgogne ancien : bandé d'azur et d'argent, à la bordure de gueules. Sur le tout, d'or, au lion de sable, qui est de Flandres.

35 Le duc d'Alenson, pour Normandie (c) (Jean, qui fut jugé en 1458).

De France, à la bordure de gueules, chargée de six besants d'argent.

36 Le duc de Bourbon (Charles, f° 22, v°).

De France, à un bâton de gueules posé en bande.

37 Le comte d'Angoulême (d).

D'Orléans, surbrisé d'un croissant d'azur sur le premier lambel.

(a) France *moderne;* c'est-à-dire à trois fleurs de lis. Nous dirons *semé* de France (ancien), lorsque les fleurs de lis sont sans nombre.

Charles, duc de Berry, deuxième fils du roi, né en 1446, ne figure pas ici à la suite du dauphin. Mais il est représenté dans les miniatures. (Voyez ci-dessus, p. 44 et 47.) Il y a lieu de conclure de là : 1o que ce chapitre des blasons fut composé avant 1446 ; 2o que les miniatures furent exécutées ensemble vers 1455.

(b) Dans un acte public du 20 février 1458 (1459, n. s.), René d'Anjou est qualifié : « Le roy de Jérusalem et de Sicile, duc d'Anjou, *per de France* (archives générales, registre P, 329, pièce XLV). Cependant, au procès de Jean, duc d'Alençon, en 1458, René ne siégea pas ; mais bien Charles d'Anjou, son frère puîné, comte du Maine.

(c) C'est-à-dire représentant, comme pair de France, le duc de Normandie ; duché-pairie, depuis longtemps réuni à la couronne. (*Hist. de Charles VII*, t. II, p. 98, et ci-dessus, p. 56).

(d) Jean, frère de Charles, duc d'Orléans. Ce prince revit la France en 1445, après une longue captivité.

38 Le duc de Bar (René d'Anjou).

> Écartelé : au 1er et 4 d'Anjou; au 2 et 3 : d'azur, semé de croisettes d'or; à deux bars adossés, du même; qui est dé Bar. Sur le tout : de Lorraine, à la bande de gueules chargée de trois alerions d'argent.

39 Messire Charles d'Anjou.

> Comme son frère le duc. (Voyez n° 33.)

40 Le conte de Nevers (a).

> D'azur à trois fleurs de lis d'or; bordure componée d'argent et de gueules.

41 Le conte d'Eu (Charles d'Artois).

> Semé de France; lambel trois pendants, de gueules; chaque lambel chargé de trois châteaux d'or.

42 Le conte de Cleremont (Jean de Bourbon).

> De France, au bâton endenché de gueules posé en bande.

43 Le conte de Montpensier (Louis de Bourbon).

> De même : le bâton engreslé.

44 Le conte de la Marche (Voy. n° 52).

> Semé de France; à la bande de gueules, chargé de trois lionceaux d'argent (à cause de Jacques de Bourbon).

45 Le conte de Vendôme (Jean de Bourbon). Voy. ci-dessus, p. 48.

> Écartelé : 1 et 4, les armes précédentes; 2 et 3, de gueules, au chef d'argent; chargé, sur le tout, d'un lion d'azur; qui est Vendôme ancien.

46 Le frère de Nevers (b).

> Écartelé : 1 et 4, Nevers; 2 et 3, Eu (Voy. n°s 40 et 41).

47 Le conte (lisez duc) de Savoie 𝔭. 𝔇. 𝔣. (c) (Louis).

> De gueules à la croix d'argent.

48 Le conte d'Armagnac.

> Écartelé : 1 et 4 d'argent au lion de gueules; 2 et 3 de gueules au lion d'or.

(a) Charles de Bourgogne, comte de Nevers et de Rethel, fils de Philippe de Bourgogne et de Bonne d'Artois, fille de Philippe d'Artois, comte d'Eu. C'est en faveur de ce Charles que le comté de Nevers fut érigé en pairie, par lettres données à Champigny en 1459. Il mourut en 1464. (Anselme.)

(b) Jean de Bourgogne, né en 1415, frère de Charles ci-dessus nommé; comte d'Eu après Charles d'Artois, son oncle, mort en 1491. (Anselme.)

(c) Cette note abrégée paraît signifier *pair de France*; elle a été ajoutée à un certain nombre de noms de princes ou barons, par une autre main, contemporaine du ms.

49 Le conte de Pardiac.

Armes précédentes; brisé d'un lambel, trois pendants d'azur.

50 Le conte de Harecourt, **P. D. F.**

De gueules à deux fasces diminuées, ou jumelles, d'or.

51 Le conte de Lebret (Albret), **P. D. F.**

Ecartelé : 1 et 4 France ancien ; 2 et 3 de gueules.

52 Le conte de la Marche (Bernard d'Armagnac), **P. D. F.**

Ecartelé : 1 et 4, Pardiac (Voy. n° 49); 2 et 3, Bourbon-La-Marche (Voy. n° 44).

53 Le conte de Dunois, **P. D. F.**

Armes d'Orléans surbrisé d'un bâton de bâtardise, savoir : d'argent posé en barre.

54 Le conte de Blois.

De gueules à trois pals de vair, surmontés d'un chef cousu, d'or.

55 Le conte de Dreux, **P. D. F.**

Echiqueté, d'or et d'azur.

56 Le conte de Montfort (l'Amaury), **P. D. F.**

De gueules au lion d'argent.

57 Le conte de Biaumont (Beaumont).

Fascé d'argent et de gueules de six pièces.

58 Le sire de [Préaux] (effacé).

Armes de Bourbon-La-Marche (Voy. n° 44).

59 Le duc de Bretagne.

D'hermine, plein.

60 Le conte de Richemont.

De Bretagne au lambel trois pendants, de gueules; chaque pendan chargé de trois lionceaux d'or.

61 Le conte d'Estempes (Étampes).

De Bretagne, au lambel trois pendants d'azur ; chaque pendant chargé d'une fleur de lis d'or.

62 L'éné fils de Chypre (le fils aîné).

Ecartelé : 1er, d'argent à la croix d'or recroisetée, cantonnée de quatre croisettes du même (Jérusalem); 2e, burelé d'argent et d'azur, de six pièces ; sur le tout un lion de gueules, armé, couronné et lampassé d'or (Lusignan); 3e, d'or au lion de gueules (Chypre); 4e, au lion de gueules, armé, lampassé et couronné d'or (Arménie).

63 Le second (fils de Chypre).

>Armes précédentes.

64 Le conte de Foues (Foix).

>Ecartelé : 1 et 4 d'or à trois pals de gueules, qui est Foix ; 2 et 3 d'or à deux vaches de gueules, clarinées et accolées d'azur, qui est Béarn ; un écusson en abîme, sur le tout, de Béarn.

Les douze pairs de France.

1° Pairs laïques (trois ducs, trois comtes).

65 Bourgongne, duc per.

>Bandé d'or et d'azur, à la bordure de gueules (1er pair laïque).

66 Guienne, duc per.

>De gueules, à un léopard d'or (2e pair laïque).

67 Normendie, duc per.

>De gueules, à deux léopards d'or (3e pair laïque).

68 Champengne, conte per.

>D'azur à la bande d'argent, accompagnée de deux cotices potencées et contrepotencées d'or de treize pièces (4e pair laïque).

69 Flendres, conte per.

>D'or au lion de sable (5e pair laïque).

70 Toulouse, conte per.

>De gueules, à la croix cléchée, vuidée et pommetée d'or (6e pair laïque).

2° Pairs ecclésiastiques (trois ducs, trois comtes).

71 Rains, duc per (f° 24).

>D'azur, à la croix d'argent, cantonnée de quatre fleurs de lis d'or (1er pair ecclésiastique).

72 Laon, duc per.

>D'azur, à la croix de gueules, cantonnée de quatre fleurs de lis d'or (2e pair ecclésiastique).

73 Lengres, duc per.

>D'azur, au sautoir de gueules, cantonné de quatre fleurs de lis d'or (3e pair ecclésiastique).

74 Biauvais, conte per.

D'or, à la croix de gueules, cantonnée de quatre clés du même (4e pair ecclésiastique).

75 Châlons, conte per.

Semé de France à deux crosses adossées de gueules (5e pair ecclésiastique).

76 Noion, conte per.

Semé de France, à une crosse, tournée à dextre, de gueules (6e pair ecclésiastique).

Les quatre barons chrétiens de France (a).

77 Le baron de (b) Memorensy (1er *baron chrétien*) [B].

D'or, à la croix de gueules, cantonnée de seize alérions d'azur.

78 Le viconte de Miaulx (Meaux) [B].

D'argent, au lion de gueules, armé et lampassé de sable (c).

79 Le viconte de Melun [B].

D'azur, chargé de sept besans d'or, posés 4, 2, 1 ; au chef cousu d'or.

80 Le sire de l'Iladam [B].

D'azur, au chef cousu d'or ; sur le tout une main au naturel issant à dextre, ouverte, emmanchée d'hermine et portant un manipule du même.

(a) Ou chevaliers bannerets de la crosse de Paris (île de France) ; vassaux de l'évêque (évêché) ou *chrétienté*. On voit ici quel est le véritable sens et l'origine de ce titre : 1er *baron chrétien de France* ou île de France, affecté à la maison Montmorency. Les quatre blasons qui suivent sont figurés, non plus, comme pour les autres nobles, sur des écus en ogive renversée, mais sur des bannières carrées, fixées latéralement à une hampe. Nous désignerons désormais cette particularité par ces mots : *Ecus bannerets* ou ce signe : [B] (Voyez la planche lithographiée qui accompagne cet ouvrage : Armes de *Trainel*).

(b) Memorensy pour Montmorency. Cette forme, comme on voit, est ancienne. Elle est demeurée populaire.

(c) Le *vicomte de Meaux* est ici une abstraction et non une réalité ; comme le comte de Champagne, le comte de Toulouse, etc. La vicomté de Meaux était un fief qui devait le service militaire. En 1415, ce fief appartenait à Jeanne de Béthune, mariée plus tard à Jean de Luxembourg, seigneur de Beaurevoir. Ce fut elle qui reçut au château de Beaurevoir l'illustre Jeanne Darc, faite prisonnière à Compiègne. Jeanne de Béthune, veuve de Jean de Luxembourg en 1441 et vicomtesse de Meaux, mourut sur la fin de l'an 1450, léguant tous ses biens à deux filles, dont l'aînée avait été mariée, comme sa mère, à un Luxembourg. (Anselme; *Béthune*).

France (Ile de France, f° 24, v°).

81 Le seigneur d'Aigreville.

    « Ceulx de Dreux. » (C'est-à-dire s'arme comme la maison de Dreux.)
Echiqueté d'or et d'azur (Voy. ci-dessus, n° 55).

82 Ceulx de Courtenay.

    D'or, à trois tourteaux de gueules.

83 Les Bracques (Les Braque).

    D'azur, à une gerbe d'or.

84 Le sire de Pasy (Pacy ou Passy-sur-Marne?).

    Armes de Blois (Voy. n° 54).

85 Ceulx de Nanteul (Nanteuil).

    De gueules à dix fleurs de lis d'or : 4, 3, 2, 1.

86 Le sire de Ponponne (Pomponne).

    Vairé d'or et de gueules; un bâton, posé en bande, d'azur.

87 Messire Guillaume Rigault.

    Armes de Melun (Voy. n° 79).

88 Le sire d'Arbouville.

    Fascé d'argent et d'azur; à six anneaux de gueules posé sur l'azur :
3, 2, 1.

89 Le sire de Monjay.

    D'azur à trois épis de blé, d'or, posés en pal.

90 Le vidame de Chartres.

    D'argent, au chef de gueules; sur le tout un lion d'azur (a).

91 Ceulx de Villebuin.

    Fascé d'or et d'azur de treize pièces.

92 Ceulx de Villiers en Brie.

    Armes de l'Ile-Adam (Voy. n° 80).

93 Le sire de La Rivière (f° 25).

    De sable à la bande d'argent.

94 Chentemerle.

    D'azur, à la bande d'argent chargée de cinq coquilles de gueules. »

(a) Pour Jean Ier de Vendôme (ancien), mari de Catherine de Thouars, vidame de
Chartres, de 1434 à 1469. (Lépinois, *Hist. de Chartres*, t. II, p. 614.)

95 Le sire de Harbault (ou Herbaut) (a).

De gueules, à sept anneaux d'or, posés 4, 2, 1.

96 Ceulx de Giresme.

D'argent, à la croix de sable, recercelée.

97 Le sire de Bruières.

D'or, au lion de sable.

98 Les Barres (b).

Losangé d'or et de gueules.

99 Boconvillier.

Fascé d'azur et d'argent de douze pièces.

100 Trie.

D'or, à la bande d'azur, chargée de trois anneaux d'argent.

101 Chambely (Chambly (c).

De gueules, à trois coquilles d'or, posées 2 et 1.

(a) Guillaume VI de Prunelé ou Prunelay, famille très-attachée à la maison d'Orléans. Guillaume V (père de Guillaume VI), gouverneur de Charles, duc d'Orléans, périt en 1415, aux côtés de ce prince, qui fut pris le même jour, à la bataille d'Azincourt. Guillaume VI, écuyer d'écurie du roi, fut fait chevalier devant Evreux au mois d'août 1449, lors de la grande campagne de Normandie. En 1459, peu après l'expédition de Sandwich, le même Guillaume Prunelé, sire de Herbaut est désigné, mais à tort, comme ayant été institué *bailli de Calais*, pour le roi Charles VII. En 1460 et 1461, nous le retrouvons bailli de *Caux* et lieutenant de Dunois en la ville et port d'Harfleur. Cabinet des titres: *Prunelay*. Le Batelier d'aviron, *Notice sur Evreux*, édit. Le Beurier, 1865, in-8°, p. 130. Registres PP. 110, f° 302; PP. 118, f° 57, aux archives Soubise; où ces mots *bailli de Calais*, sont évidemment une erreur pour: bailli de *Caux (de Caleto)*. (Voyez sur cette famille, René de Belleval, *Azincourt*, 1865, in-8°, p 241.)

(b) Ancienne famille de Brie et du Gatinais. Guillaume des Barres, chevalier, seigneur d'Oissery, se distingua militairement de 1150 à 1234, date de sa mort. (Voyez E. Gresy, *Etude historique et paléographique sur le rouleau mortuaire de Guillaume des Barres;* Paris et Meaux, 1865, grand in-1°, chromolithographies et autres figures). Un de ses descendants, Jean des Barres, figure au P. Anselme, en 1318, parmi les maréchaux de France. Le 23 janvier 1432, n. s. Charles VII, à Chinon, fait donner, sur la recette de Languedoc, 74 moutons d'or à Durand des Barres, son écuyer d'écurie et capitaine de Chateaurenard, pour acheter un harnois complet et servir ous les armes. Pierre des Barres, au rapport de J. Chartier, fut fait chevalier en 1451, au siége de Fronsac contre les Anglais. Enfin, Guillaume des Barres, écuyer, fit hommage de sa terre et seigneurie de Dannemois, près Milly en Gatinais, mouvante du roi à cause de son château royal de Melun, le 26 juin 1454. (Jean Chartier, in-12, t, 11, p. 276. Cabinet des titres, dossier : *Les Barres.*

(c) Ou Chambry. Armorial de *Navarre*, n° 53.
Nicole de Chambly fut femme de Gilles Mallet, seigneur de Soisy-sous-Etiole, garde de la librairie des rois Charles V et Charles VI ; mort en 1410. Leur sépulture subsiste à Soisy. (Voy. *Magasin pittoresque*, 1861, p. 172 et 236)

102 Viepont (Vieux-Pont).
> D'argent, à six anneaux de gueules : 2, 1, 2, 1.

103 Meulant.
> De sable, au lion d'argent à la queue fourchée.

104 Meno (Menou).
> De gueules, à la bande d'or.

105 Le viconte du Tremblay (f° 25, v°).
> Comme le précédent, accompagnée de six molettes d'éperon d'or

106 Le sire du Chastiel.
> D'or, à la croix engreslée de gueules.

107 Le sire de l'Églantier.
> D'or, à trois tourteaux de sable.

108 Le sire du Gallonnet (Gallouet ou Gallois) ?
> De gueules, à un sautoir d'argent.

109 Le sire d'Aunel (d'Aunay) ?
> D'or, à cinq cotices de gueules.

110 Le sire d'Angerville.
> D'or, à trois anneaux de sable, 2, 1.

111 Ceulx de Pocaire (ou Roucane).
> D'argent, au quinte-feuille de sable.

112 Sully.
> D'argent à la croix alésée et fleurdelisée de gueules.

113 Ceulx de Brie.
> D'azur, à deux haches ou doloires adossées d'argent.

114 Précy.
> De sable, à la croix d'argent cantonnée de quatre fleurs de lis d'or.

115 Mornay.
> Fascé de gueules et d'argent de dix pièces.

116 Les Morehiers (a) (Morhier).
> De gueules, à la fasce d'or accompagnée de six coquilles d'argent,
> 3, 2, 1.

(a) Famille du pays Chartrain. L'un de ses membres, Simon Morhier, embrassa le parti anglais et fut prévôt de Paris de 1422 à 1436. Un excès d'adulation, pendant qu'il était au pouvoir, le fit ranger, à ce qu'il semble, par quelques flatteurs, au nombre des *preux*, ainsi que l'avait été récemment, mais avec toute justice, Du Guesclin.

117 Le sire d'Aumont (f° 26).

D'argent, au chevron de gueules accompagné de six merlettes du même.

118 Le Plesi Pasté (Plessis-Pâté).

D'hermine, à trois chevrons de gueules.

119 Marcoville (Marcouville).

De gueules, à trois chevrons d'hermine.

120 Le sire de Monpipiau (Montpipeau).

De gueules, au quinte-feuille d'argent.

121 Le sire de Channevières (Chennevières).

De sable, semé de fleurs de lis d'or ; sur le tout, un sautoir d'argent.

122 Le sire de Villaines.

D'argent, à trois lionceaux de sable, 2 et 1.

123 Ceux de Rumigny.

D'azur, à la fasce d'argent.

124 Ceulx de Masi.

Bandé d'argent et de gueules au chef cousu d'or, chargé à dextre d'un lionceau d'azur.

125 Ceulx de Nuisi.

D'or, au chevron de gueules.

126 Ceulx de Bercus (comme le précédent).

127 Ceulx de Saint-Martin.

D'argent, à la fasce d'azur.

128 Les Contes.

D'or, à trois croix de gueules.

129 Ceulx de Vagreneuze (Vaulgrigneuse, f° 26, v°).

D'or, fretté de sable.

130 Lanselot de Saint-Marcq.

D'argent, à la bande de gueules.

Il figure, comme tel, dans un curieux armorial qui paraît remonter au xvᵉ siècle et dont nous possédons seulement une copie de 200 ans environ plus moderne. Il y est ainsi mentionné : « Simon Morbier... porte » (comme ici, n° 116), « et crie : *Morhier de la traite des preux !* et fut de Normandie. » Ms. fr. 2777, f° 74. (Voy. *Notice sur Simon Morhier*, etc., dans les *Mémoires de la société des Antiquaires de France*, t. xxv (sépulture de Blanche de Popincourt, sa femme.)

131 Ceulx de Prés.
>D'argent, au griffon de gueules armé et lampassé de sable.

132 Ceulx de Marigni.
>D'azur, à deux fasces d'argent.

133 Ceulx de Malcigny.
>D'or, au chevron de sable.

134 Ceulx de Mellays.
>D'or, à une orle de merlettes de sable.

135 Ceulx de Mougier.
>D'or, au chef emmanché de gueules.

136 Messire Jehan Monceau.
>De gueules, à la fasce d'azur, accompagné de six anneaux d'or : 3, 2, 1.

137 Ceulx de Bordes.
>De gueules, à trois molettes d'éperon d'or : 2, 1.

138 Ceulx de Beaumont.
>D'argent, au lion de gueules, la queue fourchée ; sur le tout, un rais d'escarboucle fleurdelisé d'or.

139 Ceulx de Boisgrenier.
>Imparfait.

140 Ceulx de Roussy (vide) (a).

141 Le Mainy-Simon (Mesnil-Simon, f° 27).
>D'argent, à six mains ou gants dextres de gueules : 3, 2, 1.

142 Le sire de Montepillair (Montépilloy?).
>Ecartelé d'or et de gueules.

143 Ceulx de Fleurigny ou Fleuzigny.
>De sinople, au chef d'argent ; sur le tout un lion de gueules, armé et lampassé de sable.

144 Le sire de Montgobiert.
>De gueules, à la croix fleurdelisée d'argent.

(a) « Jean IV, comte de Roucy, seigneur de Pierrepont, portait un lion d'azur champé d'or, » [en champ d'or.] (Paillot, *La vraye et parfaite science des Armoiries*, Dijon, 1661, in-f°, p. 129, n° V,) Ces armes sont celles des Roucy, comtes de Braine. (Voyez aussi : « *Extrait du livre intitulé : C'est le rituel des anciennes armoiries de France du temps du roy Charles VII.* » Copie du xvi° au xvii° siècle dans les mémoires de Lainé, prieur de Mondonville, manuscrit Gaignières, 9173, f° 253 à 259. Roucy : f° 254).

145 Le sire de Rony.

D'or, à deux fasces de gueules.

146 Mauvoysin.

Mêmes armes, brisé en chef d'une molette d'éperon de sable.

147 Le sire de Giencourt.

De gueules, à six anneaux d'argent : 3, 2, 1.

148 Le Veneur.

D'argent à la croix de gueules, cantonnée de quatre lionceaux du même.

149 Le sire de Saint-Cler.

D'azur, à la bande d'argent.

150 Le sire de Fleury (f° 27 v°).

D'azur au sautoir d'argent, cantonné de quatre serpents du même.

151 Ceulx de Balu.

D'argent au chevron de sable, accompagné de trois merlettes du même : 2 en chef et 1 en pointe.

152 Ceulx des Essers (des Essarts).

De gueules à trois croissants d'or.

153 Ceulx de Courcelles.

D'argent à deux bandes ou cotices de gueules.

154 Ceulx de May.

D'argent, frotté de sable.

155 Ceulx de Garendes.

D'or à deux doloires ou haches adossées, d'azur.

156 Ceulx de Marolles.

Bandé d'argent et de gueules de six pièces.

157 Le sire de Gandelur (Bantelu) (a).

D'or à la fasce de gueules, à six merlettes du même, posées en orle.

158 Le sire de Crevecuer (Crèvecœur).

De gueules à trois chevrons d'or.

159 Ceulx de La Fauconnière.

D'argent à trois fasces de sinople.

(a) Bantelu; *Navarre*, n° 122.

160 Ceulx de Moncevrel (a).

   De sable au chef cousu, d'or.

161 Ceulx du Fay (b).

   D'argent au croissant de gueules.

162 Les Boutilliers (f° 28).

   Ecartelé de gueules et d'or; deux fasces d'argent sur le tout.

163 Les Chenars.

   Écu vide.

164 Ceulx de Chatellon (Châtelon ou Châtillon).

   Écu vide.

165 Ceulx de Corgillères.

   Écu vide.

166 Le sire de Lusarges (Lusarches) (c).

   D'argent au lion de gueules.

167 Le sire de Laine.

   Écu vide.

168 Le sire de Vingnay (d).

   Écu vide.

169 Ceulx de Noray.

   D'argent à une bande de gueules; sur la partition du chef un massacre ou rencontre d'un lion de sable.

170 Ceulx du Puis.

   D'or à un lion léopardé de gueules.

171 Les Touches.

   D'argent au lion de gueules.

172 Les Haies.

   D'argent à une fasce de fusées de gueules; au-dessus de la fasce

---

(a) Montchevrel, *Navarre*, n° 444.

(b) Navarre, n° 145.

(c) Jean Le Clerc, seigneur de la Motte et de Luzarches, employé aux affaires du duc de Bourgogne en 1441, homme d'armes sous le comte de Nevers en 1470, écuyer du roi en 1472. Il était fils de Jean Le Clerc, chancelier de France pour les Anglais, mort en 1438. (Voy. Anselme aux *Chanceliers* et A. Hahn, *Essai sur l'Histoire de Lu-zarches*, 1864, in-8°, p. 10.)

(d) « Le sire de Vinay : d'argent à un lion vert rampant. » (Livre de *Navarre* le héraut, n° 72.)

trois coquilles de gueules sur une tire; au-dessous, trois autres, du même, posées 2 et 1.

173 Ceulx de Vausemain (f° 28, v°).

De sable à la croix recercelée d'argent.

174 Ceulx d'Illiers.

D'or à six anneaux de gueules, posés en orle.

175 Les Bouviers.

D'or à trois rencontres de bœuf de gueules, accornées d'azur (a).

176 La Bobelinière.

D'or à trois pals de sinople; recouvert de trois bandes de gueules, chargées chacune de trois tourteaux d'or; un chef cousu d'argent, chargé à dextre d'un cerf de sable couché : à senestre, une faucille lamée d'hermine, emmanchée de gueules et virolée d'or.

177 Ceulx de Bonneul.

Armes de Blois (voy. ci-dessus n° 54), brisé au canton dextre d'un écusson de sable à la bande d'argent.

178 Ceulx de Mornay.

Fascé de gueules et d'argent de dix pièces: sur le tout un lion morné de sable.

179 Ceulx des Boves.

D'azur à une tire de fusées, en bande, d'argent.

180 Ceulx d'Estampes.

D'azur à deux pointes d'or. Chef cousu d'argent, chargé de trois couronnes de gueules.

181 Ceux de Biauviliers (Beauvilliers).

D'argent à trois fasces de sinople; huit merlettes de gueules en orle.

182 Ceulx de Bastard (b).

Effacé. On voit des traces de l'aigle de sable.

183 Ceulx de..... (effacé).

Pallé d'argent et de gueules.

(a) Armes de l'auteur, G. le Bouvier, dit *Berry*. — Le *Concilium-Buch*, ouvrage si curieux et déjà cité, donne à Jules César plusieurs blasons et, entre autres, celui-ci: de sable à trois rencontres de bœuf ou de bélier d'argent, accornées de même, 2 et 1. (Ed. 1483, planche xcvij v°.)

(b) Les Bastard, du Berry, au xv° siècle, avaient pour armes, parti d'or à une demi-aigle impériale de gueules et d'azur à une demi-fleur de lis d'or.

184 Le comté de Chartres (f° 29).
>D'argent à deux fasces de gueules.

185 Posteau.
>D'argent au lion de sable, onglé, lampassé et couronné d'or.

186 La Côletière,
>D'or à une branche de houx de sinople.

187 Angennes.
>De sable, au sautoir d'argent, chargé en cœur d'une coquille d'or.

188 Messire Lois Boiau (a).
>De gueules fretté d'or.

189 De Malicorne.
>De sable à trois poissons en pal d'argent : 2, 1.

190 Le sire de Montmorency.
>Voy. ci-dessus, n° 77.

191 Le comte de Dammartin.
>Fascé d'argent et d'azur, à la bordure de gueules.

192 Nantollet (ancien ?).
>Echiqueté d'argent et de gueules.

193 Meleun.
>Armes ci-dessus, n° 79 : brisé d'un lambel, trois pendants de sable.

194 Le sire de La Borde (b).
>Mêmes armes. Brisé en chef d'un lionceau de gueules.

195 Le sire de Chaly (Chailly, f° 29, v°) (c).
>Vairé d'argent et de sable.

(a) Voy. *Histoire de Charles VII*, t. I, p. 259 et 374.

(b) Voy. table du même ouvrage au mot : *Laborde*.

(c) Denis de Chailly, chevalier, chambellan du roi, capitaine de Châlons-sur-Marne, de Coulommiers, de Melun, de Crécy en Brie, bailli de Meaux, seigneur du Mesnil-Aubry, de la Motte-Nangis, etc., fut un des plus braves et des plus utiles auxiliaires de Charles VII. Jusqu'à sa mort, arrivée en 1450, il servit le roi dans toutes ses guerres contre les Anglais. On conserve son sceau à la direction générale des Archives (n° 262); et sa sépulture subsiste en l'église de Notre-Dame de Melun. (Voy. Montfaucon, *Monum. de la monarchie françoise*, tome III, planche LIV, figure 5 et mieux Aufauvre et Fichot, *Monuments de Seine-et-Marne* 1858 in-folio, figures, page 12.) — Son fils Jean était sire de Chailly en 1464.

196 Viliers, sire de l'Ile-Adam..

　Armes ci-dessus, n° 80; brisé en chef d'un lambel, trois pendants de gueules.

197 Savoisy (ancien?).

　D'or à la bordure engrêlée de gueules; chargé de trois chevrons, du même.

198 Sire de Vilepecque.

　De gueules à trois fasces d'hermine.

199 Ceulx de Corguilleray.

　D'or à 2 fasces ondulées de gueules.

200 Ceulx de Soplainville.

　D'argent à la fasce endenchée de sable.

201 Ceulx de Cuyse.

　D'argent à la croix endenchée de gueules, chargée de 5 coquilles d'or.

202 Ceulx de Boisi.

　D'azur semé de fleurs de lis d'argent.

203 Ceux de Levis.

　D'or à trois chevrons de sable.

CHAPITRE II.

ROYAUTÉ D'ARMES DE BERRY, ETC. (a).

204 Le baron de Chauvegny (Chauvigny), f° 34, v° [B].

　D'argent, à une tire de fusées de gueules posée en fasce. Sur le chef un lambel de sable à six pendants.

205 Le baron de Lignières [B].

　D'or, à un chef de vair, composé de deux tires. Sur le tout un lion de gueules, onglé et lampassé de sable.

(a) Ce chapitre a été transcrit ou analysé par le P. Labbe (de Bourges), dans son *Alliance chronologique*, Paris, 1651, in-4°, t. I, p. 694. — On peut consulter diverses généalogies historiques qui appartiennent à cette province, composées par M. F. de Maussabré. Voy. *Comptes rendus de la Société du Berry*, Paris, 1853 et ann. suiv., in-8°. — Mon savant et obligeant confrère, M. de la Tremblais, membre de la Société du Berry, a bien voulu réviser ce chapitre et m'éclairer d'utiles renseignements.

206 Le sire de Sainte-Sévère-Broce [B.]

D'azur à trois gerbes d'or liées de gueules.

207 Le sire de Busensais (Buzançais) [B].

Pour le fond, armes de Lignières. (Voy. 205). En place du lion, une aigle éployée à deux têtes becquées et couronnées d'or.

208 Le sire d'Orval (f° 35), [B].

Armes d'Albert (voy. n° 5). Brisé d'une bordure endenchée d'argent lampassé posées sur les quartiers de gueules.

209 Le sire de Culent (ou Culant) [B].

D'azur semé de molettes d'or 3, 2, 3, chargé d'un lion d'or onglé et de sable.

210 Le sire d'Aubigny (a) [B].

Écartelé : 1 et 4 de France, à la bordure de gueules chargée de huit anneaux ou boucles d'or ; 2 et 3 de Stuart-Dernley : d'or à une fasce échiquetée d'azur et d'argent de 2 tires, sur le tout une cotice ou bande diminuée, de gueules.

211 Le sire de Suly (Sully) [B].

Armes de Culant (n° 209).

212 Ceulx de Crazay (° 35, v°), Graçay.

D'azur au lion d'or, onglé de sable.

213 Ceulx de Saint-Palaix.

D'argent au chef de gueules et 3 chevrons du même.

214 Le sire de Luzay (Luçay).

De gueules à un soleil d'argent.

215 Le sire de Fontenay.

Pallé d'argent et d'azur, chargé d'un chevron de gueules.

(a) Charles VII, par lettres du 26 mars 1423, donna la terre et seigneurie d'Aubigny-sur-Nerre en Berry à Jean Stuart de Dernley, connétable des Écossais, qu'il avait appelé à son service. Jean prit possession de ce domaine et fut tué à la journée des harengs (12 février 1429). Depuis ce temps, la seigneurie d'Aubigny est demeurée dans la main des Stuarts jusqu'à l'extinction de cette famille historique. Le château d'Aubigny, restauré au xvie siècle, par Robert Stuart, maréchal de France, appartient aujourd'hui à M. le marquis de Vogüé. On voit encore dans une galerie de ce manoir un ancien tableau, peint, dit-on, sur bois, et qui représente Jean Stuart, le premier possesseur. Ce tableau porte, ajoute-t-on, la *signature* A. D. (c'est-à-dire sans doute les initiales de *Anno Domini*) et la date de : 1422. On le regarde comme étant contemporain de Jean Stuart. Mais tout me porte à croire qu'il ne remonte pas au-delà du xvie siècle. Voyez sur ce sujet Andrew Stuart, *Genealogical history of the Stewarts*, Londres, 1798, in-4°, p. 209, et *Revue des Provinces*, 15 novembre 1865, pages 259-260.

216 Le sire de Bonnay (Bouny).

D'azur au chef d'or; sur le tout, un lion de gueules, onglé, lampassé et couronné d'argent.

217 Le sire de Maupas.

D'argent à trois fasces ondulées de gueules.

218 Le sire de Prosy (Parsy, dans Labbe).

Écartelé : 1 et 4 de Bonnay (n° 216); 2 et 3 de Champagne (n° 68).

219 Le sire de Belabre.

Armes de Chauvigny (n° 204), sans la brisure.

220 Le seigneur de Pierrefuite (Pierrefitte).

Écu vide.

221 Messire Jhen de Mehun.

Écu vide (a).

222 Rechingnevoisin (Rechignevoisin).

Écu vide.

223 Ceulx de Nully (ou Neuilly ? f° 36).

D'argent, au chef emmanché de gueules.

224 Le seigneur de [Mery ?] (Voy. Labbe).

D'or, à trois têtes de lion de sable, armées, lampassées et couronnées de gueules.

225 Ceulx de Thory.

De gueules, à deux fasces d'or et neuf merlettes posées sur le champ: 4, 2, 2, 1.

226 Les Groïns (Le Groing) (b).

D'argent, à trois grouins ou têtes de lion de gueules. (Voyez la planche lithographiée qui accompagne le présent ouvrage.)

227 Ceulx de Vernaiges.

De sable, à trois gerbes d'argent, liées de gueules.

(a) De gueules à la fleur de lis d'argent (La Thaumassière).

(b) A cette famille appartenait le personnage mentionné dans l'épitaphe suivante qui subsistait en 1690 sur une lame de cuivre en la paroisse royale de Saint-Paul à Paris: « Cy git haut et puissant seigneur messire Antoine Le Groing, chevalier, baron de Grèsse-Gouvet, capitaine de la garde à cheval du roy Charles VII, qui monta le premier à l'assaut de Pontoise contre les anglois, où il fut blessé, dont il mourut et par ordonnance du roy il fut apporté en ceste église le 11 déc. 1441. Et emprès luy messire Jean de Groing son seul fils qui mourut servant le roy à la journée de Montlhéry (1465).» Messire Marc Le Groing vicomte de la Motte-au-Groing, neveu dudit messire Antoine, a fait mettre le présent écrit le 26 juillet 1518. (La Thaumassière, Hist. de Berry, p. 9.2.)

228. Chasteaubrun.

  D'azur, à deux léopards d'argent.

229 Vivray.

  D'or, à trois vivres ou guivres de sable. En chef, trois étoiles du même.

230 Ceulx de Blancquafort.

  De gueules, à trois lions d'or.

231 Ceulx de Saligny.

  De gueules, à trois tours d'argent.

232 Saint-Julien.

  De sable, semé de billettes d'or et chargé d'un lion morné du même.

233 Ceulx de Ceris (ou Seris; Serie dans Labbe).

  Losangé d'or et de sable.

234 Ceulx de La Porte.

  D'or, à la bande de sable.

235 Le nom en blanc (f° 36, v°).

  De gueules, à un soleil d'or (a).

236 Ceulx de Saint-Jorge.

  Écu vide.

237 Chevenon.

  D'argent, à la fasce de gueules, accompagné de trois tierce-feuilles du même, pistillées de sable.

238 Les Foucaus (b).

  Écu vide.

239 Ceulx de Rony.

  Écu vide.

240 Ceulx de Blanchefort.

  Écu vide (c).

241 Ceulx d'Ernac (du Dernac; Labbe : Derval).

  Écu vide.

(a) Voy. Grandmaison, *Dictionnaire héraldique*, (collection de l'abbé Migne), au mot *Soleil*, colonne 654.

. (b) « Les Foucault en Berry : D'azur à la fasce d'or, accompagnée des trois étoiles d'or : 2, 1; à un croissant montant en chef. » (Grandmaison.)

(c) De gueules à deux léopards d'or. (Jouffroy d'Eschavannes.)

242 Saint-Brison (Saint-Brisson).

D'azur, semé de fleurs de lis d'argent.

243 Ceulx de Contremoret.

Écu vide (a).

244 Chatelus.

Écu vide. (Voy. ci-après, n° 320) (b).

245 Trousebois.

Écu vide (c).

Auvergne (d).

246 Le seigneur de la Tour, conte d'Auvergne (f° 48).

Semé de France à la tour d'argent, ouverte et maçonnée de sable.

247 Ceulx de Veause (e).

De gueules, semé de fleurs de lis d'argent.

248 Canilac (Canillac).

Ecartelé, 1 et 4, d'azur à un levier d'argent, à la bordure componée

---

(a) « Contremoret en Berry : Ecartelé d'or et de gueules. » (Grandmaison).

(b) « Chatellus en *Auvergne* : D'azur au chef de gueules à deux besans d'or; à la bordure du même. » (Grandmaison.)

(c) « Troussebois en Berry : D'or au lion de sable, couronné, lampassé et onglé de gueules. » (Grandmaison.) Le père Labbe, *loc. supr. citat.*, énumère après la maison de Troussebois une série de 45 noms, empruntés, comme les précédents à notre armorial et qui complétaient le paragraphe du Berry. Ces 45 noms ou blasons ne se retrouvent pas aujourd'hui dans le ms. En effet, à l'endroit correspondant, c'est-à-dire entre les feuillets 36 et 37, on voit au fond du volume les traces de plusieurs feuillets arrachés. Cette lacune n'est point la seule, ainsi que nous l'avons déjà remarqué. Voyez ci-dessus, p. 56, note 4.

(d) M. le comte de Bonnevie de Poignat, qui appartient par sa famille à l'Auvergne, et qui est versé dans la connaissance des généalogies de cette ancienne province, a bien voulu m'aider de ses lumières pour la rédaction de ce chapitre. C'est aussi à la libéralité du même comte que le héraut Berry, ou son armorial, doit, en partie, de voir le jour. M. de Bonnevie, qui, depuis longtemps, s'intéressait à cette publication, à fait transcrire à ses frais la première copie ou relevé des noms dont se compose cet armorial : c'est un deuxième secours dont je dois rendre hommage à son obligeance.

(e) Ou Véauce. Cette famille paraît s'être éteinte au xviie siècle en la personne de Perrette de Veauce, quant à la filiation directe et nominale. Perrette épousa Léonard Favrot de Neuville, et Catherine, fille de Léonard, fut mariée en 1642 à Jacques de Cadier de Veauce. (Voy. *Généalogie historique de la maison de Cadier de Veauce*, par de Martres, Paris, 1846; gr. in-8°, figures.)

6

d'argent et d'azur ; 2 et 3, d'argent, à la bande de gueules, accompagnée d'une orle de roses du même (a).

249 Lengac (Lanjeac) à messire Jhen (b).

D'or, à trois pals de vair.

250 Momorin (Montmorin) ancien?

De gueules, semé d'étoiles d'argent et chargé d'un lion du même.

251 La Faiete ancien (c).

De gueules, à la bande d'or, l'écu bordé de vair.

252 Viché (Vichy).

De vair plein.

253 Le sire de Cousens (ou Couzant, de la maison de Damas).

D'or, à la croix ancrée de gueules.

254 Le sire de Chatiau Morent (Châteaumorand).

D'azur, à trois lions d'argent.

255 Le sire de Acher [B] (Apcher ou Apchier).

D'or, à la tour de gueules, pavoisée de deux bannières de sab'e (d).

256 Le sire de (e) Chazeron [B].

D'or, au chef emmanché d'azur.

257 Le sire de Montlaur [B].

D'or, au lion de vair couronné.

258 Le sire de Jauyouse (Joyeuse) (f° 48, v°) [B].

Ecartelé, 1, 4 d'azur au lion d'argent ; bordure de gueules, fleurde-

(a) 1 et 4 de Canillac ; 2 et 3 de Beaufort, pour Louis de Beaufort, marquis de Canillac, qui vivait en 1455. (Voy. Anselme.)

(b) Jean de Lanjeac, chambellan du roi, sénéchal d'Auvergne et de Beaucaire, marié en 1421, testa en 1442 (Bouillet, *Nobiliaire d'Auvergne*, 1851, in-8°, t. III, p. 335).

(c) On n'ignore pas que le représentant de cette famille fut un de ceux qui, dans les rangs de l'aristocratie, épousèrent généreusement les idées nouvelles, à l'époque de la Révolution française. Gilbert Mothier, marquis de Lafayette, fut l'ami de Washington, de Franklin (et de Louis-Philippe). A l'époque où l'armorial de Berry fut exécuté, le titulaire de cette race antique s'appelait également Gilbert Motier de La Fayette. Il vivait alors fort retiré après avoir joué militairement, pendant de longues années, un rôle aussi actif qu'honorable. Le cabinet des titres contient de nombreuses pièces originales et *scellées* relatives à ce personnage. La bordure de l'écu, au lieu d'être vairée, y est semée de cœurs. Plusieurs de ces titres portent sa signature autographe ainsi conçue : Faïète, maréchal de France.

(d) Cf. Grandmaison, colonne 109, *Apchier* de Languedoc.

(e) Le château de Chasseron est représenté dans l'armorial de Revel, ms. Gaign. 2896, p. 255.

lysée d'or ; 2 et 3, pallé d'or et d'azur. Chef de gueules chargé de trois hydres.

259 Le sire de Lere (Laire). (Voy. n° 296.)

D'argent, au lion de gueules, armé et lampassé d'azur.

260 Le sire de Rochefort.

Fascé d'or et de gueules.

261 Chalençon [B].

Ecartelé d'or et de gueules, à la bordure de sable fleurdelisée d'or.

262 Le sire de Roche [B].

Bandé d'or et de gueules ; en abîme, un écusson d'or chevronné de sable.

263 Le sire de Tournon.

Parti : 1, semé de France ; 2, de gueules, au lion d'or

264 Trimunelle.

Ondulé d'argent et de gueules.

265 Alegre (Aligre).

De gueules, à la tour d'argent.

266 Montagu le Chapais (a).

De gueules, au lion de vair.

267 Chalant ?

De gueules, à deux chalans ? ou poissons d'or adossés.

268 Ceulx d'Achon (Apchon).

D'or, à six fleurs de lis d'azur : 3, 2, 1.

269 Ceulx du Ru.

D'or, à trois étoiles de sable.

270 Conbronde (f° 49).

D'or, au dauphin d'azur ; la langue, l'œil et l'ouïe de gueules.

271 Le sire de Monboisier.

D'or, semé de croisettes de sable, au lion morné de sable.

272 Le sire d'Oliergue.

Armes de La Tour (Voy. ci-dessus n° 246), brisées d'un bâton de gueules en bande.

(a) Montaigu le Blanc ou Montaigu sur Champeix. (Voy. Bouillet, *Nobiliaire d'Auvergne*, t. IV, p. 179.)

273 Faigette (Fargette).

De sable, à trois hachettes ou marteaux d'argent.

274 Le sire du Bloc.

Ecartelé: 1, 4, bandé d'or et de guéules ; 2, 3, d'argent, au lion de gueules.

275 Le sire de Turene (Turenne).

Ecartelé : 1, 4, d'argent, à la bande de sinople, accompagné de six quarte-feuilles de gueules; 2, 3, bandé d'or et de gueules.

276 Le sire des Cars (Peyrusse des Cars ou d'Escars).

De gueules, au pal de vair.

277 Le sire de Trignac.

De gueules, à deux lions d'or passants.

278 Le sire de Châteaure ...

D'or, à la bande de gueules.

279 Le sire de Perbefiere (Pierre-Buffière).

D'azur, au lion d'or.

280 Le sire de Rufigact (Rouffignac).

D'argent, au lion de gueules.

281 Le sire d'Aubière.

D'or, à la fasce d'azur.

282 Le comte de Ventadour (f° 49, v°).

Echiqüeté de gueules et d'or.

283 Le sire de Brion.

D'or, à trois faces ou têtes sauvages, couronnées de gueules.

284 Le sire de Lestic (Lastic).

De gueules, à la fasce d'argent.

285 Le sire de Monbrun.

D'or, à la croix de gueules.

286 Le sire Ponpador (de Pompadour).

D'azur, à trois châteaux d'argent.

287 Le sire de la Tour.

Semé de France, à trois tours d'argent. (Voy. ci-dessus n° 246.)

288 Le sire de Limeil (Limeuil).

D'or, à la croix de sable, cantonné de quatre pins de même.

289 Messire de Maleret.

D'or, au lion accroupi, de gueules.

290 Le sire du Vouet.

D'or, à la bordure de gueules ; chargé de trois épées en pal de gueules.

291 Le sire de Saint-Priet.

D'argent, à quatre points d'azur équipolés et posés en croix.

292 Le sire de Chavenon.

De gueules, à trois châteaux d'or.

293 Le sire de la Roue.

Fascé d'azur et d'or, de six pièces.

294 Ceulx de la Queulle (aujourd'hui de La Queuille, f° 50).

De sable, à la croix endenchée d'or.

295 Ceulx de Luignac (Lignac).

Ecartelé : 1 et 4, de gueules, à la bande d'azur, chargé de trois coquilles d'or ; 2, 3, d'azur, à trois sautoirs d'or : 2, 1 ; au chef cousu d'or.

296 Ceulx de Laire. (Voy. n° 259.)

D'argent, au lion de gueules.

297 Ceulx d'Ulphé (Urfé).

De gueules, au chef de vair.

298 Ceulx de la Borne.

Ecartelé, de gueules et d'argent.

299 Ceulx d'Aubuisson (Aubusson).

D'or plein (a).

300 Ceulx de la Rochette.

Pallé d'argent, et de gueules de six pièces.

301 Ceulx de Saint-On (Saint-Haon).

De gueules, à la bande d'or.

302 Chabanes.

De gueules, au lion d'hermine, armé, lampassé et couronné d'or.

303 Ceulx de Polierbes.

Ecartelé, 1 et 4, losangés d'or et d'azur ; 2 et 3, d'argent, à la fasce de gueules, au lion morné issant en chef, de sable. (Voyez plus loin *Nolay*, n° 356.)

_____

(a) Les armes de cette famille sont d'or à la croix ancrée de gueules.

304 Le sire de Giac (*a*).

D'or, à la bande d'azur, accompagné de six merlettes de sable; trois au-dessus, trois au-dessous de la bande.

305 Ceulx de Lachasaignes (f° 50).

D'argent, au lion morné de sable.

306 Rochebaron (*b*).

De gueules, au chef échiqueté d'argent et d'azur de deux tires.

307 Senetaire (ou Saint-Nectaire).

D'argent, à une tire de fusées d'azur en fasce.

308 Le seigneur de Beauvais (f° 51, v°).

D'azur à un loup d'or (*c*).

309 Le seigneur des Barres (*d*).

D'or, à la croix ancrée de sinople.

Bourbonnais (*e*).

310 Ceulx de Villars (ou Villers) (f° 52).

De gueules, au chef d'hermine.

311 Ceulx de Fraigne.

D'argent, à la croix ancrée de sable.

(*a*) « Loys, seign^r de Giac, crie *Giac*. » G. Revel, ms. Gaign. 2896, f° 34.

(*b*) « *Anthoine de Roche Baron* crie : Rochebaron. » Mêmes armes; cimier : un lion. Ms. 2896, G., f° 471. Sur ce personnage, voy. *Histoire de Charles VII* à la table, au mot *Rochebaron*.

(*c*) Ce blason figure dans le ms. S. G. 662, f° 22, *Armorial du* XVIe *siècle,* parmi ceux des grands barons de France. Jeanne de Lévis, fille de Bermont de Lévis et d'Agnès de Châteaumorand (ces deux derniers mariés en 1423), épousa (vers 1440?) Jacques *Loup*, seigneur de Beauvoir en Bourbonnais, et laissa postérité. Elle était morte en 1484. (Anselme, t. VII, pages 29, 30.) Cette maison fut alliée à diverses familles d'Auvergne. Ysabeau de Beauvoir fut abbesse de Blesle en Auvergne, de 1448 environ à 1481. (*Gallia Christiana,* t. II, col. 450-1.) Elle figure à ce titre, avec son blason, dans l'Armorial de Revel, ms. Gaign., 2896, f° 56, au-dessous de « la ville de Blesle et chasteau. » On trouve ces diverses formes du même nom : *Beauvoir, Beauvais, Bellevesé* ou *Bellevèse.*

(*d*) Voyez Palliot, p. 225, figure XII; Bouillet, *Nobiliaire d'Auvergne,* t. I, p. 160. Ci-dessus, n° 98 et ci-après n° 361.

(*e*) Voir, pour tout ce chapitre, *Armorial du Bourbonnais,* par le comte Georges de Soultrait. Moulins, 1857, gr. in-8°, figures.

312 Ceulx de Bigny.

D'azur, au lion d'argent, accompagné de cinq poissons du même, en orle.

313 Ceulx de Bourbon.

D'or, au lion de gueules; à une orle de coquilles de sable.

314 Ceulx d'Ains.

D'or, à la croix de sinople.

315 Ceulx d'Assigny.

D'argent, au chef emmanché de gueules, chargé d'une guivre d'or.

316 Ceulx de Chavignet.

De sable, au lion d'or.

317 Ceulx de Chastelus.

De gueules, au lion d'argent, armé, lampassé, couronné d'or.

318 Ceulx de Cordebeuf.

D'azur, au lion morné d'argent (a).

319 Ceulx de Solaies (ou Solages).

D'argent, à la croix de gueules, chargé de six besants d'or.

320 Ceulx de Trousebois. (Voy. ci-dessus, n° 245.)

D'or, au lion morné de sable.

321 Ceulx de la Faye.

D'or, semé de croisettes au pied fiché de gueules, et un lion morné du même.

322 Ceulx de Rolat (f° 52, v°).

D'argent à trois fasces de sable.

323 Les Serpens (Isserpens).

D'or, au lion morné de sable (b).

324 Les Meschins.

De gueules, à trois alérions d'argent.

(a) A cette famille appartenait Merlin de Cordebeuf, chevalier. qui composa, en 1448, l'Ordonnance et manière des Chevaliers errants, ms. fr. 1997, (Voy. René de Belleval : Du costume militaire français en 1446; Paris, Aubry, 1866, petit in-4°, p. VI et passim.)

(b) L'azur, dans les peintures de Berry, se confond souvent avec le sable. Revel (ms. cité, f° 375), donne les armes de ce seigneur avec le cimier. Écu penché ; un heaume avec tortil d'azur et d'or surmonté d'un cigne. Lambrequins : argent, sinople et gueules. L'écu d'or au lion d'azur armé et lampassé de gueules. A l'entour, sur un philactère : Loys des serpens crie : Les serpens.

325 Ceulx de Vendac (Vendat).

D'azur, à trois lions mornés d'argent.

326 Ceulx de Monrodes (ou Mont Rodes).

D'or, à un bar de gueules posé en pal.

327 Ceulx de la Perrière.

D'argent, semé d'étoiles de sable, au lion morné du même; barré d'un bâton de gueules.

328 Ceulx de Challus (Chalus).

De sable, semé d'étoiles d'or, à un lus? (poisson) posé en bande, en pal, du même.

329 Ceulx de la Forest.

Fascé de sable et d'argent, de quatre pièces.

330 Ceulx de Poquières.

D'argent, à une tire de fusées de gueules, posées en fasce.

331 Ceulx de Pomay (Pommay).

Pallé d'or et de sable, de six pièces.

332 Ceulx de Nades.

D'argent au chevron de sable, accompagné de trois merlettes du même.

333 Ceulx de Fleury (ou Flerey).

D'azur, à deux poissons adossés, d'argent.

334 Ceulx de Changy (en Roannais), f° 58.

Écartelé: 1 et 4, d'or; 2 et 3 de gueules, au lion d'or morné.

335 Les Visiers.

De gueules, au chevron d'argent; brisé d'une étoile de sable, au canton dextre.

336 Ceulx de la Motte.

D'azur, au chef de gueules, chargé sur l'azur de trois sautoirs de gueules.

337 Ceulx de Frete (ou Freté).

D'hermine, à un sautoir diminué de gueules.

338 Ceulx de Chantemerle.

D'or, à deux burelles de gueules.

339 Ceulx d'Arties.

D'azur, à trois tourteaux d'argent.

340 La Freté-Chaudron (ou la Ferté-Chaudron)
D'or, au chef de sable.

341 Ceulx de Tallay.
D'argent, à la croix recercelée de gueules.

342 Ceulx de Mongau (Montgon ou Montjau).
D'argent, à deux fasces de gueules, et une orle de merlettes de sable.

343 Ceulx d'Aubaron.
D'or, à trois massacres de lion, de sable, lampassés et couronnés de gueules.

344 Ceulx de Langon.
D'argent, au lion de sinople, armé, lampassé et couronné d'or.

345 Ceulx de Saintamp.
D'azur, à trois lions mornés d'or.

346 Ceulx de Langon (f° 53, v°).
D'argent, au chef emmanché d'or.

347 Ceulx de la Verneille.
Effacé et au-dessus : « Les Turpins » (Voy. n° 350), échiquetés de gueules et d'argent.

348 Ceulx de Hoy?...
De gueules, à la fasce d'argent; au canton dextre du chef, un lionceau d'argent.

349 Ceulx de Mousay.
Losangé d'argent et de sable.

350 Les Turpins. (Voy. ci-dessus, n° 347.)
De gueules, au lion d'argent, armé et lampassé de sable.

351 Ceulx de Boisvert.
D'or au chef de gueules; sur le tout, un *bois vert* ou arbre de sinople.

352 Ceulx du Verdier.
D'argent, à trois pals de sinople.

Les antiquaires ou généalogistes consulteront avec fruit, pour ce chapitre, l'Armorial de Revel que nous avons ci-dessus allégué. Ce ms., bien que malheureusement inachevé, contient, néanmoins, un grand nombre de notions précieuses. On y trouve la série nominale des bannières et châtellenies de la marche d'Auvergne; y compris le Bourbonnais, le Forez et le Roannais. Une multitude de blasons y sont peints avec leurs devises et cimiers. Les villes elles-mêmes y sont représentées à la plume avec couleurs; la plupart ébauchées. Quelques-unes sont très-intéressantes au point de vue de la topographie et du paysage historique.

353 Ceulx du Bois.

D'argent, à la bande de gueules, et une bordure d'azur.

354 Ceulx de Chazay.

D'or, à un chevron de gueules.

355 Ceulx du Verdière.

Bandé de gueules et d'argent, de six pièces.

356 Ceulx de Nolay (f° 53, v°).

D'argent, à la fasce de gueules ; un lion de sable issant en chef. (Voyez *ceulx de Polierbes*, n° 303.)

357 Ceulx de la Bucière.

D'argent, à la croix de gueules.

358 Ceulx de Mauvoisin (f° 54).

D'or, à une fasce endenchée de gueules.

359 Ceulx de Surel (*a*). Voy. *Picardie*, n° 455.

D'argent, à un sureau de sinople.

360 Ceulx de Nory.

De gueules, à la fasce d'or.

361 Ceulx des Bares (*b*).

Écu vide.

362 Ceulx de Montcauquier (*c*).

Écu vide.

(*a*) Cette famille a donné naissance à la célèbre Agnès Sorel, dame de Beauté. Les Sorel figurent ici à cause de Catherine de Maignelais, mère de la belle Agnès ; Catherine était devenue châtelaine de Verneuil en Bourbonnais. Elle et ses fils paraissent, à raison de cet office, avoir abandonné la Picardie, leur province natale, pour venir se fixer en Bourbonnais. Ils étaient toujours ainsi sur les terres des ducs de Bourbon, comtes de Clermont, chez qui Jean Soreau, père d'Agnès Sorel, servit toute sa vie. (Voy. Soultrait, p. 286.)

(*b*) Voy. n° 309.

(*c*) Montgoguier ou Montgauger. Un seigneur de Montgoguier périt en 1415 à la journée d'Azincourt. Monstrelet-d'Arcq, III, 416. Voy. aussi Commynes-Dupont, III, 99, 123, Jean de Sainte-Maure, mineur en 1425, mort vers 1463, était seigneur de Montgaugier. Voy. Anselme, t. v, p. 11, où se trouvent gravées les armes du titulaire, et ms. fr. 5938, f° 58, figure 2, où elles sont peintes. Montcoquier. (Voy. Soultrait, p. 141.)

CHAPITRE III

ROYAUTÉ D'ARMES DE [PICARDIE].

Ponthieu, Artois (a), Corbiois, Vermandois [et Hainaut].

Picardie (b).

363 Ceulx de Vervins (f° 39).
Fascé de vair et de gueules.

364 Ceulx de Moreul (Moreuil).
Semé de France, à un demi-lion issant en chef, d'argent.

365 Ceulx de (c) Genli (Genlis, maison d'Hangest)
D'argent, à la croix de gueules chargée de cinq coquilles d'or.

(a) Le ms. lat. 10,435 est un livre d'heures, exécuté, d'après le style, de 1270 à 1300 environ. Il est orné d'interlignes peints et décorés eux-mêmes de très-petits écussons coloriés. Au bas des pages, des scènes de dimensions très-petites représentent divers personnages, principalement féminins. Blasons et scènes sont accompagnés de courtes inscriptions en français. La plupart se rapportent à l'Artois et à la Flandre. Ils forment ainsi une espèce d'armorial ou d'album héraldique et parfois satirique. Je dois la connaissance et la communication de ce très-curieux ms. à M. L. Delisle.

(b) On peut consulter sur ce chapitre : *Armorial de Picardie*, ms. fr. 5934 (xvⁱᵉ siècle); Haudiquer de Blancourt, *Nobiliaire de Picardie*, 1693, in-4°; *Recherches de la noblesse de Picardie*, 1716, in-f° plano, et les ouvrages suivants de M. René de Belleval : *Rôles des nobles et fieffés du bailliage d'Amiens en* 1337. Amiens, 1862, in-12; *Nobiliaire de Ponthieu et de Vimeu*, Amiens, 1864, 2 vol. in-8°; *Azincourt*, 1865, in-8°, pages 123 et suiv. La *Recherche* dite *de* 1696, ou Armorial général ordonné par Louis XIV, existe, comme on sait, au département des manuscrits de la Bibliothèque impériale. Divers éditeurs ont, de nos jours, entrepris la publication de ce vaste recueil, qui comprend, avec le catalogue des anciens nobles, la liste des blasons octroyés et même imposés par le roi à diverses catégories de personnes, par manière d'impôt arbitraire ou d'expédient financier. Nous citerons : « *Armorial d'Artois et de Picardie, généralité d'Amiens; recueil officiel dressé par les ordres de Louis XIV* (1696-1710), *publié d'après les manuscrits de la Bibliothèque impériale, et suivi d'un nobiliaire de Flandre et d'Artois*, par Borel d'Hauterive. Paris, 1866, 1 vol. gr. in-8°. *Blasons.* — Tome II de l'*Armorial général de France*, — Le tome Iᵉʳ comprend l'*Armorial de Flandre, du Hainaut et du Cambraisis.* »

(c) Voy. planche lithographiée.

366 Ceulx de Rayneval.

D'or, à la croix de sable chargée de cinq coquilles d'argent.

367 Ceulx de Bovès (châtelains de Beauvais).

D'argent, à la croix de sable chargée de cinq coquilles d'or.

368 Ceulx de Cramailles.

D'argent, à la croix de gueules chargée de cinq fleurs d'or (a).

369 Ceulx de Paillart.

D'argent, à la croix de sable, frettée d'or.

370 Ceulx de Montigny.

D'azur, à la croix d'argent chargée de cinq croissants de gueules.

371 Ceulx d'Espineuse (b).

D'or, à un écu de gueules en abîme.

372 Ceulx de Montigny.

D'argent, à la croix de gueules chargée de cinq boucles (ou fermaux) d'or.

373 Ceulx de Canny (c).

D'or, à trois tires de losanges posées en pal de gueules.

374 Ceulx de Ravenel.

D'argent, à trois quinte-feuilles de gueules, posées 2 et 1 ; une orle de merlettes du même.

375 Ceulx de Piquegny (fº 39, vº). (Picquigny).

Fascé d'azur et d'argent, à la bordure de gueules.

376 Le sire du Bos.

De gueules, semé de billettes d'or, au lion de même, armé et lampassé de sable.

377 Le sire de Chasteler.

D'azur, fretté d'or.

378 Le sire de la Tournelle.

D'or, à cinq tournelles d'azur : 2, 1, 2.

(a) Ces fleurs ont six lobes dans le ms., mais ce doivent être des quinte-feuilles.

(b) Cf. ms. fr. 5934, fº 5.

(c) Aubert ou Robert, seigneur de Cany, épousa en 1389 Mariette d'Enghien. Séduite par Louis, duc d'Orléans, celle-ci devint mère de Jean, bâtard d'Orléans, si célèbre sous le nom de Dunois. (Voy. ce nom : *Cany*, dans le P. Anselme et dans les historiens du temps.)

379 Le sire d'Argies ou d'Argis.
>   D'or, à une orle de merlettes de sable.

380 Le sire de Hans (Han; *Navarre :* n° 997.)
>   D'or, à trois croissants de gueules.

381 Le sire de Busentin, ou Basentin (Barentin ?)
>   D'azur, à six fleurs de lis d'argent : 3, 2, 1.

382 Le sire de Milly.
>   De sable, au chef d'argent.

383 Le seigneur de Frelay (ou Frolay).
>   D'argent, à trois lionceaux de sable.

384 Le seigneur de Relimont (Ribemont).
>   De gueules, fretté d'or.

385 Le sire de Ronquerolles.
>   D'argent, semé de croissants de gueules.

386 Le seigneur de Sourdon.
>   D'argent, à la croix de sable frettée d'or.

387 Le sire de Senarpon (f° 40).
>   Coupé d'azur et d'or; sur le tout une croix de gueules, recercelée et chargée de cinq coquilles d'argent.

388 Le sire de Miraumont.
>   D'argent, à trois tourteaux de gueules.

389 Le seigneur de Lauray (ou Loray).
>   De gueules, au chef d'argent.

390 Le sire de Bochay (ou Bauchain).
>   Fascé de sinople et d'hermine.

391 Le sire de Maiancourt (ou Mairicourt).
>   D'argent, à trois maillets de sable : 2, 1.

392 Le sire d'Arly.
>   Echiqueté d'azur et d'argent; au chef cousu de gueules.

393 Le sire de Cormont.
>   De gueules à un croissant d'or, entouré de 3 merlettes du même.

394 Le sire de Rinzy.
>   D'hermine, à deux fleurs de lis de gueules, au pied coupé.

395 Le sire d'Ausigny.
>   D'argent, au sautoir de gueules.

396 Le sire du Saulier.
> D'azur, à la croix d'or.

397 Le sire de Quayeu (Cailleux ou Caïeu, f° 40, v°).
> Parti d'or et d'azur.

398 Le sire de Biauval (Beauval, Belleval).
> De gueules, à la fasce d'argent, chargée d'un lion passant de sable.

399 Le sire d'Antoing.
> D'azur, à sept besants d'or : 3, 3, 1; au chef cousu d'or.

400 Le sire de Reny.
> D'argent, à trois bandes d'azur.

401 Le sire d'Aude.
> D'or, à trois bandes de sable.

402 Le sire Glolay (Grolay). (Voy. n° 404.)
> D'azur, à une croix d'or recercelée, le centre évidé en billette (ou fer de moulin).

403 Ceulx de Batrel (ou Bastorel).
> De gueules, à deux bars adossés, d'argent.

404 Ceulx de Golay.
> D'argent, à un fer de moulin, de sable.

405 Le sire de Brimeu.
> D'argent, à trois aigles éployées de sable.

406 Le sire de Robart (ou Bodard ?)
> D'argent, à trois écus de gueules : 2, 1.

407 Les Quiérès (Quiéret).
> D'hermine, à trois fleurs de lis de gueules, le pied coupé.

408 Ceulx d'Origny.
> D'argent, à trois écussons de sable : 2, 1.

409 Ceulx de Crancauson (f° 41).
> D'argent, à un franc-quartier de gueules.

410 Le seigneur de Wacquies.
> De gueules, à trois chevrons d'argent.

411 Ceulx de Quernay.
> D'or, à une aigle de sable éployée à deux têtes.

412 Ceulx de Fosse.
> De gueules, à trois chevrons de vair.

-413 Le sire de Bonis.

De gueules, à une bande de vair.

414 Le sire de Lignières.

D'argent, à la bande de gueules.

415 Ceulx de Canray (ou Camproy).

D'or, à trois fasces de gueules.

416 Ceulx de Créquy (fº 41).

D'or, au créquier de sable.

- 417 Ceulx de Pièrecourt (Pierrecourt).

D'argent, à trois bandes de sable.

418 Ceulx de Boutry.

D'argent, à trois bouteilles d'azur.

419 Le seigneur d'Ausy (Auxy).

Echiqueté d'or et de gueules.

420 Le seigneur de Donquerre (a).

D'argent, à trois chevrons d'azur.

421 Pierre Bouel (fº 41 vº).

D'argent, au chevron de sable.

422 Le sire de Fénicourt.

D'argent, à six losanges de sable : 3, 2, 1.

423 Le sire de Male (Marle).

D'argent, au chevron de gueules, accompagné de trois alérions du même.

424 Le seigneur d'Aumont.

D'argent, au chevron de gueules, accompagné de trois merlettes du même.

425 Le sire de Moncavrel (b) (Montchevreuil?)

De gueules, à trois quinte-feuilles d'or.

426 Le sire de Maly (Mailly).

D'or, à trois maillets de gueules.

427 La conté de Boulongne.

D'or, à trois tourteaux de gueules.

(a) Ou Donqueur, et Doncœur. Voy. Belleval, *Nobiliaire de Ponthieu*, t. II, p. 93 et renvois.

(b) Voy. *Navarre : Monbaverel*, nº 1161, et ci-après, nº 436.

428 Le sire de Fiennes
> D'argent, au lion de sable.

429 Le sire de Fosseux.
> De gueules, à trois paires de fasces diminuées et accouplées d'argent.

430. Le sire de Créqui.
> D'or, au créquier de gueules.

431 Le sire de Cresèques.
> D'azur, au chef d'or.

432 Le sire de Bovillier.
> D'or, à un fer de moulin de gueules.

433 Le sire de Villiers en Corbias (Corbiiois, f° 42).
> D'azur, au chef d'argent.

434 Les Chales.
> De gueules, à la croix engreslée d'or ; sur le tout un écu en abîme :
> de sable, au lion d'argent.

435 Ceulx de Jouy.
> D'argent, à la fasce de gueules.

436 Ceulx de Moncevrel (Montchevreuil).
> Armes ci-dessus, n° 425, avec un chef d'argent.

437 Le sire de Tillay.
> D'argent, à la bande de gueules, chargée de cinq coquilles d'or.

438 Le sire de Bornonville (Bournonville).
> De sable, au lion d'argent.

439 Le sire de la Doucet (La Doucette ou Leydonchel), *Navarre*.
> D'azur, à la bande d'argent.

440 Le sire de Saint-Py.
> D'argent, au lion de sable à la queue fourchée.

441 Ceulx d'Envignon.
> Échiqueté d'argent et de gueules.

442 Le seigneur de Quéru.
> Armes de Cresèques ; sur le tout un lion d'or. (Voyez n° 431.)

443 Le sire de la Fuellé (Feuillée).
> Armes de Quéru ; le lion, lampassé de sable, porte une molette d'ar-
> gent sur l'épaule.

444 Le seigneur de Noielles.
> Armes de Fosseux. (Voyez n° 429.)

445 Le sire de Huchin.

Ecartelé : 1 et 4, d'argent, à trois fleurs de lis de gueules, pied coupé ; 2 et 3, semé de billettes de sable, au lion du même.

446 Le sire de Saint-Simon.

De sable, à la croix d'argent chargée de cinq coquilles de gueules.

447 Le sire de Haucourt.

D'argent, au lion de gueules.

448 Le sire d'Aties (Athies).

Fascé d'argent et d'azur de douze pièces ; sur le tout, une bande de gueules.

449 Ceulx de Biauvoir (a).

Ecu vide.

450 Ceulx de Lannoy.

D'argent, à un écusson de gueules, en abîme, entouré de huit coquilles d'azur en orle.

451 Ceulx de Nobiant.

D'or, au lion morné de sable.

452 Ceulx de la Bone.

De sinople, à trois pals de vair.

453 Ceulx de Nideban ou d'Emdeban.

D'or, à deux tires de losanges de gueules, posées en chevrons, accompagné de trois pieds de faucon du même, 2 et 1.

454 Ceulx de la Motte.

De gueules, à la bande d'or.

455 Ceulx de Surel.

Ecu vide. (Voyez ci-dessus, n° 359.)

456 Ceulx de la Nieville (f° 43).

Fascé d'or et d'azur.

457 Ceulx de Villepercq.

D'argent, au croissant de gueules.

458 Ceulx de Bourneul.

D'argent, à un écusson de gueules ; accompagné de sept couions (ou pigeons), posés en orle.

(a) Les Beauvoir, seigneurs de Blancfossé au XVe siècle, portaient d'azur au lion d'argent. (*Nobiliaire de Picardie*, 1693, in-4°, p. 29.)

459 Ceulx de Fosseux.

> De gueules, à la bande d'or.

Haynault (a), (f° 145 v°).

460 (Sans nom).

> D'azur, à trois pieds d'oiseau d'or, les ongles en haut, posés 2 et 1.

461 Rodemac.

> Fascé, d'or et d'azur.

462 La Marche en Ardainne.

> D'argent, à la bande de gueules, accompagné de six merlettes, du même : 3, 3.

463 Angien-Flebert (Enghien) Enghelbert d'-.

> Gironné d'argent et de sable, les quartiers de sable semés de croisettes d'or.

464 Havrèches.

> Gironné d'or et de gueules ; les quartiers de gueules semés de croisettes de sable.

465 La Hamède.

> D'or, à trois fasces alésées de gueules.

466 Lalain.

> De gueules, à trois tires de fusées en pal d'argent.

467 Roeselare.

> D'argent, à trois fleurs de lis au pied coupé, 2, 1.

468 Le sire d'Ystre.

> D'or, à deux fasces de sable.

469 Ghines (ou Guines).

> De sable, au lion d'or, armé, lampassé et couronné de gueules à un bâton du même en bande.

470 Ceulx de Rieux-Baudricourt.

> D'or, à trois lions de gueules.

(a) Le Hainaut formait une royauté d'armes distincte. Gilles Bouvier, dans son préambule, n'ayant point assigné de chapitre spécial à cette marche, nous la réunissons à celle de Ponthieu, qui comprend la Picardie, etc.

471 Ceulx de Biaumont-Chavery.
De gueules, à deux bars adossés d'argent, surmontés d'un lambel, trois pendants d'azur.

472 Guistelle [B] (f° 146).
De gueules, à un chevron d'hermine.

473 Robois (Roubaix).
D'hermine, au chef de gueules.

474 Dunkerque.
D'argent, à la croix de sable, chargée de cinq coquilles d'argent.

475 Ceulx de Marques.
De gueules, à trois chevrons d'argent.

476 Le sire de Bossus.
De gueules, à la bande d'or.

477 Le sire de Ligne.
D'or, à la bande de gueules.

478 Le sire de Fosseux.
D'azur, à un fer de moulin d'argent.

479 Villemont.
D'or, au sautoir de gueules.

480 Le sire de (le nom est surchargé).
D'or, au lion de gueules.

481 Le sire de Vendesies.
De gueules chargé d'un croissant d'argent et semé de billettes du même.

482 Messire Winchelin de Lar.
De sable, à dix losanges d'argent : 4, 3, 2, 1.

483 Le sire du Quesnoy (f° 146, v°).
Ecartelé d'or et de gueules.

484 Le sire de Bousies.
D'azur, à la croix d'or.

485 Ceulx de Launay (ou Lannoy).
D'argent, à la bordure de gueules, chargé de trois lions du même.

486 Ceulx de Cins (ou de Chins).
De gueules, à un cigne d'argent, becqué et membré de sable.

487 Ceulx d'Antoing.
D'azur, chargé de sept besans d'or : 2, 3. 1 ; au chef cousu d'or.

488 Ceulx de Barbençon.

D'argent, à trois lions de gueules, armés, lampassés et couronnés d'or.

489 Ceulx de Hanin (Hennin).

D'or, à la croix engreslée de gueules.

490 Ceulx de Wargny.

Bandé d'argent et de gueules.

491 Ceulx de Vasières.

D'azur, à un écusson d'argent; sur le tout, un bâton posé en bande, de gueules.

492 Ceulx de Hartigny.

Bandé d'or et de sable.

493 Ceulx de Courouble.

D'argent, à quatre pals de gueules ; sur le tout, une fasce de sinople.

494 Ceulx d'Ouvrin.

D'or, au chef de gueules chargé d'un lionceau d'argent.

495 Ceulx de Sancfours (f° 147.)

D'or, à trois chevrons, le premier écimé, de gueules.

496 Ceulx de Havrin.

D'or, à la bande de gueules, accompagné de six merlettes du même : 3 et 3.

497 Ceulx de Monaumes.

Ecartelé en sautoir de quatre quartiers de vair, les tires formant entre elles des carrés; sur le tout, deux chevrons de gueules.

498 Ceulx de Riquies.

De sable, à la fasce d'argent, accompagné de douze macles du même ; savoir : en chef, au-dessus de la fasce, 4, 4; au-dessous : 3, et 1 en pointe.

499 Ceulx de Montigny.

D'argent, en abîme, un croissant de gueules; à l'entour, six billettes du même, en orle; 3 en chef, 2 en flanc, 1 en pointe.

500 Ceulx de Hanèfle.

D'azur, semé de fleurs de lis d'argent.

501 Ceulx de Hainsemale.

De gueules, à trois fleurs de lis d'argent.

502 Ceulx de Quaquebec.

D'or, à trois fleurs de lis de gueules.

503 Ceulx de Chanselles.

> D'argent, à un chevron de gueules; le dit chevron semé de croisettes d'or au pied fiché, recroisetées.

CHAPITRE IV

DUCHÉ D'ARMES DE NORMANDIE (a).

504 Le baron de Préaulx [B] (f° 64).

> De gueules, à une aigle d'or éployée.

505 Le baron de Touteville [B] (Estouteville).

> Burelé de gueules et d'argent de dix pièces; sur le tout un lion de sable, accolé d'or.

506 Le baron de Graville [B].

> De gueules, à trois fermaux d'or.

507 Le baron de Ferrières [B].

> D'or, à un écusson d'hermine, entouré en orle de huit fers à chevaux, de sable, cloués d'argent (b).

508 Le baron d'Ivry [B].

> D'or, à trois chevrons de gueules.

509 Le baron de Hambie [B].

> De gueules, à deux fasces d'or, accompagné de neuf merlettes posées sur le champ : 4, 2, 3 (c).

(a) Sources à consulter sur ce chapitre : 1° Ancien armorial de Normandie, prétendu « extrait d'un livre de l'*Échiquier de* 1218, » par Chrétien. Ms. 8763 fr., biblioth. imp., dédié à Louis XIV, avec une table. Ce document ne répond pas à son titre, qui est visiblement erroné. On y trouvera toutefois des renseignements utiles. 2° *Recherches de la noblesse de Normandie*, par Montfaut, en 1463, ms. fr. 2782 (xvie siècle). Plusieurs fois imprimé : Voy. Joannis Guigard, *Bibliothèque héraldique*, n°s 2832, 2833, etc. 3° Catalogue des seigneurs de Normandie, etc., *qui furent en la conqueste de Jérusalem*, imprimé par Dumoulin, à la suite de son Histoire de Normandie. Ce catalogue, dont le titre est également erroné, consiste dans l'une des versions du livre de *Navarre*, arrangé par Dumoulin; 4° *Nobiliaire de Normandie*, par M. de Magny 1863, 2 vol. gr. in-8°, fig. Nous pouvons indiquer encore, mais sans l'avoir vu : *Nobiliaire de Normandie*, rédigé par ordre alphabétique, etc., par Rob. O'Gilvy, esquire, Londres, 1864 et ann. suiv., 6 vol. gr. in-8°; le 1er volume aurait paru en 1864.

(b) Sur le blason même on lit cette note ajoutée après coup : « Faulces, car le champ est de gueulles et les fers, d'or. » Vey. *Navarre*, n° 160, où elles sont en effet conformes à la précédente rectification.

(c) De la même main, note analogue : « Ilz sont faulces, car le champ est d'or à deux fasces d'azur et une ourle de merlettes de gueulles. » Voy. *Navarre*, n° 156.

510 Ceulx d'Areneval [Erneval] (f° 64, v°).

Pallé d'or et d'azur, au chef cousu de gueules.

511 Ceulx de Bricqbet (Briquebec).

D'or, au lion de gueules (a).

512 Ceulx de Tiebouville (Thibouville).

D'hermine, à la fasce de gueules.

513 Ceulx de Mortemer.

Fascé d'or et de sinople de six pièces; chaque fasce chargée de trois fleurs de lis, de sinople sur l'or et d'or sur le sinople.

514 Ceulx de Frainville (ou Frouville).

D'azur, au chef d'or; sur le tout, un lion de gueules, armé et lampassé de sable.

515 Ceulx de Marsay.

D'or, à deux lions de gueules, passant, armés et lampassés, de sable.

516 Ceulx de Sainte-Beuve.

D'azur, à trois anneaux d'argent.

517 Ceulx de Rouvray.

Burelé d'or et d'azur de dix pièces; sur le tout, un lion de gueules, armé et lampassé de sable.

518 Ceulx de Saint-Martin.

D'or, semé de billettes de gueules.

519 Ceulx de Mallemains.

D'or, à trois mains de gueules.

520 Ceulx de Villiers.

Fascé d'argent et d'azur de six pièces.

521 Ceulx de Hautetot (ou Hottot).

D'or, à six sangliers de sable : 3, 2, 1.

522 Le conte de Harecourt (f° 65).

De gueules à deux fasces de sable.

523 Le sire de Graville [B].

De gueules, à trois fermaux d'or; un lambel, trois pendants de sable.

(a) De la même main : « Le lyon, vert. » *Navarre* : « D'or à un lion vert rampant onglé et couronné d'argent (n° 151). » Les trois notes qui précèdent pourraient être de la main de Jean le Feron. Voy. ci-dessus p. 55.

524 Le sire de Touteville [B]. (*Voyez* ci-dessus, n° 505.)

Burelé d'argent et de gueules, de douze pièces; sur le tout, un lion de sable; brisé en chef d'un lambel, trois pendants d'azur.

525 Le sire de Bacqueville.

D'or, à trois maillets de gueules.

526 Blainville (ansien)?

D'azur, à la croix d'argent accompagnée, à chaque canton, de cinq croisettes d'argent.

527 Le sire de Mauny-Crépin.

Losangé d'argent et de gueules.

528 Le seigneur de Saint-Sauf-Lieu.

D'azur, à la croix d'or accompagnée, à chaque canton, de cinq croisettes d'or.

529 Le sire de Montenay [B].

D'or, à deux fasces d'azur, à une orle de coquilles de gueules.

530 Yvry [B].

Comme ci-dessus, n° 508.

531 Le sire de Garensières [B].

De gueules, à trois chevrons d'or.

532 Le sire de Braquemont.

De sable, au chevron d'argent.

533 Le sire de Gamaches.

D'argent au chef d'azur.

534 Guitry, conte de Chaumont (f° 65, v°).

D'argent, à sept burelles de gueules.

535 Troubile (Trouville)?

Ecartelé : 1 et 4, d'argent, au croissant de gueules; 2 et 3, losangé de gueules et d'or.

536 Le Neuf-Bourc Viépont.

Bandé de gueules et d'or.

537 Toregny (Thorigny).

Losangé de gueules et d'or.

538 Le Homet.

De gueules au lion d'or.

539 Ferrières [B].

Comme ci-dessus, n° 507.

540　Ceulx de Tournebu.

D'argent, à la fasce d'azur.

541　Ceulx de Burianville.

D'argent, à la fasce de sable, accompagnée de 6 quintes-feuilles du même.

542　Ceulx de Bacon.

De gueules, à cinq roses d'argent, pistillées d'or.

543　Ceulx de Tilly.

D'or, à une fleur de lis de gueules.

544　Ceulx de Clerc ou Clère.

D'argent, à une fasce de sable, diaprée d'or.

545　Ceulx de Briauté.

D'argent, à un quinte-feuille de gueules.

546　Ceulx de Gaillion [Gaillon] (f° 66).

De gueules, à trois lions d'or, armés et lampassés de sable.

547　Le sire de Baleu.

De gueules, à la croix d'argent, cantonnée à chaque quartier, de trois croisettes du même : 2, 1.

548　Le sire de Seule.

Gironné d'argent et d'azur.

549　Le seigneur de Huron.

D'azur, à trois fleurs de lis d'argent.

550　Tourville (ou Corneville).

De gueules, au filet de sinople, posé en bande.

551　Le seigneur de Bettencourt.

D'argent, au lion de sable.

552　Le sire de Buicourt.

D'or, au lion de gueules, armé et lampassé de sable.

553　Hellende.

D'argent, à la bande de gueules chargée de trois marteaux d'or.

554　Colleville.

De gueules, à trois molettes d'éperon d'or.

555　Le seigneur de Bonnebeau.

D'azur, à trois boucles ou fermaux d'or.

556　Le seigneur de Landres.

D'or, à trois chevrons d'azur.

557 Le seigneur de Martiau.

De gueules, à trois marteaux d'argent.

558 Les Bloces (f° 66, v°).

Pallé d'azur et d'or, au chef de gueules ; chargé en face d'un filet en zigzag ou vivré d'or.

559 Ceulx de Boesay.

De gueules, au lion d'hermine.

560 Ceulx de Floques (a).

De gueules, à trois bandes d'argent.

561 Le seigneur de Treuville.

D'argent, semé de coquilles de gueules et chargé de 3 bandes du même.

562 Ceulx d'O.

D'hermine, au chef emmanché de gueules

563 Le sire du Plesy.

D'argent, à trois fasces d'azur, au chef cousu de gueules.

564 Carbonnel.

D'azur, à trois sixte-feuilles d'argent, au chef cousu de gueules.

565 Tibouville.

D'or, à trois fasces d'azur ; au chef cousu de gueules chargé de trois boucles ou fermaux d'or.

566 Le sire de Brucourt.

Fascé d'or et de gueules ; sur chaque fasce trois fleurs de lis : d'or sur gueules et de gueules sur or.

567 Ceulx aux Espaules (b).

De gueules, à une fleur de lis d'argent.

_____

(a) De cette maison était le célèbre bailly d'Evreux, Robert de Floques, dit Floquet. Sa pierre sépulcrale nous a été conservée. Voy. Le Métayer, *Dalles tumulaires de la Normandie*, 1861. in-4°, fig. photographiques, p. 19.

(b) Richard aux Epaules avait épousé Jeanne de Surrienne, fille de François de Surrienne, dit l'Aragonais, capitaine célèbre au service du roi d'Angleterre. Richard était allié, ainsi que les Mauny, les Carbonnel et plusieurs autres familles considérables, qui figurent dans ce chapitre ; Richard, dis-je, était allié à Pierre de Brézé, premier ministre de Charles VII et grand sénéchal de Normandie. Lors de la campagne qui eut lieu en 1449 pour le recouvrement de cette province, la conduite que tint Richard aux Epaules et l'influence de son parent Pierre de Brézé, entraînèrent des conséquences très-importantes et très-favorables, quant au succès de cette mémorable expédition. Voy. *Histoire de Charles VII*, t. iii, p. 172.

568 Le sire de Ronuzon (ou Rouvron).

D'hermine, à un chevron de gueules, chargé de 3 sixte-feuilles d'or.

569 Le sire de Haghenonville.

Pallé d'or et d'azur; chef cousu d'or, chargé au canton dextre d'une boucle d'or.

570 Ceulx de Bellegarde (f° 67).

Burelé de sable et d'argent de vingt pièces.

571 Ceulx de Dempiere.

D'argent, à trois losanges de sable : 2, 1.

572 Ceulx de Ganceville.

D'argent, à la fasce d'azur, accompagné de trois tourteaux de même, 2, 1.

573 Ceulx de Sponville.

De gueules fretté ou treillisé d'argent.

574 Ceulx de Colombier.

D'argent, au chef de gueules.

575 Ceulx du Fournet.

Fascé, enté d'or et d'azur.

576 Ceulx des Grages (corrigé par Du Bouchet : « d'Argouges. »)

Ecartelé : d'or et d'azur, à trois roses carrées ou anglaises, de gueules au pistil d'or, 2, 1.

577 Ceux de Harcourt? (corrigé de même : « de Charentonne. »)

De gueules, à deux fasces d'hermine.

578 Ceulx de Pons.

D'or, à six burelles de gueules.

579 Bettencourt.

D'argent, au lion de sable.

580 Tipetot.

D'argent, à la croix engreslée de gueules.

581 Ceulx de Herrenvillier.

D'argent, à la fasce de gueules, accompagné de trois alérions de sable; 2 en chef, 1 en pointe.

582 La Ferrière.

D'or, à trois écussons d'azur, 2 et 1, chargés chacun d'une fasce d'argent.

583 Ceulx de Verly ou Berly.

D'azur, au chef d'or, traversé en bande sur le tout, d'un bâton ou filet de gueules.

584 Ceulx de Tourbes.

D'argent, à sept tourteaux de sable: 3, 3, 1.

585 Ceulx de Brienson.

Gironné, d'argent et d'azur.

586 Ceulx des Essars.

De gueules, à trois croissants d'or.

587 Ceulx du Chenin où Chemin? (f° 162, v°).

De gueules, au lion d'or morné.

588 Ceulx de Gerot.

D'hermine, à une tire de losanges, de gueules.

589 Ceulx du Ponteau-Demer (ou Pont-Audemer).

De gueules, à un pont d'argent, à plein cintre.

590 Ceulx de Blarue.

D'hermine, à une aigle éployée de gueules.

591 Les Abbés.

D'or, à la croix recercelée de gueules, cantonnée de quatre croisettes d'azur.

592 Les Mazuriers.

D'or, à un chevron de sable ; l'écu bordé de gueules.

593 Ceulx de Houdant.

D'or, à un orme, de sinople.

594 Ceulx de Macriel.

D'argent, à une fasce d'or, diaprée, trois roses de gueules, à pistil d'or, 2, 1.

595 Ceulx de Seuvenate?

Bandé, d'argent et d'azur.

596 Ceulx de Menneville.

De gueules, à l'aigle éployée, d'argent.

597 Ceulx de Saint-Leurens.

De sable, à trois mains d'or : 2 et 1.

598 Ceulx de Prulay.

D'argent, à deux lions passants, de sinople.

599 Les Doubles (f° 163).

De sable, à la bande d'or.

600 Les Fricaus.

De gueules, semé de croisettes, recercelées d'or ; sur le tout une bande d'or.

601 Les Bigos.

Même fond ; sur le tout, une bande d'argent.

602 Ceulx de Villiers.

Fascé d'azur et d'argent.

603 Ceulx de Cloceville.

De gueules, à la bande d'argent, accompagné de deux cotices du même.

604 Ceulx de Clersy.

De sinople, à une fleur de lis d'or.

605 Ceulx de Pocon.

De sinople, à une bande d'argent, accompagnée de deux cotices du même.

606 Ceulx de la Heure (La Heuse).

D'or, à trois heuses ou chaussures de sable en pal, une plus grande au milieu, et deux plus petites.

607 Daliquierville.

Emmanché en pal d'argent et de gueules, de cinq pointes.

608 Les Tessons.

Fascé d'hermine et de sable diapré, de sino d'or.

609 Ceulx Dauricier (d'Havricher).

D'or, à deux quintes-feuilles, en fasce de sable. Au franc canton dextre un lion de sable.

610 Ceulx du Bois.

D'or, à l'aigle de sable, éployée, becquée et membrée de gueules.

611 La Luserne (f° 163, v°).

D'azur, à la croix d'or, recercelée et chargée de cinq coquilles de gueules.

612 Hermanville.

D'or, à deux fasces de gueules.

613 Ceulx du Feccam (Fécamp)?

Fascé, enté d'argent et de gueules.

614 Ceulx de Vignay.

D'argent, à deux fasces de gueules; en chef, trois merlettes de gueules.

615 Ceulx de Chantelelou.

D'or, fretté ou treillisé de sable.

616 Ceulx de Hautot.

D'argent, cantonné de quatre aiglettes de sable; entre les tires, 2, 2, une fasce de sable.

617 Ceulx de Tillières.

De gueules, semé de billettes d'argent; chargé d'un lion d'argent, armé et lampassé de sable.

618 Ceulx de La Champaigne.

D'azur, à trois mains d'or.

619 Ceulx de Villequier (a).

D'or, semé de billettes, de gueules à la croix fleurdelisée du même. (Planche lithographique.)

620 Ceulx de Rochefort.

D'argent, à la croix d'azur.

621 Ceulx du Bois.

D'or, à cinq losanges: 2, 1, 2.

622 Ceulx de Basvie.

D'argent, à une fleur de lis de gueules.

623 Ceulx de Bourbel (fº 164).

D'argent, à trois tourteaux de sable, entremêlés ou alternés de quatre trèfles d'or : 1, 2, 1.

(a) André de Villequier, chambellan du roi, etc., fut le complaisant qui, par inté- rêt, accepta d'être le mari légal d'Antoinette de Maignelais, maîtresse en titre de Charles VII. Cette femme, d'une rare beauté et d'une intelligence peu commune, mérite un rang hors ligne dans l'histoire des plus méprisab es intrigantes et des cour- tisanes rouées. Antoinette ou Toinine de Villequier, Jeanne et Marguerite de Ville- quier, sœurs ou parentes d'André, et toute cette famille, prirent une part considéable aux faveurs imméritées qui furent prodiguées à ce couple, souillé par un adultère of- ficiel, qu'avait consenti non-seulement l'épouse, mais le mari.

624 Ceux de Haghenonville.

D'or, à la bande de sable, chargée de trois merlettes d'argent et accompagnée de deux cotices du même.

625 Ceulx de Gensy (ou Grusy)?

D'argent, à la bande de sable, chargée de trois croisettes d'or.

626 Ceulx de Mares (ou des Marets?)

De gueules, à une croix d'argent évidée au centre et recercelée ou fer à moulin; sur le tout, une bande de sable chargée de trois coquilles d'argent.

627 Ceulx de Longuel.

D'hermine, à une fasce de gueules, chargée de trois anneaux d'or.

628 Ceulx de Balleul.

Ecartelé: 1 et 4, partie d'hermine et de gueules : 2 et 3, d'argent, à deux lions de gueules, passant, armés et lampassés de sable.

629 Ceulx de Carbonneul (ou Carbonnel).

D'azur, au chef de gueules; sur le tout trois traits ondulés d'argent, s'écartant du chef vers la pointe.

630 Ceulx de de Bellanges.

D'argent, à une bande de sable, diaprée d'or.

631 Ceulx du Melle.

De gueules, à trois traits droits d'argent, s'écartant du chef vers la pointe.

632 Ceulx de Hermanville.

D'argent, à une fasce d'azur, diaprée d'or : un lionceau et deux aiglettes sur le rains; accompagné de trois roses, de gueules au pistil d'or.

633 Ceulx du Maisnil.

D'argent, à deux couples de burelles.

634 Les Mallerbes.

D'or, à deux couples de burelles en chef et un cœur ; deux lionceaux de gueules, passant, armés et lampassés de sable.

635 Ceulx de Malortie (fº 164, vº).

Ecu vide.

636 Ceulx de Loinchamp.

D'argent, à trois croissants de gueules.

637 Ceulx de Neuf-Maison.

D'argent, à six macles de gueules : 3, 2, 1.

638 Ceux de Carbonnel (a).

D'azur, à trois quintes-feuilles d'argent : 2, 1.

639 Ceulx de Montegu.

D'argent, chargé de cinq coquilles et de deux bandes de sable.

640 Ceulx de Cueurs.

D'azur, à trois quintes-feuilles d'or : 2, 1.

641 Ceulx Desquay (ou d'Esquay).

D'argent, au chevron de sable.

642 Ceulx de Marigny.

D'azur, à trois gerbes d'or, liées de sable : 2 et 1 ; l'écu chargé d'un franc quartier d'hermine.

643 Les Goupins.

De gueules, à deux couples de burelles d'hermine ; en chef, un lion passant d'argent, armé et lampassé de sable.

644 Ceulx de Vales.

D'argent, à une quinte-feuille de sable.

645 Ceulx de Cormailles.

D'or, à la bande de gueules, accompagnée de trois tourteaux du même.

646 Ceulx de Monchiaulx.

D'hermine, à un écusson de gueules, chargé d'un fermail d'or.

647 Ceulx de Chinchamp (fᵒ 165).

D'argent, à un dextrochère chargé d'un manipule de gueules.

(a) Voy. nᵒˢ 564 et 629. Malgré les différences d'armes, ces trois maisons paraissent avoir eu une commune origine. Pierre de Brézé, le grand sénéchal de Normandie, avait épousé Clémence Carbonnel, veuve en 1427 de Roland de Dinan. Jean Carbonnel figure à côté de Brézé en divers tournois, batailles et autres rencontres de 1447 à 1453. En 1457, il prit part, sous la bannière de Brézé, à la mémorable expédition de Sandwich, où il fut fait chevalier. En 1466, Jean Carbonnel, chevalier, sʳ de Sourdeval, se distingua dans un épisode très-important et peu connu. Attaché à la fortune de Charles, duc de Normandie, frère de Louis XI, il était capitaine de Jersey, île cédée à Pierre de Brézé par la reine Marguerite d'Anjou et aliénée de la couronne d'Angleterre, pour récompenser les insignes services qu'e le avait reçus de ce paladin. Le sire de Sourdeval défendit jusqu'à la dernière extrémité cette île normande que voulaient reprendre les Anglais. Il la défendit contre son seigneur Jacques de Brézé, successeur de Pierre, décédé ; contre le roi Louis XI. Les Anglais finirent par triompher et Jersey rentra ainsi sous leur domination. (Cabinet des titres ; ms. fr 5941, fᵒ 115 vᵒ ; Palliot ; *Mélanges* Champollion *Collection des documents inédits* in-4°, t. ii ; Anselme, etc. ; au mot *Carbonnel*.)

648 Ceulx de Civelles.

D'or, à une aigle de sable, à deux têtes, éployée, becquée et membrée de gueules.

649 Ceulx de Waulx.

D'hermine, au chef emmanché de gueules, formant quatre pointes sur l'hermine.

650 Ceulx de Fontaines.

D'or, à la bande d'azur.

651 Ceulx d'Arcy.

Chevronné d'or et de gueules.

652 Les Huchars.

D'argent, à une orle de neuf merlettes de gueules ; en abîme une main de gueules.

653 Ceulx de la Planque.

D'argent, à une orle de neuf merlettes de sable ; en abîme une main de sable.

654 Ceulx de la Goullastre.

D'argent, à trois mains de sable,

655 Ceulx d'Orlie.

D'argent, à la bande de gueules.

656 Ceulx de Bery (ou Very).

D'argent, semé de billettes de sable, et un lion de sable.

657 Ceulx de Valeste.

D'azur, à deux fasces d'argent.

658 Ceulx de Croisilles.

De sable, à trois croissants d'or.

659 Ceulx d'Octonville (a) (f° 165, v°).

De sable, au lion d'argent, armé et lampassé d'or.

660 Les Champions.

D'or, au lion d'azur.

661 Ceulx de Saint-Ilaire (Hilaire).

De gueules, à deux merlettes d'or en fasce.

(a) Raoul d'Octonville, écuyer, le principal auteur du meurtre de la rue Barbette, exécuté en 1407, sur la personne de Louis, duc d'Orléans, était de cette maison.

662 Ceulx de Carouges (ou Carrouges).

De gueules, semé de fleurs de lis d'argent.

663 Ceulx de Chantelou (Chanteloup).

De gueules, à une guivre d'argent.

664 Ceulx de Sacqueville.

D'or, à une aigle de gueules, becquée et membrée de sable (ou d'azur).

665 Ceulx de Beuville ou Benville.

D'argent, à une fasce de sable, accompagnée de cinq quinte-feuilles du même ; 3 en chef, 2 en pointe.

666 Ceulx de Crolieu.

D'argent, à trois lions de gueules, armés et lampassés de sable : 2, 1.

667 Ceulx de Bruteville.

Burelé d'or et de gueules, de dix pièces : sur le tout un lion de sable.

668 Ceulx de Channel ou Chauvel.

De sable, à trois molettes d'éperon d'or.

669 Ceulx de Vasy (ou Vassy).

D'azur, au chef d'or ; sur le tout, un filet de gueules posé en bande.

670 Ceulx d'Orvillier.

De sinople, au lion d'or.

671 Sans dénomination (f° 166).

D'or, à la croix engreslée de sable.

672 Sans dénomination.

De gueules, chargé de trois croissants d'argent ; chacun des croissants surmonté d'une croisette du même, recroisetée, au pied fiché.

CHAPITRE V.

ANJOU, MAINE [ET TOURAINE] (a).

673 Le sire de Laval (f° 81, v°).

D'or, à la croix de gueules, etc., qui est de Montmorency (Voy. ci-dessus n° 77), ladite croix chargée de cinq coquilles d'argent.

***

(a) La province de Touraine, Anjou, Maine, est une des parties de la France à qui

674 Le sire de Maillé. (Voy. ci-après, n° 710.)

Fascé enté d'or et de gueules.

675 Le sire de Passavant.

D'or, à deux fasces de gueules et une orle de neuf merlettes du même.

676 Le sire de Cron (Craon).

Losangé d'or et de gueules.

677 Le sire de Silly.

D'or, à six lionceaux de gueules : 3, 2, 1, armés et lampassés d'azur.

678 Le sire d'Asé (Assé).

Parti emmanché d'argent et de sable.

679 Le sire de Mateflon (Mathefelon).

De gueules, à six écussons d'or : 3, 2, 1.

680 Le sire de Mongauquier ou Mongauguier (*a*).

De gueules, à une croix pommetée à chaque bras de trois pommes d'hermine.

681 Le sire de Lohéac.

Armes de Laval (ci-dessus, n° 673), surbrisé d'un lambel, trois pendants d'hermine.

682 Le sire de (illisible) [Chastillon].

Armes de Laval (ci-dessus, n° 673) ; bordure de sable besantée d'or.

683 Ceulx de Brézé (*b*).

D'azur, à l'écusson d'argent enclos dans un trescheur d'or ; une orle de huit croisettes du même.

---

manque un bon répertoire héraldique, semblable aux modèles créés par MM. de Soultrait et un très-petit nombre d'autres. L'*Histoire généalogique* et l'*Inventaire de la noblesse de Touraine*, 1665, 1669, 2 vol. in-f°, sont deux ouvrages particulièrement décriés, dans un genre où, sur 100 productions, 95 sont généralement l'œuvre de l'ineptie ou du charlatanisme. Nous avons trouvé quelque secours dans le ms. fr. 5941 (*Olim* Colbert 4763) imprimé par Montfaucon, *Bibliotheca, Bibliothecarum manuscripta*, 1739, in-f°, t. II, p. 988 et suivantes. L'aide la plus utile qui nous ait servi est celle de notre confrère M. Mabille (de Tours), archiviste paléographe, employé aux mss. de la Bibliothèque et connu par de très-bons travaux historiques et géographiques sur sa province natale.

(*a*) Voy. ci-dessus, n° 362.

(*b*) Le ms. 5941 : « Pierre de Brézé » (seigneur de la Varenne, de Brissac, comte d'Évreux, de Maulevrier; successivement sénéchal d'Anjou, de Poitou et de Normandie). Il s'agit ici du premier ministre de Charles VII. Ce personnage, l'un des caractères les plus distingués de cette époque et de notre histoire, n'a jamais obtenu

684 Ceulx de Lenesay ou Genesay.

D'or, à la croix ancrée de sable, accompagnée de trois coquilles de gueules : 2 en chef et 1 en pointe.

685 Ceulx de Vausay (Bauçay), f° 82.

De gueules, à la croix d'or recercelée.

686 Le sire de Maulevrier.

D'or, au chef de gueules.

687 Le sire de la Haye.

D'or, à deux jumelles de gueules.

688 Le sire de la Touche (ou la Tousche).

D'or, au lion de sable, brisé à l'épaule d'une étoile d'argent.

689 Jehan d'Allon (Aillon).

Ecartelé : 1 et 4 d'azur, à la croix engreslée d'argent : 2, 3, d'or fretté de gueules ; brisé au 2e quartier d'un croissant de sable.

690 Ceulx de la Chappelle.

D'or, à la croix de sable.

691 Le seigneur de la Pessonière.

D'argent à trois chaudières ou poissonnières de sable.

692 Ceulx de Vallée.

D'azur, semé d'étoiles d'argent ; un lion du même.

693 Ceulx de Lalée (ou Labée).

D'argent, à la fasce de sable.

694 Le sire de Belin.

D'argent, à trois couples de jumelles de gueules.

695 Le seigneur d'Auvart (*aliàs* d'Enquitart).

De gueules, à la croix d'or recercelée

696 Le sire de Bertevin.

D'azur, à trois pigeons ou coulons d'or.

697 Ceulx de Jupilles (f° 82, v°.)

Parti emmanché d'hermine et de gueules.

698 Le sire de Rotel? (*aliàs* du Fretel).

D'or, à trois papillons de gueules.

jusqu'ici de notice ou biographie qui soit en rapport avec ses grands mérites, ni avec les documents que nous avons conservés de lui.

699 Le sire de Salle.
D'argent, à une bande fuselée de gueules.

700 Le seigneur des Roches (-Corbon)?
Armes du n° 699, à une bordure de sable besantée d'or.

701 Ceulx de Sens.
D'or, à la bande de gueules, et trois alérions du même : 2, 1.

702 Le seigneur de Tusé (Tucé).
D'argent, à deux couples de jumelles de sable.

703 Ceulx de la Porte.
De sable, à la croix d'or cantonnée de quatre bastions ou portes de ville d'argent.

704 Le seigneur de la Pallu.
D'argent, à la fasce de sable.

705 Les Sangliers.
D'or, au sanglier de sable.

706 Les..... (le nom en blanc).
Armes précédentes; brisé, à chaque canton dextre et senestre du chef, d'un anneau de gueules.

707 Ceulx de Dorenge (ou Darenge; *al.* d'Orcoige).
Pallé d'argent et de gueules, à la bordure de sable, clouée d'or (*a*).

708 Guillaume Lenfant?
Écartelé : 1, 4, de gueules à trois fasces d'or; 2, 3, d'argent, à six fers de guisarme, posés 3, 3.

709 Le seigneur d'Amboise (f° 83).
Pallé d'or et de gueules.

710 Le seigneur de Mailly (Maillé). Voy. ci-dessus, n° 674.
Fascé enté d'or et de gueules.

711 Le sire de (illisible).
De gueules, au lion d'or.

712 Le seigneur de Sainte-More (ou Sainte-Maure).
D'argent, à la fasce de gueules.

713 Le seigneur de Lillebousart (l'Ile-Bouchard).
De gueules, à deux lions léopardés d'argent.

(*a*) Montfaucon, t. ii, p, 1009, col 1.

714 Le seigneur de Pruly (Preuilly).

> D'or, à seize alérions d'azur : 4 par 4.

715 Le seigneur d'Asay.

> D'argent à la bande de gueules; une orle de merlettes du même.

716 Le seigneur de Presigny.

> D'or et d'azur, au pié party,
> Au chef pallé, fessé, contre-fessé,
> A deux quantons gironnés,
> Et un escu d'argent par my (en abîme) :
> Sont les armes de Pressigny (a).

717 Le sire de Chaumont.

> Armes d'Amboise (voy. n° 709); brisé d'un filet de sinople, posé en bande.

718 Le sire du Brildoré, ou Breuil-Doré.

> D'argent, une aigle à deux têtes de gueules, becquée et membrée d'azur.

719 Le sire Boucycaux (Boucicault).

> D'argent, à la croix de gueules.

720 Le sire de Tex (Taix).

> D'argent, à deux fasces d'azur. (Voy. ci-après, n° 726.)

721 Le sire de Buet (Bueil), f° 83, v°.

> D'azur, semé de croisettes d'or; sur le tout, un croissant d'argent en cœur.

722 Le seigneur d'Asay (b).

> D'argent, à la bande de gueules; une orle de merlettes du même.

723 Bresille, ou Gresille (al. La Grésille (c).

> D'argent, à trois tourteaux d'azur.

(a) Les armes de Précigny se retrouvent dans presque tous les traités de blason, comme exemple de partition difficile. Nous reproduisons le dicton en vers emprunté aux vieux héraldistes et qui avait pour but de graver dans la mémoire la formule de cette description. Voy. ms. fr. n° 14357, f° 11 v°; n° 6129; n° 1997, f° 35, etc.; Traité de blason du XV° siècle, publié par M. d'Arcq, 1858, in-8°, p, 31. La figure se voit sur notre planche lithographiée.

(b) Nous proposerions Aunay, fief dépendant d'Azay-le-Rideau. (Voy. Montfaucon p. 1008, col. 2.)

(c) Voyez Histoire de Charles VII ; table, au mot Grésille.

724 Tranchelion (Les Roches-).

De gueules, au dextrochère armé d'argent, tenant une épée du même emmanchée de sable, mouvant du parti dextre; un lion d'argent, navré aux épaules et ensanglanté de gueules, mouvant du parti senestre (a).

725 Touars. (Voy. ci-après, n° 733.)

Emmanché en pal d'azur et d'or, de douze pièces.

726 Ceulx de Tes.

Comme ci-dessus, n° 720.

727 Ceulx de Bes (Betz).

D'or, à deux fasces de sable, accompagnées de huit merlettes de même : 3, 2, 3.

728 Les Ghenans (Guenant).

D'or, à une fasce fuselée de trois pièces et deux demies, de gueules.

729 Ceulx de Velours (Velor). Voy. ci-après, n° 737, la note.

D'argent, à trois croix patées de sable.

730 Ceulx de Crissé.

Losangé d'argent et de gueules.

731 Le sire de Préaulx.

Déjà blasonné ; ci-dessus n° 58.

732 Ceulx Destouces? (des Touches)?

Écu vide.

733 Guillaume de Touars (f° 84).

Écu vide. (Voy. ci-dessus n° 725.)

734 Le Bourc Guerin.

Écu vide.

735 Ceulx de Grillemont.

D'argent au chevron de sable, accompagné de trois tourteaux du même : 2 et 1.

736 Ceulx de Rivarennes.

Écu vide.

(a) Ms. fr. 5941, f°ˢ 89, 90. — Les Tranchelion étaient une famille du Limousin qui vint se fixer en Touraine au lieu des Roches, appelé de là les Roches-Tranchelion (Voy. sur cette famille, *Histoire de Charles VII* à la table : *Roches.*)

737 Ceulx de Rasilly (a).

Écu vide.

738 Les Roys.

Dans l'écu vide sont écrits ces mots, d'une main un peu plus récente : « Ung lion d'or, le champ d'argent (b). »

739 Les Chemins ou Chenins.

De gueules, à un chef d'hermine, fretté ou treillisé de gueules.

740 Ceulx de la Pallu (c).

Écu vide.

741 Ceulx d'Avaugour. (Maison de Bretagne; voyez ci-après n° 1226.)

Écu vide (d).

742 Les Oudars.

Écu vide (e).

743 Lesperonnière.

D'argent, frotté ou treillisé de gueules; dans chaque case une pointe d'hermine (de sable).

744 Cheminay? (f° 84 v°).

De gueules, à la croix d'argent.

745 Cryson?

De sable, à trois pointes d'hermine d'or, posées 2, 1, et une bordure de gueules.

746 Rosart ?

Écu vide.

(a) Rasilly près Chinon, résidence favorite de Charles VII, qui l'habita longtemps en compagnie de la belle Agnès. « Jean V de Rasilly, chevalier, seigneur de Rasilly, d'Oiseaumesle et autres lieux, chambellan du roi, obtint en 1439 la permission de fortifier son château de Rasilly. Il avait épousé en 1431 ou 1432, Simone de Faye, fille de Jean de Faye, seigneur de Marçay et de Velort. (Voy. ci-dessus n° 729.) Son fils Jean VI, chevalier, seigneur de Rasilly, etc., après son père, prit pour femme, le 3 août 1458, Jeanne de Chevigny, dame de Champelin, du Bourg et du Plessis-Meslé.

« Les armes de Rasilly sont : de gueules à trois fleurs de lis d'argent. »
Communication de M. le marquis de Rasilly, héritier du nom, des armes, du château et des archives de Rasilly (Indre-et-Loire).

(b) Ces armes seraient à enquerre. — Alias : de gueules au lion d'or.

(c) « Les Palluets : de gueules à la fasce d'argent; au lion naissant en chef, de même. » Montfaucon, p. 1009, col. 2.

(d) « D'argent à un chief de gueules. » (Navarre, n° 729.)

(e) « M. Jehan Oudart : d'argent à une croix de gueules. » (Navarre, n° 911.)

747 Plinvilier.

   Écu vide (a).

748 Guillaume de Mauny.

   Écu vide.

749 Mally (f° 85).

   Effacé.

750 Les armes du seigneur de Saint-Chand...? *Alias :* de Saint-Chars, en Anjou (f° 85).

   De sable (ou d'azur) fretté ou treillisé d'or.

CHAPITRE VI.

ROYAUTÉ D'ARMES DE CHAMPAGNE, BOURGOGNE, ETC. (b).

751 Le seigneur de Thil (f° 89). — *Bourgogne.*

   D'or, à trois lions de gueules, armés et lampassés de sable.

(a) « Jehan Plainvillier : d'azur à deux fasces d'or. » (*Navarre*, où il figure parmi les chevaliers-bacheliers de la Marche de *France ;* n° 104.)

(b) La Champagne et la Bourgogne, provinces limitrophes et réunies dans ce chapitre, ont eu, de part et d'autre, au point de vue qui nous occupe, des des-inées fort différentes.

La Champagne, pays plat, réunie de bonne heure à la couronne, s'est vue promptement sevrée des institutions féodales; l'agriculture, le commerce et les arts, secondés par l'esprit des populations, par la coutume locale, se substituèrent promptement aux prouesses militaires et offrirent à l'activité de ces populations un aliment pacifique. L'égalité civile, ou du moins une égalité plus grande, s'y répandit avec la division de la richesse personnellement acquise. Au xve siècle, l'aristocratie territoriale y était déjà renouvelée : elle sortait de la robe et du commerce. Au xviie siècle, presque tous les anciens fiefs étaient tenus par des roturiers et le service militaire des nobles offrait au roi un notable déficit. La chimère des castes sociales ne pouvait trouver, en de pareilles conditions, un crédit durable ; et lorsque la Révolution française vint mettre dans la loi cette égalité chrétienne que le moyen âge n'avait su introduire que dans l'Eglise, elle trouva en Champagne des esprits aussi mûrs que les habitudes sociales, et des faits accomplis.

La Bourgogne, pays accidenté, longtemps indépendante de la France, sous le sceptre d'un grand vassal, continua d'une manière beaucoup plus énergique les traditions batailleuses de la féodalité. Les parlements et les offices ducaux y créèrent une seconde aristocratie, héréditaire et très-conservatrice de ses privilèges. L'esprit nobiliaire y survit encore, face à face avec l'élément démocratique ou moderne; élément

752 Le seigneur de Grensy (Grancey) [B].

D'argent, au lion d'azur. (Voy. n° 814.)

753 Le sire de Tolonjon (Toulongeon).

Écartelé: 1 et 4, de sable, à 2 couples de jumelles d'argent; 2 et 3, fascé, enté de gueules et d'argent (qui est de Saint-Cheron).

754 Le sire de Rupes (ou Ruppes) (a).

Écu vide.

755 Le sire d'Espaigny (Voy. ci-après, n° 776).

Écu vide (b).

756 Le sire d'Autré (Autrey).

De gueules, à trois quinte-feuilles d'or, à la bordure de sable.

757 Le sire de la Guiche.

D'azur, au sautoir d'or.

758 Le sire de Montagne et de Listenois.

D'azur à trois têtes de lion d'or, endenchées de sable.

759 Le conte de Joigny-Noier (c).

D'azur, à l'aigle d'or éployée.

---

plus accentué dans les départements de la Côte-d'Or et circonvoisins, que dans les départements de l'Aube, de la Haute-Marne, etc.

On peut consulter, sur la Champagne : *Recherches de la noblesse* (successivement exercées par devant Larcher et Caumartin, intendants de cette province); Chalons-sur-Marne, Seneuze, éditeur, 1673 à 1758, 3 volumes grand in-folio plano. On réimprime en ce moment cet ouvrage, dont les exemplaires publics ont été usés par les chercheurs de généalogies, cette nouvelle pierre philosophale. *Catalogue des gentilshommes de Champagne qui ont pris part ou envoyé leur procuration aux assemblées de la noblesse pour l'élection des députés aux états généraux de 1789*, publié d'après les procès-verbaux officiels, par MM. Louis de la Roque et Edouard de Barthélemy; Paris, 1863, in-8°. Sur la Bourgogne : *La Noblesse aux états de Bourgogne de 1350 à 1789*, etc., par MM. Henri Beaune et Jules d'Arbaumont. Dijon, 1863, in-4°, figures. La Roque et Barthélemy, *Catalogue des gentilshommes de Bourgogne*, etc. (comme ci-dessus),... *en 1789*, Paris, 1862, in-8°. — Ce dernier recueil, publié province par province, comprend aujourd'hui, ou comprendra le tableau complet et officiel de la représentation de la noblesse en 1789.

(a) « Rupe, porte d'argent escartelé de gueules, à une aigle éployée, sur le tout; escartelée de l'un en l'autre. » Palliot, p. 436, n° xvi. (Voy. ci-après n° 769.)

(b) Voy. *Navarre*, n°s 987, 990. — « D'Espagny, porte d'argent au lion de gueules, à la bordure de sinople, chargée de sept écussons, chacun surchargé d'une croix alaisée de gueules. » Palliot, p. 139, n° I.

(c) Voy. sur cette maison de Noyers, Th. Boutiot, *Notice historique sur Vendeuvre et ses environs*, Troyes, 1858, in-8° p. 19.

760 Le seigneur de Juvigny.

> D'or, au chevron de gueules, accompagné de trois aiglettes d'azur.

761 Le seigneur de Foville.

> De gueules : un tonneau en cœur au naturel, soutenu par deux grif-fons d'or, becqués et membrés d'azur.

762 Le seigneur de Billy.

> De vair plein.

763 Le sire de Pontalier (f° 89, v°).

> De gueules au lion d'or, armé et lampassé d'azur.

764 Le sire de Creu (*alias* : Crux). Voy. n° 781.

> Dans l'écu vide ces mots (17ᵉ siècle) : « Fascé d'or et d'azur, de six pièces (*a*). »

765 Le sire de Chenparlement ? (ou Champlemis ?)

> Écu vide (*b*).

766 Le sire de Rochefort (*c*).

> Écu vide.

767 Le sire du Chatelier (*d*).

> Écu vide.

768 Le sire de Monjoie (*e*).

> De gueules à une clé d'argent, en pal.

769 Le sire de Rupes.

> Écu vide. (Voyez ci-dessus n° 754 .)

770 Le sire de Saint-Julien.

> Écu vide (*f*).

(*a*) Cette note paraît être de la main de Du Bouchet.

(*b*) Voy. Beaune et d'Arbaumont, *Noblesse de Bourgogne*, au mot *Champlemis*.

(*c*) Rochefort. D'azur semé de billettes d'or, au chef d'argent, chargé d'un lion passant, de gueules. — Jacques II du nom, seigneur de Rochefort, de 1450 à 1462, environ, marié à Agnès de Cleron, fut père de Guillaume de Rochefort, chancelier sous Louis XI. (Anselme, t. vi, p. 412, 424.)

(*d*) Voy. Palliot, p. 397, II.

(*e*) Voy. *Essai sur l'histoire de la maison et baronnie de Monijoie*, par M. l'abbé Richard; Besançon, 1860, in-8°.

(*f*) « Saint-Julien de Galeure en Bourgogne : de gueules à trois jumelles d'argent. » (Grandmaison.) Voy. Palliot, p. 402, et p. 93, n° v.—Beaune et d'Arbaumont au mot *Saint-Julien*.

771 Messire Antoine de la Marche.
>	Écu vide (a).

772 Le sire de Trichatel.
>	Écu vide.

773 Le sire de Rey? (b).
>	De gueules, à la bande d'azur.

774 Le sire de Pêmes.
>	Pallé d'argent et d'azur.

775 Le sire de Vitiaux (Vitteaux, f° 90) [B].
>	De gueules à la bande d'or.

776 Viene-Espagny ; crie : *Viene*. (Voy. ci-dessus n° 755.)
>	De gueules, à l'aigle éployée d'or.

777 Chatiauvillain [B] (Chateauvillain).
>	De gueules semé de billettes d'or, à un lion du même. (Voy. ci-après n° 815.)

778 Le sire de Chatelus.
>	D'azur, semé de billettes d'or, à une bande d'or sur le tout.

779 Le sire de Vergé (Vergy) [B].
>	De gueules, à une rose ou quinte-feuille d'or.

780 Le sire de Salins.
>	D'azur à une tour d'or semée d'hermine.

781 Marsilly, seigneur de Creu. (Voy. n° 764.)
>	D'or, à la croix ancrée de gueules.

782 Ternent (Ternant).
>	Échiqueté d'or et de gueules.

783 Digonne (ou Digoine).
>	Armes précédentes (n° 782) ; chargé d'une fasce à trois coquilles de sable.

(a) De sable, bandé d'or de trois pièces. A cette famille appartenaient : 1° Antoine de la Marche, seigneur de Château-Renaud, chevalier, chambellan, conseiller du duc de Bourgogne, mentionné de 1417 à 1438 (Labarre, *Mémoires de Bourgogne* : à la table), mort en 1438 (Beaune et d'Arbaumont, p. 231); 2° Philippe, gouverneur de Joux ; et 3° son fils, le célèbre Olivier de la Marche, chroniqueur français, né en 1422, mort en 1501. (*Ibidem*.)

(b) *Alias* : Ray. Voy. Beaune, etc., au mot *Rey*.

784 Messire Gui de Bar.

De gueules, à deux bars adossés, d'or.

785 Le sire de Merlo Saint-Brès (*a*).

D'or, à deux fasces de gueules; à une orle de merlettes du même.

786 Le seigneur de Saint-Jorge ; crie : *Viene*.

Armes de Vienne. (Ci-dessus n° 776.)

787 Messire Jhen Grent, *alias* : Jean Tyans (f° 90, v°).

De sable, au chevron d'argent.

788 De Vaudrey.

D'argent, au chef de gueules, emmanché d'une pointe et deux demies.

789 Coches ; *alias* : Couches.

Bandé d'azur et d'or; un franc quartier à dextre d'hermine.

790 Le sire d'Oiselay.

De gueules, à une bande endenchée d'or.

791 (Le nom en blanc.)

D'or à la bande d'azur, semé de billettes du même.

792 Le sire de Montagu [B].

De gueules à la bande d'argent.

793 Le sire de Neuf-Chastel.

Écartelé : 1 et 4, de Montagu ; 2 et 3, d'argent à l'aigle éployée de sable.

794 Le sire de Baufremont.

Vairé d'or et de gueules.

795 Le sire de Cottebrune.

D'azur, au sautoir d'or.

796 De Reus ou Rens.

D'azur à la bande d'or.

797 Le s^r de Chenp divers (*b*).

D'azur au chevron d'or.

(*a*) Charles de Merlo, seigneur de Saint-Bris, de Bligny, Vendeuvre et Vitry, marié à Isabeau Aycelin de Montaigu. Veuf en 1459, il mourut avant 1464. Boutiot, *loc. cit.*, p 21.

(*b*) Odine ou Odette de Champdivers, dite la petite reine, concubine de Charles VI, était de cette maison.

798 Conte de Monbeliart.

D'or, à deux bars adossés, d'or. *fond*

799 Ceulx de Ray (f° 91).

De gueules, à un raiś d'escarboucle, d'or.

800 Ceulx de Rougemont.

D'or, à l'aigle de gueules, éployée, becquée et membrée de sable.

801 Ceulx d'Eigremont; *alias :* d'Aigremont-Choiseul.

D'azur, à la croix d'or, cantonnée à chaque canton de cinq billettes du même : 2, 1, 2.

802 Le conte de Blamont.

De gueules, à deux bars adossés, d'argent.

803 Le conte de Fribourc.

D'or, au pal chevronné d'argent et de gueules.

804 Ceulx de Charny.

De gueules, à trois écussons d'argent : 2, 1.

805 Ceulx de Jaucourt.

De sable, à deux léopards d'or.

806 Le sieur de Monby; *aliàs :* Montby.

De gueules, à l'aigle d'or, éployée, chargée en cœur d'une coquille de sable; une bordure d'argent.

807 Le sire de Walengy.

De gueules, au pal chevronné d'or et de sable.

808 Gratelou (f° 92 v°).

De gueules, à un loup d'or, gratté sur le dos, par une main vêtue d'une manche, au naturel, issant de senestre.

809 Ville-Arnoul (f° 93).

De sable, à deux léopards d'or.

810 Larchière?

De sable, à la bande d'argent.

811 Le baron de Chastillon [B] (f° 101). — *Champagne.*

De gueules, à trois pals de vair; chef d'or, chargé au canton dextre d'une merlette de sable.

812 Le baron de Jenville [B] (Joinville).

D'azur, à trois couples de peignes ou broyes d'or liées d'argent; chef cousu d'azur, à un lion naissant de gueules.

813 Le baron de Trainel [B] (a).
> De vair plein.

814 Le baron de Gransy [B]. (Voy. ci-dessus, n° 752.)
> D'or, au lion d'azur.

815 Le baron de Chastiauvillain [B].
> De gueules, semé de billettes d'or, au lion du même. (Voy. ci-dessus, n° 777.)

816 Le baron de Danpierre (b) [B].
> De gueules, à deux léopards d'or.

817 Le sire de Conflans (f° 101, v°). Voy. n° 841.
> D'azur, semé de billettes d'or et un lion du même.

818 Le sire d'Anglure (c).
> D'or, semé de grelots ou sonnettes d'argent, soutenu d'anglures ou croissants de gueules. (Voyez ci-après, n° 885.)

819 Le sire de Tainteville (Dinteville).
> De sable, à deux léopards d'or.

820 Le sire de Ransse (ou Rance).
> D'azur, à une bande fuselée d'argent.

821 Le sire d'Arsillières.
> D'or, à la croix de gueules.

822 Le sire d'Arsi (Arcy).
> D'azur, à six besans ou tourteaux d'argent: 3, 2, 1; un chef d'or; bordure de gueules.

(a) Le titulaire de cette baronnie était Guillaume Jouvenel ou Juvénal des Ursins, chancelier de France. — Voyez notre planche lithographiée.

(b) Une autre famille homonyme, les Picot de Dampierre, a figuré en Champagne dans des temps plus modernes et s'est perpétuée, je crois, jusqu'à nos jours. Caumartin la donne comme originaire de Brie (*Recherche de la noblesse de Champagne*, 1673, in-8°, p. 99). « Les armes des *Picot* de Dampierre, qui descendent des *Pics* de la Mirandole, sont d'or au chevron d'azur, accompagné de trois falots de gueules; au chef du même. » (Mémoires manuscrits de Courtalon-Delaistre, auteur de la *Topographie* du diocèse de Troyes.)

(c) Antoine, baron d'Anglure, avoué de Térouanne, etc. Il fut marié à Jeanne, fille d'Antoine de la Rochebaron (Anglo-Bourguignon), et mourut en 1462. Son père Étienne, mort vers 1440, était chambellan de Henri VI et suivit le parti des Anglais. — Pour les armes, voy. planche lithographiée, et ci-après, *une Dissertation spéciale*.

823 Le sire de Plansi (Plancy).

> Écu vide (a).

824 Le sire de Hens ou Hans. Cadets de Grandpré (b).

> Burelé d'argent, de gueules et de dix pièces. (Voy. n° 840.)

825 Le sire de Ranse.

> De sable, semé de trèfles d'argent; au lion du même.

826 Le sire de Remeru (Ramerupl).

> Gironné d'argent, de sable et semé sur le sable de croisettes d'or.

827 Le sire de Lor.

> Écu vide. (Voir plus loin n° 834.)

828 Le sire de Pleurs ou Pleurre (f° 102).

> De gueules, à trois roses ou quinte-feuilles d'or : 2, 1.

829 Ceulx de Mareul.

> Écartelé : 1 et 4, bandé de gueules et de vair : 2 et 3, d'argent au chevron de gueules.

830 Ceulx des Champs.

> Écu vide. (Voir plus loin n° 836.)

831 Ceulx de Saint-Mars.

> Écu vide (c).

832 Ceulx d'Orgo (ou Orgeau?); *alias :* Orge.

> Écu vide (d).

833 Ceulx de Courselles.

> D'argent, à trois croissants de gueules; les cornes tournées à dextre, et posées : 1 à senestre en chef, 1 à dextre au flanc de l'écu, 1 en pointe à senestre.

(a « Plancy porte de vair au baston de gueules. » Palliot, p. 647, n° iv. Du Halle, *Antiquités de Troyes*, ms. de l'hôtel de ville de Troyes, contient, t. ii, p. 54, un Armorial des évêques de Troyes, composé par l'auteur au xviii° siècle. Hayce de Plancy, évêque de 1190 à 1193, y figure avec un écu vairé d'or et de gueules à la bande de gueules.

(b) A la date du 14 janvier 1451-52, Jacques, seigneur de Hans, Saint-Germain-Mont et Hannogne, chevalier, disputait à Antoine, comte de Dammartin, favori du roi, la seigneurie de Thour en Champagne. — Archives de l'Hôtel-Dieu de Paris, *Inventaire* publié par ordre du ministère de l'intérieur (sous presse), in-4°, t. i, n° 3410.

(c) Voy. *Navarre*, n° 126.

(d) « D'Orgeau : d'or à l'aigle esployée de gueules. » Palliot, p. 315, n° xii.

834 Ceulx de Lor (*a*).

De sable, au lion d'argent, armé, couronné et lampassé de sinople.

835 Ceulx de Bricon.

D'argent, à trois roses ou quinte-feuilles de sable.

836 Ceulx des Chans. (Voy. ci-dessus, n° 830.)

D'or, à trois chevrons de sable, accompagnés de trois annelets de gueules : 2 en chef, 1 en pointe.

837 Sainct-Belin (f° 102, v°).

D'azur, à trois têtes de béliers (ou *bélins*) d'argent, accornés d'or.

838 Baudricourt (*b*).

D'or, au lion de sable. (Voy. ci-après, n° 887.)

839 Le sire de Varénbout (f° 145).

De gueules, à une croix d'hermine.

840 Grentpré, conte.—(Le comte de Grandpré.)

Burelé d'or et de gueules, de huit pièces. (Voy. n° 824.)

841 Le sire de Confelans (Conflans). Voy. n° 817.

D'azur, chargé d'un lion morné d'or, et semé de billettes du même.

842 Arsillières; et crie : *Henget* (Hangest). Voy. n° 365.

D'or, à la croix de gueules.

843 Breben, (ou Brebant).

Burelé d'argent et d'azur, de huit pièces ; sur le tout une bande de gueules.

844 Le sire de Autel.

De gueules, semé de briques, ou billettes couchées, d'or.

Lorraine (*c*).

845 Le duc de Lorraine.

D'or, à la bande de gueules, chargée de trois alérions d'argent (f° 180).

(*a*) Voy. *Navarre*, n° 655, et ci-dessus n° 827.

(*b*) Robert de Baudricourt, capitaine de Vaucouleurs, à l'époque de la Pucelle, était de cette maison.

(*c*) Sources à consulter sur ce chapitre : 1° *Armorial de Lorraine*, ms. fr., bibl. imp. n° 5468, xviii° siècle. 2° *Le simple crayon utile et curieux de la noblesse des duchés de Metz, Thoul et Verdun*, par Matthieu Husson l'Escossois; 1674, in-4°, figures;

846 Le duc de Bar (f° 106).

D'azur, semé de croisettes d'or, à deux bars adossés, d'or.

847 Le marquis du Pont.

D'azur, semé de croisettes d'or.

848 Le comte de Briey.

D'or à trois pals de sable (a).

849 Le sire de Menonville.

D'or, à la croix de sable, frettée d'arge

850 Ceulx de Chambly.

De sable, à la croix d'argent, cantonnée de quatre fleurs de lis d'or.

851 La Lignaige d'Aspremont.

De gueules, à la croix d'argent.

852 Ceulx d'Orne (ou de Horn; f° 106, v°).

D'argent, à cinq anneaux de gueules: 2, 1, 2.

853 Ceulx de Housse.

D'argent, au chef échiqueté d'or et d'azur, de trois tires.

854 Ceulx de Billy.

De gueules, à trois billettes d'argent: 2, 1.

855 Ceulx de Mais.

D'argent, à la bande de gueules, chargée de trois merlettes d'azur.

856 Ceulx de Marcy.

D'azur, au lion d'or morné.

3° Anoblis tant du duché de Bar que de Lorraine, par le duc René, etc., avec le blason, etc. Liége, 1753, in-8°, par Lallain de Montigny; 4° Dom Pelletier, *Nobiliaire ou Armorial de Lorraine*, 1758, in-f°; 5° Jean Cayon, *Ancienne chevalerie de Lorraine*, Nancy, 1850, in-f°. Cet ouvrage savant et exact, autant que nous en pouvons juger, reproduit avec avantage la substance des précédents. Notons aussi : 6° *Les gentilshommes verriers ou recherches sur l'industrie et les priviléges de la verrerie dans l'ancienne Lorraine*, par M. Beaupré, vice-président du tribunal de Nancy, etc., 2° édition, Nancy, 1847, 50 p., in-8°. Opuscule intéressant et d'une véritable valeur historique; complétement exempt des infatuations ou de l'antagonisme habituels en ces questions. La *Noblesse industrielle* constitue un chapitre important de l'histoire impartiale de la noblesse, histoire qui n'a pas été faite et qui pourrait s'intituler : Histoire des progrès de l'égalité civile en France et des institutions qui se rattachent à cette matière.—Nous nous sommes aidés pour ce chapitre des lumières personnelles de notre savant confrère, M. Aug. Prost, associé correspondant de la Société des Antiquaires de France, auteur d'excellents ouvrages relatifs à la Lorraine et particulièrement au pays Messin.

(a) Voy. Cayon, *Ancienne chevalerie*, etc., p. 35.

857 Ceulx de Creux.

D'azur à la croix d'argent; le canton dextre losangé d'or et de sable.

858 Thomas d'Aspremont.

De sable, au chef d'argent, chargé de trois perdrix de gueules, becquées et membrées de sable.

859 Le sire de Serière.

D'argent, au lion de sable, morné.

860 Le conte de Ligney.

D'azur, au chevron d'or.

861 Ceulx [de] Bouvigney (a).

D'or, à la croix de sable.

862 Bernamont.

D'argent, à cinq anneaux de sable: 2, 1, 2.

863 Le conte de Valdemont (Vaudémont).

Burelé d'argent et de sable, de dix pièces.

864 Vallemont (f° 107).

Fascé d'argent et de gueules, de huit pièces.

865 Bruscey (b).

Fascé d'or et d'azur, de quatre pièces; au canton senestre sur la fasce du chef, une clé de gueules.

866 Reuppe (ou Ruppes).

D'argent, à trois écussons de gueules, posés 2 et 1.

867 Le seigneur de Loupy.

De gueules, à cinq anneaux d'or: 2, 1, 2.

868 Le seigneur de Busency (Buzancy, Busencey ou Busancy; — d'après M. Cayon).

Burelé d'or et de gueules, de douze pièces; brisé en chef d'un lambel trois pendants d'azur.

869 Les armes de Sarnay.

D'argent, à une bordure de gueules.

870 Le sire de Sorbey.

Mêmes armes; un croissant de gueules en cœur.

(a) Ou Bouvigny? Voy. Cayon, p. 32.
(b) Bressey, Bauxey, Brisey, ou Bruxey. (Jean Cayon, p. 34.)

871 Le sire de Commersy (Commercy).

D'azur, semé de croisettes d'or ; à un lion d'argent lampassé et couronné d'or.

872 Le sire de Chardoingne (Chardongne, Chardonne ou Chardonné ; — Cayon).

Armes de Loupy (n° 867) ; brisé en chef d'un lambel trois pendants d'azur.

873 Le sire de Bourch (Brouch).

D'azur, à la croix d'argent.

874 Le sire de Sentainville.

D'or, à la croix ancrée de gueules ; en chef un lambel trois pendants d'azur.

875 Burepaz Ermoise (a), ou (Harmoises).

Gironné d'or et d'azur ; chargé en cœur d'un écusson, parti d'argent et de gueules.

876 Argiet (f° 107, v°).

D'or, à un demi-lion morné de sable en chef.

877 Le sire de Cuminières (ou Cuminier).

D'or, à la fasce d'azur, surmonté de trois anneaux de gueules en chef.

878 Le sire de Rampont.

De gueules, à cinq anneaux d'argent : 2, 1, 2 ; un franc-quartier d'hermine.

879 Le sire de Saint-Amand.

Fascé d'argent et de sable.

880 Romalcourt.

D'azur, à l'*aigle* d'or. (Voy. pour l'aigle n°s 940, 949, 951, 955, 958.)

881 Le sire de Clermont.

De gueules, à une croix d'argent.

882 Le sire d'Arentiers (b).

D'argent, à deux fasces de sable.

(a) A cette famille appartenait Robert des Armoises, qui, en 1436, épousa une intrigante nommée Claude, laquelle se faisait passer pour Jeanne la Pucelle, ressuscitée.

(b) Ou d'Arrentières. En 1431, Pierre d'Arrantières fut mis à mort comme prévenu d'une conspiration, tendant à livrer la ville de Troyes aux ennemis de Charles VII. Il avait été clerc de cette ville et receveur des deniers communs, sous l'autorité bourguignonne. (Boutiot, *Guerre des Anglais*, etc. Troyes, 1861, in-8°, p. 20.)

883 Sainct Loup.

D'or, à trois bandes de gueules.

884 Celui de Longueville.

D'azur, à un phénix d'or volant.

885 Simon d'Etoge, dit d'Angleure (a).

Ecartelé : 1 et 4 d'Anglure (Voy. ci-dessus n° 818); 2 et 3, de gueules
à trois pals de vair ; un chef d'or, chargé d'une merlette, ou d'une
perdrix de sable, becquée et membrée de gueules.

886 Sorxey.

D'or, à deux fasces d'azur.

887 Vaudrecourt (Voy. ci-dessus Baudricourt, n° 838).

D'or, au lion de sable, armé, lampassé et couronné de gueules.

888 Loys de Florainville (f° 108).

D'argent, à trois bandes d'azur ; à la bordure engreslée de gueules ;
un lion de sable brochant sur le tout.

889 Le conte de Chiny.

D'or, au sautoir de gueules.

890 Le conte de Salme.

De gueules, à deux *saumes* ou saumons d'or adossés ; avec une orle
de croisettes du même.

891 Haussonville. (F° 180.)

D'or, à la croix de gueules frettée ou treillisée d'argent.

892 Haraucourt.

D'or, à la croix de gueules; sur le tout un franc-quartier d'argent
chargé d'un lion morné de sable.

893 Le Chastelet.

D'or, à la bande de gueules, chargée de trois fleurs de lis d'argent.

894 Ville.

D'or, à la croix de gueules.

895 Saint-Mange.

D'azur, à un écusson d'argent.

(a) Voyez notre planche lithographiée. Il s'agit probablement ici de Simon d'Anglure, dit *Saladin*, vicomte d'Etoges, conseiller, chambellan de René d'Anjou et chevalier de son ordre du Croissant ; marié en 1458 à Jeanne de Neuchatel, vicomtesse de
Blaigny ; mort en 1499.

896 Tuillières.

D'or, semé de billettes de gueules et une croix du même en pal.

897 Savigny.

De gueules, à trois lions mornés d'or.

898 Tournois.

D'azur, à la croix d'argent, cantonnée de dix-huit fleurs de lis d'or : 5, 5, 4, 4.

899 Aigrevillier.

D'azur, semé de billettes, posées en bande d'argent, à la bande d'argent chargée de trois coquilles d'or.

900 Paroy.

De gueules, à trois lions mornés d'or, posés 2 et 1 ; l'écu entouré d'une bordure engreslée d'azur.

901 Launoy.

D'azur, à une bande d'argent, cotoyée de onze billettes d'or.

902 Bauzemont.

D'azur, à la clé d'argent.

903 Barbay.

De gueules, à trois couples de burelles alesées d'argent.

904 Fleuville.

Vairé d'argent et d'azur.

905 Hauroy.

D'or, à la bande de gueules, semé de billettes du même couchées en bande.

906 Donmartin.

D'argent, à la croix de sable.

907 Lenoncourt.

D'argent, à la croix engreslée de gueules.

908 Guermange.

De gueules, à un bonnet d'or pointu ; la pointe renversée à dextre.

909 Crancourt (Craincourt.)

D'argent, à deux lions de gueules passants, armés, lampassés et couronnés d'or.

910 Felin.

D'hermine, au lion de gueules, armé, lampassé et couronné d'or.

911 Toulon.

D'azur, à une croix d'argent ; brisé d'un lambel trois pendants de gueules.

912 Eutioncourt.

De vair à trois pals de gueules ; surmonté d'un chef d'argent, chargé d'un lion de gueules passant, armé, lampassé et couronné d'or.

913 Pailligny.

D'azur, au lion d'argent, armé et couronné d'or.

914 D'Abocourt (f° 181).

Gironné d'argent et de gueules ; en abîme un écusson d'argent.

915 Wisse (ou Wisz de Gerbevilliers).

D'argent, à trois têtes de Maure de sable.

916 Marche.

D'azur, à une croix d'argent, cantonnée de quatre rocs d'or.

917 Lucey (ou Lucy).

D'argent, à trois lions de sable, lampassés de gueules, armés et couronnés d'or.

918 Chastenoy.

De gueules, à trois rencontres de léopards d'or : 2, 1.

919 Jaunay (ou Jaulny).

D'argent, à la bordure d'or, chargé de trois chevrons de gueules.

920 Dulley (Deully ou Deuilly).

Burelé d'or et de sable de douze pièces.

921 Warnepet (Varnepert ou Varnepont).

De gueules, fretté d'argent de six pièces.

922 Cierque.

D'or, à une bande de gueules, chargée de trois coquilles d'argent.

923 Moudey.

D'argent, à une croix de gueules.

924 Ludre,

Bandé d'or et d'azur, à la bordure de gueules.

925 Lioncourt.

D'azur, au lion morné de gueules.

926 Deullange (f° 181 v°).

D'or, à la croix écotée de gueules.

927 Leigneville.
Losangé d'argent et de sable.

928 Les Haulze.
D'or, au pal de gueules.

929 Vaucourt.
D'argent, au lion morné de gueules.

930 Torvillier.
D'argent à la fasce de gueules.

931 Raville.
Chevronné d'argent et de gueules.

932 Aigremont.
De gueules, au lion d'argent, armé, lampassé et couronné d'or.

933 Verey.
De vair, à trois pals de gueules.

934 Bourssier.
Losangé de sable et d'or.

935 D'Amance.
Ecartelé: 1 et 4 d'azur, à un écusson d'argent ; 2 et 3, d'argent à la bande de gueules, chargée de trois alérions d'or.

936 Rosières.
Losangé d'or et d'azur.

937 Saint-Evre.
Parti d'or et d'azur ; sur le tout, une bande d'hermine.

938 Les armes de la cité de Metz (f° 182).
Parti d'argent et de sable.

939 Le lignaige (a) de Port-Meselle (Porte-Muselle et mieux Porte-Moselle).
Burelé d'or et d'azur, de huit pièces.

940 Le lignaige de Juifz Rue (ou Jurue).
De gueules, à l'aigle éployée et écourtée d'or.

(a) Berry appelle lignages des groupes de familles, ou sections aristocratiques, plus connues sous le nom de *parages*. Il y avait à Metz, dès le xiii⁰ siècle, 6 parages, savoir : Porte-Moselle, Jurue, Portsaillis, Outreseille, Saint-Martin et le parage supplémentaire dit du *commun*. Voy. *Metz ancien*, par le président d'Hannoncelles; Metz, 1856, 2 vol. in-f°, t. i, p. 166, et t. ii, p. 1.

941 Le lignaige de Portsaille (ou Port-Saillis).
> D'or, à la porte crénelée de sable.

942 Le lignaige d'Outresaille (Outre-Seille).
> Chevronné d'or et d'azur.

943 Le lignaige de Saint-Martin.
> De gueules, à trois tourteaux d'or.

944 Le lignaige Des (*sic*) (Desch ou Dex).
> Burelé d'argent et de gueules, de dix pièces (Voy. ci-après n° 950).

945 Le lignaige des Louves (*a*).
> D'azur, à trois pals de gueules ; un chef d'or chargé d'une louve au naturel entre deux tourteaux de gueules.

946 Les Badoches (Baudoche).
> Chevronné d'argent et de gueules, au chef d'azur chargé de deux portes d'or.

947 Le lignaige de Warise.
> D'argent, la fasce de sable.

948 Le lignaige des Revillon (Renguillon).
> Chevronné d'or et d'azur, au franc-quartier de gueules, chargé d'une porte d'argent.

949 Le lignaige de Barly (Braidy). (Boulay)
> De gueules, à l'aigle d'or.

950 Messire Jacques (*b*) Des. (Desch ou d'Esch; f° 182, v°).
> Burelé d'hermine et de gueules, de dix pièces. (Voy. ci-dessus n° 944).

951 Le lignaige de Gournaix.
> De gueules, à six portes crénelées d'argent.

952 Messire Regnault Le Gournaix.
> De gueules, à une bande de sable, chargée de trois portes crénelées d'argent.

(*a*) A cette famille appartenait messire Nicole Louve ou Louwe, qui joua un grand rôle lors des démêlés de l'Etat de Metz avec la couronne de France, et René d'Anjou en 1444. (Voy. *Histoire de Charles VII*, à la table, le mot *Louve*.)

(*b*) Jacques Desch, mourut en 1455 (Hannoncelles, t. ii, p. 64), et il est mentionné ici comme vivant. Il y a donc lieu de penser que cette partie de l'Armorial fut composée entre la conquête ou annexion (8 février 1445 ; probab'ement à l'époque même de l'occupation), et l'an 1455.

953 Le lignaige de Heu.

De gueules, à une bande d'argent, chargée de trois coquilles de sable.

954 Le lignaige des Droains. (Drouin)

De gueules, à une aigle écourtée d'or, portant en cœur un écusson losangé d'argent et de sable.

955 Le lignaige des Cuers de fer (Cœur de fer).

D'or, à une *aigle* écourtée de sable, portant en *cœur* un *écusson* losangé d'argent et de sable. (Symboles empruntés à l'empire d'Allemagne, suzerain de la Lorraine.)

956 Le lignaige des Miranbel (Mirabel).

De sable, à la croix engreslée d'argent.

957 Le lignaige de Ferière (Ferrières). (Serrières)

D'or, à la croix de gueules; un franc-quartier d'argent au lion passant et morné de sable.

958 Le lignaige des Batailles (Bataille).

Burelé d'or et d'azur de huit pièces; un franc-quartier d'or à une aigle écourtée de sable.

959 Sans dénomination. (Arnac) Bogard ou Bognard Lady Family - 1410 - ...

Ecartelé: 1 et 4, d'argent au lion de sable, lampassé de gueules, et couronné d'or; 2 et 3, de gueules, à un dextrochère vêtu d'une manche et surcot au naturel, tenant ou offrant un anneau d'or.

Dauphiné (a).

960 Le sire de Chastillon (f° 138).

De Laval-Montmorency. (Voy. ci-dessus n°ˢ 77 et 673.) A une demi-bordure de sable à senestre, besantée d'or.

961 Grolée. (b).

Gironné d'argent et de sable, brisé sur la pointe d'argent, en chef, d'une couronne de sable (Voy. n°ˢ 962, 963, 1048).

(a) Ouvrages à consulter : Guy Allard, *Nobiliaire du Dauphiné*, 1671, in-12. Le même, *Dictionnaire du Dauphiné*, 2 vol. in-8°; Grenoble, 1864; publié par M. H. Gariel, bibliothécaire de cette ville. Fait partie de la publication intitulée : *Bibliothèque du Dauphiné*, due au même éditeur. Chorier, *Nobiliaire du Dauphiné*, 1697, 4 vol. in-12. Outre ces ouvrages, j'ai profité des avis éclairés qu'a bien voulu me communiquer M. de Terrebasse, connu par ses savantes recherches sur l'Histoire du Dauphiné.

(b) Charles de Groslée, baron de Viriville (après Humbert de Grolée, maréchal

962 Saint-Valier.

D'azur, chargé de six tourteaux d'argent : 3, 2, 1 ; au chef cousu d'or.

963 Le sire de Pasins (a) (ou Passins).

Armes de Grolée (nº 961) ; pleines, sans la brisure.

964 Le sire de Maubec.

De gueules, à deux léopards d'or.

965 Le seigneur de (le nom omis).

Parti : 1º demi-aigle à deux têtes, d'argent becquée et membrée d'or en champ de sable ; 2º bandé d'or et d'azur.

966 Rosilon (Roussillon).

De gueules, à une aigle éployée d'argent, becquée, membrée et couronnée d'or.

967 Le sire d'Uriage.

Ecartelé : 1 et 4 de gueules au chevron d'or, chargé de trois T ou potences de saint Antoine (b) de sable ; 2 et 3, d'argent au lion de gueules.

968 Sans indication de nom.

Ecartelé d'or et d'azur ; sur le tout deux clés d'argent en sautoir.

969 La Palu (Beauvoir-La Palud).

Ecartelé d'or et de gueules.

970 Le sire de Monchanu (Montchenu).

Ecartelé : 1 et 4, d'or à la croix endenchée d'argent, brisé en chef d'un alérion d'azur ; 2 et 3, d'or à quatre pals d'azur.

971 Le sire de Boissat (ou Boissac).

D'azur, à trois roses de gueules grenées d'or, au chef cousu du même (c).

---

de Dauphiné, mort en 1434). Charles épousa Marguerite de Poitiers, fille de Louis de Saint-Vallier, le 16 octobre 1432. Il fut conseiller du roi Charles VII, qui érigea pour lui la tour de Viriville en baronnie.

(a) Cette terre, en 1389, appartenait déjà aux Groslée en la personne d'André, frère d'Humbert. Les armes pleines des Groslée se voient sur une peinture de l'an 1600 environ, qui décore les ruines de la chapelle de cette ancienne famille. Cette chapelle, dépendance de l'ancien château, est située sur la colline de Viriville (Isère).

(b) Sur ces pièces d'armoiries, voy. Guy Allard, Dictionn. du Dauphiné, édition Gariel, 1864, t. I, col. 262.

(c) Chorier, dans son Nobiliaire, cite ce blason des Boissat d'après le ms. du héraut Berry, qui lui avait été communiqué par Du Bouchet, lequel en était alors possesseur. Voy. ci-dessus p. 56.

972 Corpier ((f° 138, v°).
Ecu vide (a).

973 Le sire de Chatiauneuf (Châteauneuf de l'Albenc).
D'or, chargé de trois taus ou tafs de saint Antoine, de sable à un chef de gueules. (Voy. n° 967.)

974 Le sire de Taney (Ternay ?)
Écu vide.

975 Le sire de Brescieux (Bressieu).
Écu vide (b).

976 Le sire de Trains.
De gueules, au chef emmanché d'or de neuf traits.

977 Le sire de Bochage (Du Bouchage).
Écu vide (c).

978 Le sire de Mirebel (Miribel).
Écartelé d'or et de gueules, à une fasce d'hermine, au-dessous du chef.

979 Le sire de Chendieu (Chandieu).
De gueules, au lion d'or.

980 La Garde.
Écu vide (d).

981 Meulon (Meuillon ?)
Écu vide.

982 Le sire Grignen (Grignan).
Écu vide (e).

(a) « Copier, en Dauphiné, porte d'hermine au chef de gueules. » (Palliot.)

(b) Une des quatre premières baronnies du Dauphiné. Les Bressieux portaient pour armoiries : de gueules à trois fasces de vair. (Guy Allard, *Dictionnaire*.)

(c) « Bouchage, porte de vair contre vair. » (*Idem.*)

(d) « Girard Lagarde. D'azur à trois tours mal ordonnées et une bande d'argent, accompagnée de six mouchetures d'hermines posées en orle, et un lion léopardé d'or en chef. » Chorier, *Nobiliaire*, in-12, t. III, p. 285-6. Voy. Allard, 1671, in-12, p. 161.

(e) Voy. ci-après n° 1070. Famille célèbre de Provence et de Dauphiné. Les Grignan ou Adhémar scellaient en plomb. Je possède une bulle détachée d'un acte provenant des archives de cette famille et qui paraît être du xv° siècle. Elle est en plomb suspendue à une cordelette de chanvre. Droit : un cavalier en bataille lancé au galop. Revers : l'écu de Grignan, avec cette légende : B. [pour G ?] GRAIGNIHANI. (Voy. mss. lat., n° 9239, pièces 18 et autres, et n° 9240, pièce 66.) Les Adhémar de Grignan s'armaient d'or à trois bandes d'azur.

983 Ceulx de Saint-Priet (a).

D'azur, à trois quintes feuilles d'argent.

984 Chasnage (Sassenage ; f° 139).)

Burelé d'argent et d'azur ; sur le tout un lion morné de gueules.

985 Monrigaut (Montrigaud).

D'or, *à l'aigle de sable*, traversé par un bâton ou filet de gueules en bande; emblême de l'empire, suzerain du Dauphiné. (Voy. ci-dessus n°⁵ 966, 965, 955.)

986 Cleremont (Clermont).

De gueules, à deux clés d'argent en sautoir.

987 Anton de Saluces (b).

D'argent au chef d'azur.

988 Claveson.

D'or, à la bande de sable, chargé de trois clés (*claves*) d'or.

989 Torchefelon.

De gueules, au chef cousu de sable, chargé de trois bandes d'hermine.

Antoine de La Sale est, comme on sait, l'auteur d'un roman célèbre, intitulé *le Petit Jehan de Saintré*. Dans le chapitre LVIII, le héros de ce roman entreprend une expédition contre les Sarrasins de Prusse. Le romancier, à cette occasion, énumère les seigneurs de toutes les provinces ou *marches*, qui, d'après sa fiction, servirent sous la bannière de Saintré. Il blasonne en même temps les armes et mentionne le cri de chacun d'eux. Ce chapitre est comme un abrégé (mais plus d'une fois altéré volontairement ou fictif), de l'Armorial du héraut Berry. Les principaux seigneurs du Dauphiné figurent à la fin du chapitre. Voy. p. 186 de l'édition de ce roman donnée par M. Guichard; Paris, 1843, in-12. M. de Terrebasse a publié un savant commentaire sur ce chapitre dans un opuscule intitulé *le Roman de Prusse*, etc., Vienne, vers 1856, 12 pages in-8°.

(*a*) Richarde de Saint-Priest épousa Antoinette de Groslée, sœur de Charles, baron de Viriville. « A Madame Antoine de Grolée, dame de Saint-Priet, la somme de 266 livres 5 sous tourn. en trente marcs d'argent, que le roi lui a donnés (pour étrennes), au mois de janvier passé. » Rôle signé du roi le 5 mai 1457, dans Fontanieu, portefeuille 123, à la date.

(*b*) C'est-à-dire Saluces, seigneur d'Anthon ? D'autre part, *Anton de Saluces*, sʳ de Monastrole, portait d'argent au chef d'azur. Voy. Chagot de Montigny, *Généalogies historiques*, etc., 1736, in-4°, t. II, p. 164.

Savoye (a).

990 Salenove (f° 139).

Pallé d'argent et d'azur ; sur le tout une bande de gueules (b).

991 Chalent (Chalant du Val d'Aoste).

D'argent, au chef de gueules ; un filet de sable en bande sur le tout.

992 Les Castilon (Châtillon de Michaille en Bresse. — F.)

De gueules, à une croix d'argent ; sur le tout deux cotices accou-
plées en bande : l'une d'or, l'autre de sable.

993 Colonbiers (Colombier : pays de Vaud. — F.)

D'azur, au chevron d'argent.

994 Monfort (Montfort).

De gueules, au chevron de vair (c).

995 La Bame, comte de Montrevel (f° 139, v°).

D'or, à la bande vivrée d'azur (d).

996 Le conte de Vilars (e).

Bandé d'or et de gueules. (Voy. ci-après n° 1007.)

997 Lachambre (ou La Chambre).

Semé de France, à la bande de gueules.

998 Entremons (Montbel d'Entremont ; voy. n° 1032).

D'or, au lion de sable morné ; sur le tout une bande pallée d'hermine et de gueules.

999 Corgignon (Corgenon, famille de Bresse).

D'or, au chef de gueules.

(a) L'une des meilleures sources d'information que l'on puisse consulter sur cette
matière est l'*Armorial et Nobiliaire de Savoie*, en cours de publication depuis 1863,
in-f°, fig., par M. le comte Amédé de Foras. Cet ouvrage, imprimé à Grenoble, par
M. Allier, sur papier fabriqué exprès, dans le voisinage de cette ville, fait le plus
grand honneur à la typographie grenobloise. L'Armorial de Savoie est le plus beau
livre de ce genre qui ait paru, à ma connaissance, depuis l'invention de l'imprimerie.
J'ai recouru directement aux lumières de l'auteur, qui ne m'ont pas fait défaut pour
l'édition du présent chapitre. Les notes signées F. sont dues à l'obligeance de ce
savant généalogiste.

(b) Les Salenove, branche des Viry en Genevois. — F.

(c) Les Montfort de Savoie ne portaient pas ce blason. — F.

(d) La Baume, en Bresse. — F.

(e) Seigneur de Thoire, en Bugey. — F.

1000 Apremont (La Balme).
Fascé d'or et de sable.

1001 Monnecour (Montmayeur).
D'argent, à l'aigle de gueules, becquée et membrée d'azur.

1002 Cracherel (Crecherel).
D'azur, à un massacre de cerf d'or.

1003 Valgrineuse (Vaugrigneuse en Bresse).
D'azur (a), à la croix d'or.

1004 Grantson (Grandson).
Fascé d'argent et de gueules ; sur le tout une bande semée de France.

1005 Renboere (La Ravoire ? — F.).
Pallé d'argent et d'azur. (Voy. n° 1018).

1006 Grengre (?)
De gueules, au chevron d'or.

1007 Messire Ote de Villar (f° 140).
Armes de Villars (ci-dessus, n° 996) ; brisées d'un lambel, cinq pendants de sable.

1008 Martel.
D'or, à la bande de sable, chargée de trois étoiles d'or (b).

1009 Pont d'Oire.
De gueules, au chevron d'argent.

1010 Oulier (ou Orlier).
D'or, à un ours de sable.

1011 Gerbaix.
De sable (ou d'azur), au chef d'argent, chargé de trois étoiles de gueules, à la bordure engreslée du même.

1012 Oligny.
De sable, au lion d'argent ; sur le tout une croix endenchée de gueules.

1013 Ponçon.
D'or, à trois (marteaux ?) de gueules.

(a) Alias de sinople.
(b) Alias de trois quintefeuilles d'argent. — F.

1014 Valpergue (Valperga, famille piémontaise).

Fascé d'or et de gueules ; sur le tout une tige de chanvre arrachée, de sinople.

1015 Entrée (marquis).

D'azur, semé d'étoiles d'or.

1016 Chatelmont.

D'or, au chef endenché de quatre pointes ; celle de dextre et celle de senestre prolongées vers le flanc de l'écu et terminées en trèfles ; une pointe semblable montant de la pointe au chef en pal.

1017 Goulier ou Soulier (a).

D'azur, à trois pals chevronnés d'argent et de gueules.

1018 Verie (Viry).

Pallé d'argent et d'azur de six pièces ; sur le tout une bande de gueules. (Voy. n° 1005.)

1019 Saint-Martin (f° 140, v°).

Écartelé : 1 et 4, losangé d'or et de sable ; 2, 3, gueules (b).

1020 Caumont.

D'argent, à la bande de gueules, chargée de trois étoiles d'or ; accompagné de deux (otelles ?) de sable : 1 en chef, 1 en pointe.

1021 La Heuse.

D'or, à trois heuses ou jambes de chausses, de sable.

1022 Aubanier.

D'argent, à la fasce d'azur.

1023 Belon.

Bandé d'azur et d'argent, au chef cousu de gueules.

1024 Digny (ou Dingy) ?

D'azur, à la fasce d'hermine ; sur le tout une bande de gueules.

1025 Perseval de la Bame (La Baume en Bresse. — F.).

D'or, à la bande d'azur.

1026 Gasolin (ou Goncelin).

D'azur, au chef échiqueté d'argent et de gueules (c).

(a) Solaro en Piémont, traduit en français par Sollier ? portait d'azur à trois bandes échiquetées d'or et de gueules. — F.

(b) Famille de Piémont. — F.

(c) Goncelin en Graisivaudan. Voy. le dictionnaire de Guy Allard, édit. Gariel.

1027 Chandée (Chandieu).

> D'azur, à la bande d'or, accompagnée de six tourteaux d'or : 2, 1, 2, 1.

1028 Rebaix (Ravais en Chablais et en Savoie. — F.).

> De gueules, au château d'argent.

1029 Lescure.

> D'argent, semé de pommes de sable.

1030 Ceulx de Combourcier (a).

> De gueules, à la bande d'argent.

1031 Le bâtard de Savoie (b). (F° 143.)

> De gueules, à la croix d'argent, chargée de cinq croissants d'azur.

1032 (Sans dénomination.)

> D'or, au lion de sable, onglé de gueules; sur le tout une bande componée d'hermine et de gueules (c).

1033 Messire Imbert Maréchal (d).

> D'or, à la bande de gueules, accompagnée de six coquilles d'azur. 3, 3.

1034 (Sans dénomination). [Cuyne-Ribaud. — F.]

> D'or, au lion de sable ; sur le tout une cotice de gueules chargée de trois étoiles d'or (alias d'argent. — F.).

1035 Le sire de Lureux (Luyrieux).

> D'or, au chevron de sable.

1036 Le conte de Gruières.

> De gueules, à une grue d'argent.

1037 Le sire de Menton.

> De gueules, au lion d'argent, traversé en bande d'une cotice d'azur.

1038 Messire Guillaume de Génève.

> Cinq points d'or équipolés à quatre d'azur.

(a) Inconnu de nom en Savoie. Ces armes appartiennent à une très-ancienne famille du Chablais : les *Rovorée*. — F.

(b) Humbert de Savoie, comte de Romont, frère naturel du comte Amédée VIII. — F.

(c) Armes des Montbel, seigneurs d'Entremonts. Une fille de ce nom a épousé Louis de Savoie, bâtard d'Achaye, fils naturel de Louis de Savoie, prince d'Achaye. — F.

(d) Seigneur de Meximieu. Voy. *Hist. de Charles VII*, t. II, p. 266, 270.

1039 Ceulx de Langin.

> D'azur, à une tour d'or ; la porte de sable.

1040 Ceulx de Compains (*a*).

> D'azur, à la croix d'or.

1041 Jehan de Modon.

> De sable, au chevron d'or.

1042 Ceulx de Cologne (Ville impériale). *Alias* Coligny de Bresse.

> De gueules, à une aigle éployée d'argent, becquée, membrée et couronnée d'azur.

1043 Grelly (Grailly; des comtes de Foix, captaux de Buch, etc. — F.)

> D'or, à la croix de sable, chargée de cinq coquilles d'argent (f° 145).

1044 Le seigneur de Ternier.

> D'or, à trois pals d'azur.

1045 Le conte de Genève.

> Quatre points d'or, équipolés à cinq d'azur en croix.

1046 Le sire des (*sic; ou de S...*) de Seyssel.

> Gironné d'or et d'azur de huit pièces : un écu en abîme, de gueules.

1047 Le sire de Chatieaubriel. (*Alias* Château-Vieux.)

> D'azur, à trois fasces ondulées d'or.

1048 Le sire de Grolée (Bresse et Dauphiné. — F.).

> Gironné d'or et de sable de huit pièces (*b*).

Provence (*c*).

1049 Fouquauquier (Forcalquier (f° 144).

> D'or, au lion de gueules, couronné de même.

(*a*) Compey. Jean II de Compey, seigneur de Thorens, né en 1410, mourut en 1476. Voy. Costa de Beauregard, *Familles historiques de Savoie*; Chambéry, 1844, in-4°.

(*b*) Voy. ci-dessus n° 961.

(*c*) Voy. pour cette province : *L'Etat et le Nobiliaire de la Provence*, par D. Robert de Briançon, 1693, 3 vol. in-12, avec blasons gravés en taille douce ; Artefeuil, *Histoire de la noblesse de Provence*, 1776-1783, 3 vol. in-4°, fig.; Louis Blancard, *Iconographie des sceaux*, etc., *des archives du département des Bouches-du-Rhône*, 1860, in-4° avec 104 planches.

1050 Faucon.

Fascé d'or et de gueules; une molette de sable au 1er canton du chef.

1051 Venterolles (Venterol).

D'or, à la fasce de gueules. .

1052 Casenove (Caseneuve).

D'or, semé de châteaux et de fleurs de lis de sable.

1053 Le sire de Cuer (ou Cuers).

Fascé d'or et de gueules.

1054 Le sire des Crisson (ou d'Urensson)? *Alias* d'Oraison.

D'or, au chef de gueules.

1055 Villenove (Villeneuve).

De gueules, fretté de lances d'or, entre-semé d'écussons du même.

1056 Ceulx de Pontivys (Pontevez).

Écartelé : 1 et 4, de gueules à un pont d'or maçonné de sable ; 2 et 3, d'or à un renard ou loup de sable rampant.

1057 Jhen de Boul?

D'argent, à un écusson d'azur, traversé d'une bande de gueules.

1058 Messire Piere d'Ausigny.

D'hermine, à une fasce de gueules semée de fleurs de lis d'or, brisé en chef d'un lambel trois pendants de gueules.

1059 Le sire de Fouquauquier.

D'or, au lion de sable; une bordure du même, chargée de tierce-feuilles d'or et d'argent alternativement.

1060 Le sire de Chateaurenart.

Écartelé : 1 et 4 de gueules, à un portail d'or maçonné de sable ; 2, 3, d'or, au lion de sable.

1061 Lois Baron (fo 144, vo).

D'or, au lion de gueules, armé, lampassé et couronné de sable.

1062 Antoine Ermentier.

Bandé d'argent et de gueules, surmonté d'un chef d'argent à la rose de gueules ; au-dessous du chef, brochant sur l'écu, une fasce d'or chargée de trois trèfles de sable.

1063 Le sire de Sellerne.

De gueules, semé de fleurs de lis d'argent et trios châteaux du même. : 2, 1.

1064 Le sire de Vaudesay.

> D'or, au sautoir de gueules.

1065 Le sire de Tourestes (Tourettes).

> Écartelé : 1 et 4, de Villeneuve. (Voy. ci-dessus, n° 1055.) Au 2 et 3, bandé d'or et de gueules.

1066 Jhanon Arlatan.

> D'argent, à cinq losanges de gueules, posés en losange : 1, 3, 1.

1067 Les Baux.

> De gueules, à une étoile à seize rais d'argent.

1068 Sault ansien?

> D'or, à un loup saillant (faisant le sault), de sable.

1069 Le sire de Callade.

> D'or, à deux fasces de gueules.

1070 Le sire de Grygnan.

> Écu vide, sauf le chef d'or. (Voy. ci-dessus, n° 982.)

1071 Messire Lois de Bolle.

> Écu vide. (Voy. n° 1057.)

1072 Le vicomte de Talar.

> Écu vide. (Voy. Anselme, gr. édit., t. viii. p. 912.)

1073 (Illisible).

CHAPITRE VII

ROYAUTÉ D'ARMES DE GUYENNE

Poitou (a)

1074 Le sire de Pons (f° 114) [B].

> D'argent, à une fasce bandée d'or et de gueules, de six pièces.

(a) Consulter sur cette province : *Roolles des bans et arrière-bans de... Poictou... tenus en* 1467, etc , etc., publ. par Pierre de Sauzay, etc. *Poictiers,* 1667, in-4°. H. Filleau, etc. *Dictionnaire historique,* etc., *de l'ancien Poitou,* 1840-1854, 2 vol. in-8°, fig.

1075 De Torsay.

D'argent, à un écusson de gueules.

1076 De Partenay.

Burelé d'argent et d'azur de treize pièces; un bâton ou cotice de gueules en bande.

1077 Le sire de Touars [B]. (Voy. ci-dessus, n° 733.)

Écartelé : 1 et 4, d'Amboise (n° 709); 2 et 3 d'or, à trois fleurs de lis d'azur; un franc quartier de gueules.

1078 Vivonne (a).

D'hermine, au chef de gueules.

1079 Le viconte d'Anay (Aunay) [B].

De gueules, semé de trèfles d'or, chargé de deux bars adossés d'or; au chef : un lambel trois pendants de sable. (Voy. n° 1107.)

1080 Le sire de Pousauges.

D'or, semé de fleurs de lis d'azur (qui est de Thouars); une épée en pal, la pointe en haut, d'argent.

1081 Le viconte de Rochechouart [B] (qui est de Thouars).

Fascé enté d'argent et de gueules de six pièces.

1082 Le sire de Berseuse. (Alias Busanci.)

De gueules, à l'aigle d'or éployée; une orle de fers de lance d'argent.

1083 Saint-Savin.

D'or, semé de fleurs de lis de gueules.

1084 Chenbenays (Chabanais).

D'or, à deux lions passants de gueules.

1085 Le Puy du Fou.

De gueules, à trois macles d'argent : 2 et 1; avec une bordure engreslée du même.

1086 Le sire de Surgères (f° 114, v°) [B].

De gueules, fretté de vair.

1087 Maulevrier [B].

Écartelé : 1, 4, fascé d'argent et de gueules; 2, 3 : losangé d'or et de sable.

(a) Germain de Vivonne, sᵣ d'Amville, etc., vers 1435, vivait en 1491. (Filleau.)

1088 Le sire de Belleville [B].

Gironné de vair et de gueules (a).

1089 Le sire de Taunay.

D'azur, à deux fasces d'or.

1090 Le sire de La Rochefoucauld.

Burelé d'argent et d'azur, de treize pièces ; sur le tout, trois chevrons de gueules : le plus haut, écimé.

1091 Le sire de Barbezieux.

Mêmes armes; les trois chevrons entiers.

1092 Les Chabos (Chabot).

D'or, à trois chabots de gueules 2, 1.

1093 Les Rouaux (Rouault).

De sable, à deux léopards d'or (b).

1094 Le seigneur d'Argenton.

D'or, semé de croisettes recroisetées d'azur, à trois tourteaux ue
gueules, posés 2, 1.

1095 Le sire de Palevesin (Appelvoisin).

D'argent, à la herse sarrasine de gueules (c).

1096 Le sire d'Apremont.

Écartelé : 1 et 3, fascé d'argent et d'azur de six pièces, chargé d'une
bande de gueules; 2 et 3 : fascé enté d'argent et de gueules.

1097 Le sire de Vivonne ?

Fascé enté d'argent et de gueules; sur le tout un écusson d'argent.

1098 La Rivière (f° 115).

De gueules, au chevron d'hermine.

___

(a) Louis de Harpedanne, seigneur de Belleville, épousa, le 27 novembre 1455.
Marguerite de Culant, fille du grand maître de France. Louis était fils de Jean
Harpedanne et de Marguerite, légitimée de France, fille de Charles VI et de la *petite
reine* Odette de Champdivers. (Filleau.)

(b) Joachim Rouault et son frère Abel servirent Charles VII avec distinction.
En 1455, après la campagne d'Armagnac, Joachim reçut du roi 6,000 écus. Il fut
ensuite envoyé au secours du roi d'Ecosse et de Marguerite d'Anjou, reine d'Angleterre, contre le duc d'York. (Filleau, t. II, p. 854.)

(c) Voy. Grandmaison, p. 467.

1099 Le sire de la Trimoulle (a).

D'or, au chevron de gueules, accompagné de trois alerions d'azur. (Voy. planche lithographiée.)

1100 Messire Guillaume Cleret.

D'or, à deux fasces vivrées d'azur et posées : une en chef, l'autre au milieu de l'écu.

1101 Ceulx de Matas.

Losangé d'or et de gueules.

1102 Ceulx de Mongion ou Montgron ? (Montgeron ?)

De gueules, au lion d'argent, armé et lampassé de sable.

1103 Ceulx de Chasteauleraud (Châtelleraut).

D'argent, au lion de gueules ; bordure de sable chargée de neuf besants d'or.

1104 Le sire d'Aubigny.

D'hermine, au chef de gueules.

1105 Ceulx de Montmoriau.

D'argent, au lion de sable.

1106 Le Gault.

Fascé enté d'or et d'azur.

1107 Le vicomte d'Aunay (b).

De gueules, semé de trèfles d'or, à deux poissons du même, adossés en chef ; un lambel trois pendants d'argent.

1108 Ceulx de Jenbes (Jambes).

D'azur, semé de fleurs de lis d'argent ; sur le tout, un lion morné de gueules.

1109 Le sire de Targes (ou Targé)?

Écartelé : 1 et 4 d'azur à trois gerbes d'or, liées de gueules, posées 2, 1 ; 2 et 3 d'argent, à un massacre de bouc ou de cerf, de sable, lampassé de gueules et accorné d'or.

1110 Ceux de Coues (Coué) ? fº 115 vº.

Armes de Présigny (Voy. ci-dessus, nº 716), l'écusson brisé d'un filet de gueules.

(a) Georges de la Trimouille, mort en 1446, fut pendant longtemps le favori du roi et le véritable gouverneur du royaume.

(b) Voy. ci-dessus, nº 1079. En 1415, François de Clermont était vicomte d'Aunay. (Filleau.)

1111 Ceulx de Marigny.

De gueules, à une croix de vair vidée au centre et recercelée.

1112 Ceulx de Moze (Mauze)? *Alias* Mosé.

D'azur, à la croix engreslée d'argent.

1113 Ceulx d'Archiac.

De gueules, à deux pals de vair ; un chef cousu d'or.

1114 Ceulx de Mongan.

D'or, fretté ou treillisé de gueules.

1115 Ceulx de Loubers. (*Alias* Boubers.)

D'argent, au lion de sable et semé de larmes d'or.

1116 Ceulx de Saint-Casian. (*Alias* Saint-Cassian.)

Fascé d'or et de gueules de six pièces.

1117 Ceulx de Molion (Mauléon).

D'argent, au lion de gueules.

1118 Les Mangos (Mangot).

Échiqueté d'argent et de gueules.

1119 Ceulx de Haudu? (*Alias* Montendre.)

De gueules, semé de trèfles d'or, à un lion morné du même.

1120 Ceulx de Montelanbert (Montalembert.)

D'argent, à la croix ancrée de sable.

1121 Ceulx de Mortaigne.

De gueules, un pal d'or, accompagné de deux tires de besants en pal, également d'or.

Languedoc (*a*).

1122 Sevérac (f° 116) [B].

Pallé d'argent et de gueules. (Voy. planche lithographiée.)

(a) Voir sur cette province : *Catalogue général des gentilshommes du Languedoc*, par H. de Caux. Pézénas, 1676, in-f°. — Beaudeau, *Armorial général des Estats du Languedoc*, 1686, in-4°, fig. — Laroque, *Armorial du Languedoc*. Paris, Furne, 1858-60, 2 vol. in-8°.

1123 Arpajon (Roergue) [B] (Arpajon en Rouergue).
>   Écartelé : 1, 4, d'or, à la croix de Toulouse cléchée, vidée et pommettée de gueules; 2, 3, de gueules à la harpe d'or.

1124 La Touche ; *et au dessous :* Le seigneur de Biron. (Voy. n° 1125.)

1125 Le sᵣ de Biron [B], baron de Périgort (Périgord).
>   Écartelé d'or et de gueules.

1126 Le vicomte de Nerbonne (Narbonne) [B].
>   Écartelé : 1 et 4 de gueules; 2, 3 : parti 1° de sable au lion d'or, armé et couronné de gueules; 2° d'or treillisé de gueules (a).

1127 Le sire de Corase (Coarase, *de caudâ rasâ*, en Béarn).
>   Écartelé : 1, 4 de gueules, à un anneau d'argent; 2, 3 : d'or, à deux vaches de sable.

1128 Le sire des Crois.
>   D'argent ; un lion de sable morné; sur le tout, en chef, un lambel trois pendants de gueules; sur chaque pendant, trois besants d'or.

1129 Le sire de Barbezen [B] (Barbazan) (b).
>   D'azur, à la croix d'or. (Voy. planche lithographiée.)

1130 Le sire de Penesat (Pannessac ou Panassac) (c).
>   Écartelé d'argent et d'azur ; sur le tout une croix de gueules.

1131 Le sire de Mauléon. (Voy. ci-après, n° 1207.)
>   D'argent, au lion de gueules morné.

1132 Le sire de Grignaux.
>   Écartelé : 1 et 4 écartelé d'or et de gueules; 2 et 3, sur un champ de gueules, huit jumelles, savoir : deux d'argent, une de sable, deux d'argent, une de sable et deux d'argent.

(a) Ce dernier quartier paraît avoir été biffé comme fautif.

(b) Le célèbre Arnauld Guilhem de Barbazan, l'un des personnages les plus notables de son temps par sa bravoure, son caractère et sa capacité, était de cette famille.

(c) Galobie de Pannessac fut pour Charles VII un auxiliaire actif dans les rangs militaires. En 1432, il était bailli de Vermandois pour le roi, et il eut pour successeur dans cet emploi le fameux La Hire. En 1441, il combattit à Pontoise. En 1443, il succédait à Jacques de Chabannes comme sénéchal de Toulouse. (Voy. *Catalogue des archives Joursanvault*, t. II, n° 2457.)

1133 Le sire du Quelar (ou Caylard).

D'or, à l'ours de sable, le museau d'argent; armé et lampassé de gueules, portant sur l'épaule une comète du même. (*Alias* écartelé d'argent et de sable.)

1134 Messire Brémond du Quelar.

Mêmes armes, sans la comète.

1135 Messire Guilot (*a*) d'Estain (Guillaume d'Estaing) (f° 116, v°).

De France, à un chef d'or.

1136 Le sire de Solane, ou Salane. (*Alias* Solage.)

D'azur, à un soleil d'or.

1137 Le sire de Monpesat, ou Montpezat.

De gueules, à la balance d'or.

1138 Le sire de Lupiac, ou Lupiat.

De gueules, à deux couples de jumelles d'argent.

1139 Ceulx de Rivière.

D'or, à trois épées de gueules en pal, la pointe en bas.

1140 Le sire de Mirepès (Mirepoix).

D'or, à trois chevrons de sable.

1141 Le sire de Confolen.

D'or, à deux lions passants de gueules.

1142 Le sire de Crusot (Crussol).

Fascé d'or et d'azur de six pièces.

1143 Le sire de Cleremont.

Fascé d'hermine et de gueules.

1144 Ceulx d'Estisac (*b*).

D'azur, à quatre pals d'argent.

(*a*) Guillot ou Guillaume d'Estaing commença de jouer un rôle au siége de Béziers, en 1421. (D. Vaissète, *Hist. du Languedoc*, t. IV, 456.) En 1429, il fut de la campagne du sacre et servit militairement le roi durant de longues années. En 1437, il était sénéchal de Rouergue. En 1454 et années suivantes, ambassadeur en Castille. En 1460, il s'intitule : « Guillelmus de Stannó miles, dominus de Verinnis? et de Luguardâ, consiliarius et cambellanus domini nostri regis, ejusque senescallus Ruthenensis, » et signait *Estang.*— Dir. génér. des Archives, K 69, n°40. (Voy notice dans Gaujal, *Études historiques sur le Rouergue,* 1859, in–8°, t. IV, p. 262.)

(*b*) Amaury d'Estissac, capitaine de gens d'armes, commandait à Dreux contre les

1145 Ceulx de Monferrant.

D'or, à quatre pals de gueules; une bordure de sable chargée de six besants d'or.

1146 Ceulx de Lansac.

Vairé d'or et d'azur.

1147 Ceulx de Duras (f° 117).

Parti : 1, d'argent au lion de gueules ; 2, d'azur au chevron d'argent.

1148 Ceulx de la Touche.

D'or, au lion de sable, armé, lampassé et couronné de gueules.

1149 Ceulx de Tullon.

D'argent, à deux levriers de sable en fasce, portant un collier de gueules cloué d'or.

1150 Ceulx de Dufort (Durfort).

D'or, à quatre pals de gueules.

1151 Ceulx de Valeras. (*Alias* Balerat.)

D'argent à la croix d'azur.

1152 Chasteauneuf de Madoc (Châteauneuf de Médoc).

De gueules, à un château d'or, la porte de sable.

1153 Ceulx de Cureton.

Losangé d'argent et de gueules.

1154 Ceulx D'Antreghes (Entraigues) (*a*).

Parti : 1, d'or au pot de sable; 2, de gueules à trois fasces d'or.

1155 Ceulx de Cautour ou Cantour. (*Alias* de Rautour.)

Tranché d'or sous gueules.

Anglais, en 1421, puis à Châlons pour le dauphin, qui fut depuis Charles VII. Il combattit à Orléans avec la Pucelle, en 1429. Commis près du dauphin Louis, en 1436, il fut nommé son gouverneur en 1439. Depuis cette époque, il ne quitta plus, pour ainsi dire, le dauphin, et remplit, de 1442 à 1454, les fonctions de sénéchal de Saintonge.

(*a*) En 1459, à la suite d'une maladie pénible, Charles VII anoblit son médecin, Guillaume Travers. Le roi se sentait de plus en plus menacé de mort naturelle et surtout de poison. Par lettres données à Bourges, le 3 mars 1460 (1461, n. s.), il fit don à Guillaume Travers, pour récompenser ses bons soins et les encourager, des ville, terre et seigneurie d'Entraigues, en Rouergue, confisquées sur le comte d'Armagnac. (*Mémoriaux de la Chambre des comptes*. Registre 14927, à la date.)

1156 Ceulx de la Bridoire.
De gueules, à quatre lionceaux d'argent.

1157 Ceulx de la Force.
Écartelé, en sautoir, d'or flanqué de gueules.

1158 Ceulx de Ponnery?
Fascé ou burelé d'argent et d'azur, de huit pièces.

1159 Ceulx de Luse, ou Lusse (f° 117, v°).
De gueules, à trois chevrons d'or.

1160 Ceulx de Grammont.
D'or, au lion d'azur.

1161 Ceux de Senterailles (Saintrailles) (a).
Écartelé : 1, 4, d'argent à la croix alésée de gueules; 2, 3, de gueules au lion d'argent, armé et lampassé de sable.

1162 Ceulx de Mousidan (Mucidan Périgord).
D'azur, au chef d'argent, emmanché de trois pièces et deux demies sur l'azur.

1163 Ceux de Laberte (Labarte?).
D'argent au chef de sable, emmanché de quatre pièces.

1164 Ceux du Chatenier (Chasteignier).
D'or, au lion passant de sinople, lampassé de sable.

1165 Ceulx de Caumont.
D'or, au lion d'azur ou de sable.

1166 Le sire de Beuve? (Effacé).
Burelé d'azur et d'or de dix pièces; sur le tout, un lion de gueules, lampassé, armé et couronné d'argent.

1167 Ceulx de Donnée.
De gueules, au château d'argent, la porte de sable.

1168 Le sire de... (Illisible).
D'or, à une autruche ou grue de sable.

1169 Ceulx de Monpaon.
Écartelé, d'azur et d'argent; sur le tout, un paon au naturel.

(a) Le titulaire de cette seigneurie était Jean, dit Poton, maréchal de France en 1454, l'une des illustrations de cette époque, et dont la renommée est demeurée des plus populaire. (Voy, ci-dessus. p. 44 et 53.)

1170 Le sire de Lusillac. (*Alias* Basillac.)

Écartelé : 1 et 4, d'or, à un anneau (*Alias* tourteau) de gueules ; 2, 3 : d'or au lion d'azur.

Guyenne et Gascogne (a).

1171 Ceulx de Noailles (Navailles), f° 118.

D'or, semé de cerises avec la queue, de gueules, à un loup ravissant du même.

1172 Ceulx de Levedan (Lavedan).

D'argent, à trois perdrix (*Alias* corneilles) de sable.

1173 Ceulx de Benac.

De gueules, au lièvre rampant d'argent.

1174 Ceulx de Goullart (Galard).

D'or, à trois perdrix (ou corneilles) de sable.

1175 Ceulx de Copenne ? (ou Caupène ?).

D'azur, à trois couples de pennes d'argent, réunis par le bas et posés en fasce.

1176 Ceulx de Termes.

D'argent au lion de gueules.

1177 Ceulx de Bourguignen ? (Vergognan).

Parti de gueules et de sinople ; sur le tout une croix cléchée, vidée et pommettée d'argent.

1178 Ceulx de Bila ou Vila (Vicla).

De gueules, à la croix pommettée d'or.

(a) Voy. sur ce chapitre : Léo Drouyn, *la Guyenne militaire*, Bordeaux, 1860–1865, 2 vol. gr. in-4°, fig , et la table onomastique placée en tête de ce beau et bon ouvrage.— O'Gilvy, *Nobiliaire de Guyenne*, 1856–58, 3 vol. in-4°, fig. — Jules Delpit, *Notes sur le blason et les armoiries dans la province de Guyenne*. Bordeaux, 1847, in-8°. Nous avons beaucoup profité des avis et renseignements qu'a bien voulu nous donner pour ce paragraphe M. J. Noulens, l'habile et obligeant directeur de la *Revue d'Aquitaine*, si versé dans la généalogie et l'histoire des familles de la France méridionale. On lui doit, parmi beaucoup d'autres travaux, un grand ouvrage en cours de publication et dont nous avons sous les yeux le premier volume : *Maisons historiques de Gascogne*, Paris, Dumoulin, libraire, 1865, in-8°.

1179 Ceulx de Fodouac, Fodouas (Faudoas).
   D'azur, à la croix d'or.

1180 Ceux de Chasteauneuf (a).
   Écu vide.

1181 Ceux de Lachassaigne (b)
   Écu vide.

1182 Ceulx de Morlenne (ou Morlhon?).
   Écu vide.

1183 Ceux de Vingnolles (Vignolles), fº 118, vº.
   Blason du célèbre La Hire. De sable à trois grappes de vigne d'argent, 2, 1.

1184 Ceux de Brusac.
   D'argent, au lion de gueules, armé, lampassé, couronné d'or.

1185 Ceux de Montefelu.
   Le blason est absent.

1186 Ceulx de Commarques.
   Écu vide.

1187 Ceux de Bauze (ou Vauze), en Quercy.
   Écartelé, 1, 4 : d'or, à la bande d'azur et trois tourteaux de même ; 2, d'azur, au château d'or ; 3, de gueules, à quatre pals d'argent.

1188 Ceux de Mirepes (Mirepoix).
   D'or, à trois chevrons de sable.

1189 Ceux de Fleurençat (Florensac).
   Blason effacé.

1190 Le viconte d'Usaix (d'Usez?).
   Bandé d'or et de gueules.

1191 Ceux de Sainct-Supplice (Saint-Sulpice).
   Parti d'argent et de gueules.

(a) « De gueules, à un griffon d'or lampassé et armé de sable. » *Recherche* de 1696. Ms. Bibl. imp. *Montpellier*, t. XV, p. 427.

(b) « D'argent, fretté de sinople à une fasce du même » *Même Recherche*, vol. intitulé *Béarn*, fº 97, nº 240. — Voy. aussi Léo Drouyn, *op. cit.* à la table : *La Chassaigne*.

1192 Le sire de Soubise.

Écartelé : 1 et 4, d'or semé de fleurs de lis d'azur ; à un franc quartier de gueules (qui est Thouars) ; 2 et 3, burelé argent et azur de douze pièces, chargées d'une bande de gueules (Soubise).

1193 Ceulx d'Espaigne. (*Alias* de Fraigne.)

D'argent, au lion de gueules morné ; bordure de sinople chargée de six besants d'or.

1194 Châteauneuf de Bertomis? (*Alias* de Bretenou.)

Écartelé : 1 et 4, de gueules, à la tour d'or ajourée d'azur ; 2, 3, d'azur, au lion d'argent.

1195 Le viconte de Castelbon (f° 120). — *Comté de Toulouse.*

Écartelé : 1 et 4, d'or, à trois pals de gueules ; 2, 3, d'or, à deux vaches de gueules accornées, accollées et clarinées d'azur ; sur le tout, en abîme, un écusson d'or à deux léopards de gueules ; en chef, un lambel trois pendants d'azur.

1196 Le conte de Comminge.

De gueules, à quatre otelles d'argent (*a*).

1197 Le conte de Castres.

Parti emmanché d'argent et de gueules de trois pièces.

1198 Le conte d'Estrac (Astarac).

Écartelé d'or et de gueules.

1199 Le sire de Noailles (Navailles).

Comme ci-dessus, n° 1171.

1200 Le sire d'Andons (Andoins).

D'or, au lion morné de sinople. (Voy. ci-après, n° 1218.)

1201 Le sire de Corases (Coarase).

Comme ci-dessus, n° 1127.

1202 Le sire de Levedan (Lavedan).

Comme ci-dessus, n° 1172.

1203 Le sire d'Arignac (Aurignac).

Écartelé : 1 et 4, d'argent, à la bordure de sinople chargée de huit besants d'or ; dans le champ, un lion morné de gueules ; 2, d'or, à trois chevrons de sable ; 3, d'or, à deux chevrons de gueules.

(*a*) Et mieux : d'argent à la croix patée de gueules. Voir, sur ce point, Le Laboureur, *Origine des armes*. Lyon 1658, in-4°, p. 244.

1204 Le sire de Ros (d'Arros).

Écartelé : 1 et 4, d'argent, à trois chevrons d'azur ; 2 et 3, d'or, à un tourteau de gueules, surmonté de fleurs de lis du même.

1205 Le viconte d'Orté (Orthez).

De gueules, au lion morné d'or.

1206 Le sire de Lescun.

Écartelé : 1 et 4, d'argent, à trois bandes de gueules ; 2, 3, neuf losanges de gueules, 3, 3, 3.

1207 Le sire de Moleon (Mauléon), f° 120, v°.

Comme ci-dessus, n° 1131.

1208 Le sire de Campendut.

Écartelé : 1 et 4, d'argent, au lévrier de gueules ; bordure componée d'argent et de gueules ; 2 et 3, de sable au léopard de gueules, couronné d'or.

1209 Le sire de Gaveston.

Écartelé : 1 et 4, d'or, à deux vaches de gueules clarinées d'azur ; 2, 3, d'or, à trois marmites de sable, 2, 1.

1210 Le viconte de Lautrec.

Écu vide.

1211 Le sire de Doseze. (*Alias* d'Osève.)

De sinople, à l'ours de sable.

1212 Le sire de Sainte-Coulombe.

Écartelé : 1 et 4, de gueules, au château d'argent ; 2, 3, d'azur, à trois colombes : 2 et 1, d'argent, becquées et membrées de gueules.

1213 Le sire de Sedurac (Sédillac).

De gueules, à la croix alésée d'or, à une orle d'écussons d'or.

1214 Le viconte de Borniquel ou Bozniquel (Bruniquel ; voy. ms. fr. 1997, f° 33).

Parti d'argent et de gueules, chargé d'une croix cléchée, vidée et pommettée, et une orle d'écussons ; le tout de l'un en l'autre.

1215 Le viconte de Quarmain (Carmaing).

Écartelé : 1 et 4, d'argent, au lion d'azur morné, avec une bordure du même chargée de besants d'or ; 2, 3, de gueules, à deux fasces d'or.

1216 Ceulx de Guerosse. (*Alias* Guerose.)

Écartelé : 1 et 4, d'or, au lion morné de gueules ; 2, 3, bandé d'argent et d'azur.

1217 Ceulx de Chastiel Verdun.
> D'argent, à un château de sinople.

1218 Ceulx d'Andons.
> Écu vide. (Voyez ci-dessus, n° 1200.)

1219 Ceulx de Domin (f° 121).
> Écu vide.

1220 Ceulx de Riés (Rieux).
> Écu vide.

1221 Ceulx de la Broquière (a).
> Écu vide.

1222 Ceulx de Giers.
> D'argent, trois sureaux (ou rains de lierre) de sinople, posés 2 et 1.

1223 Ceulx de Châteauneuf.
> De gueules, au château d'argent.

CHAPITRE VIII

ROYAUTÉ D'ARMES DE BRETAGNE (b)

1224 Le viconte de Rohan (f° 128, v°) [B].
> De gueules, à six macles d'or : 3, 2, 1. (Voy. ci-après, n° 1239.)

1225 Le baron de Rieux [B].
> Écartelé : 1 et 4, d'azur, semé de besants d'or ; aux 2 et 3, vairé d'azur et d'or.

1226 Le baron d'Avaugour [B].
> D'argent au chef de gueules.

(a) Ou la Broicquière. Le célèbre voyageur Bertrandon de la Brocquière était, selon toute apparence, de la maison enregistrée ici. Cette maison était attachée au parti de Bourgogne.

(b) On peut consulter sur ce chapitre : 1° *Histoire généalogique de plusieurs maisons illustres de Bretagne*, etc., par Fr. Augustin Du Paz. Paris, 1620, in-f°, fig. ; 2° *Armorial breton*, etc., par Gui Leborgne, Rennes, 1667, in-f°, fig.; 3° *Nobiliaire de Bretagne*, par Potier de Courcy, 1862, 3 vol. in-4°. On trouve au tome III de ce dernier ouvrage, p. 227-236, une bibliographie spéciale et très-étendue de la matière. — Mon cher confrère et ami, M. Anatole de Barthélemy, m'a fourni un utile concours pour annoter les chapitres de Champagne et de Bretagne. Qu'il reçoive ici mes affectueux remercîments.

1227 Le baron de Chastiaubriant (Chateaubriand) [B].
> De gueules, semé de fleurs de lis d'or.

1228 Le baron de Rez (Rais) [B].
> Semé de France ; en cœur, un écusson d'or, à la croix de sable.

1229 Le baron de Clison (Clisson) [B].
> De gueules au lion d'argent, armé, lampassé, couronné d'or.

1230 Le seigneur de Montauban (f° 129).
> Armes de Rohan (n° 1224), brisées d'un lambel trois pendants d'argent.

1231 Le sire de [Quintin], (cadet d'Avaugour).
> Armes d'Avaugour (voy. n° 1226), brisées d'un lambel trois pendants d'argent.

1232 Le sire de (a) S......ss... (rogné).
> Pallé d'or et de gueules de six pièces.

1233 Ceulx de Quernel (Charuel ou Kermel. *Navarre :* Charnel. *Alias* Quéruel).
> De gueules, à la fasce d'argent.

1234 Le sire de Lohéac.
> De vair plein.

1235 Le sire de Montfort.
> D'argent, à la croix recercelée et guivrée d'or.

1236 Le sire de Garegole (Kergorlay).
> De gueules, à une croix d'hermine, recercelée et gringolée d'or.

1237 Le sire de Dinant, ou Dinan.
> De gueules, à une fasce fuselée d'hermine, accompagnée de six tourteaux d'hermine, posés en orle.

1238 Le sire de Biaumenóir (Beaumanoir).
> D'azur, semé de billettes d'argent.

1239 Le viconte de Rohen (Rohan).
> D'or, au lion de sable. (Voy. ci-dessus, n° 1224.)

1240 Le sire de Chastiaugiron (Châteaugiron).
> D'or, au chef d'azur.

(a) Saint-Brisse ; restitué d'après *Navarre*, n° 761.

1241 Le sire de Mategnon (Matignon).

D'or, à deux fasces nouées séparément, de gueules, avec une orle de merlettes du même.

1242 Le seigneur du Glacquin (du Guesclin, f° 129, v°).

D'argent, chargé d'une aigle à deux têtes, éployée de sable; traversée en barre d'un bâton de gueules (a).

1243 Le seigneur de la Roche-Goion.

D'argent, au lion de gueules.

1244 Le sire de Taintiniac (Tinteniac).

De gueules, à trois fasces d'argent, à la bande d'azur sur le tout.

1245 Le sire de la Henaudoie (Hunaudaie).

Écartelé d'or et d'azur.

1246 Le sire de Matefelon (surchargé : Machecol). *Alias* Machecou.

D'argent, à trois chevrons de gueules.

1247 Le sire de Malestroit.

De gueules, à dix besants d'or : 3, 3, 3, 1.

1248 Le sire de Rogé (Rougé).

De gueules, à la croix patée d'argent.

1249 Le seigneur de Quoiquen (Coëtquen).

Bandé d'argent et de gueules, de six pièces.

1250 Le sire de Martigni. (*Alias* Martigné.)

De gueules, semé de fleurs de lis d'argent.

(a)
> L'escu d'azur à un esgle de sable
> A deux testes et un rouge baston,
> Portoit le preux, le noble connestable
> Qui de Bertrand Glesquin portoit le nom.

Ainsi s'exprime une ballade en l'honneur de ce héros du xiv° siècle, ballade qui avait cours sous le règne de Charles VII. — Bertrand du Guesclin avait été placé au rang des preux par la renommée publique. Il figure comme tel, c'est-à-dire comme dixième preux, dans plusieurs monuments, écrits ou figurés. On a vu ci-dessus (page 5) que *Guesclin* était devenu un nom de héraut d'armes. Ces rapprochements tendent à prouver le rapport étroit et *technique*, pour ainsi dire, qui existe entre la *suite des neuf preux* et le livre qu'elle termine. (Voy. ci-dessus, p. 51.)—Le seigneur du Guesclin, que mentionne Berry, doit être Jean du Guesclin, seigneur de la Roberie, neveu de Bertrand.

1251 Le viconte de [Corm]ment? (a). *Alias* Quoyment, ou Coëtmen.
De gueules, à six anneaux d'argent, 3, 2, 1.

1252 Le sire du Perron.
Losangé d'or et d'azur.

1253 Le sire de Witré (Vitré).
De gueules, au lion d'argent, armé, onglé, lampassé et couronné d'azur.

1254 Le sire de la Bellière (fᵒ 130).
Écartelé d'argent et de sable. (Voy. nᵒ 1281.)

1255 Le sire de Pruscalet (Pluscallet).
De gueules, à trois lions d'argent. (Voyez nᵒ 1296.)

1256 Le Vaier.
Losangé d'or et de gueules.

1257 Le sire de Mauny.
D'argent, au croissant de gueules.

1258 Ceulx de Botrel (Botherel). Cadets de Quintin. (Voy. ci-dessus, nᵒ 1231.)
D'argent au chef de gueules, chargé d'un lambel trois pendants d'or.

1259 Le sire de Chastiaugiron.
D'or, au chef cousu d'azur.

1260 Le sire d'Aubigny.
De gueules à une tire de fusées en fasce, d'argent.

1261 Le sire de Derval.
D'argent, à deux fasces de gueules.

1262 Ceulx de Pelledran (ou Pledran, *Navarre*; nᵒ 803).
D'or, à six macles d'azur, 3, 2, 1.

1263 Ceulx de Biaumont (ou Beaumont).
D'argent, à trois pieds de cerf de gueules, ferrés d'or.

(a) *Navarre* : « Nᵒ 758, le viconte de Cormen. — De gueules à deux annelez d'argent. »

1264 Le sire du Ju? (ou Just; *Navarre* : n° 805). Juch.
>D'azur, au lion d'argent.

1265 Le sire de la Ferrière (f° 130, v°).
>De sable, à six fers à chevaux d'argent, 3, 2, 1.

1266 Le sire du Chastel d'Asé ou d'Asi?
>Gironné d'hermine et de gueules. (Voy. ci-après, n° 1283.)

1267 Le sire du Parc.
>D'azur, à un lion d'or passant.

1268 Le sire de Cauray (ou Canray; *Navarre* : Canevray, n° 809).
>Vairé d'argent et de gueules.

1269 Le sire de la Charmoise.
>D'argent, à la bande de sable.

1270 Le sire de Pestiman (Pestivien).
>Vairé d'argent et de sable.

1271 Le sire d'Ausenge. (*Alias* d'Orange.)
>Parti d'argent et de gueules ; sur le tout, un croissant de l'un en l'autre.

1272 Le sire de Rostenan (Rostrenen).
>Pallé d'hermine et de gueules.

1273 Le sire de Traupason? ou Cranpason (f° 130, v°). *Alias* Trampasson.
>De gueules, semé de billettes d'argent; sur le tout, un chef du même.

1274 Le sire de Launoy.
>Ecartelé 1 et 4 d'or; un filet en bande de gueules ; 2 et 3, d'azur.

1275 Le sire de la Housaie (Houssaie).
>Échiqueté d'argent et d'azur.

1276 Le sire du Perier.
>D'azur, semé de billettes d'or.

1277 Le sire de Gite? (f° 131). Peut-être Guité?
>D'azur, à la croix d'argent.

1278 Le sire d'Orlou? (*Navarre* : Dorls, n° 812). *Alias* Orlon.
>De gueules, semé de billettes d'argent.

1279 Le sire de Cadillac.

> De gueules, à trois fasces d'argent.

1280 Le sire de la Fuellée (Feuillée).

> D'or, à la croix engreslée d'azur.

1281 Le viconte de la Bellière. (Voy. ci-dessus, n° 1254.)

> D'or, au chef de sable, emmanché de neuf traits en tout.

1282 Le sire Dugé ou de Gié ?

> D'or, à la croix engreslée de sab'e.

1283 Le sire du Chastiel (a).

> Fascé d'or et de gueules.

1284 Le sire de Guinbriac (Guebriac).

> D'azur, à une fleur de lis d'argent.

1285 Le sire de la Grille.

> D'or, au lion de gueules.

1286 Le sire de Quenboure (Combourg).

> Écartelé : 1 et 4, d'argent ; 2 et 3, de gueules, à cinq besants d'or :
> 2, 1, 2.

1287 Le sire de Coitivi, ou Coëtivy.

> Fascé d'or et de sable. (Voyez planche lithographiée (b).

(a) (Voy. ci-dessus n° 1266). Du Châtel, maison célèbre à laquelle appartenait Tanguy, prévôt de Paris en 1418, qui enleva du palais des Tournelles Charles, dauphin. Le ms. 1276 français sur vélin contient l'*Arbre des Batailles* d'Honoré Bonnet. En tête de ce volume, au-dessous de la miniature initiale, se voient les armes du possesseur, pour lequel il fut exécuté. C'est un écu fascé d'or et de gueules de six pièces, à la bordure componée de gueules contre l'or et d'or contre le gueules. Au-dessous, une demi-fleur de lis tranchée en manière de 𝔍 et un demi-lacs, puis ces mots : LI EST DEU. Une note placée à la fin du manuscrit atteste qu'il fut achevé par J. Morant, à Paris, le 17 mai 1460. Il porte, en outre, l'*ex libris* de : « Mesir Tanguy du Chastel, grant maistre d'oustel de Breteygne et seigneur de Renac. » Le ms. de Boccace, exécuté en 1458 pour Et. Chevalier (n° 34 de Munich), porte pour devise : SUR LY N'A REGARD (Voy. *Revue archéologique* 1855, planche 271, figure 4.)

(b) Notre dessin lithographique reproduit (trop exactement) le blason peint par Berry, qui est fascé de sable et d'or ; mais cette disposition est erronée. Une note manuscrite ou correction ajoutée sur le manuscrit même porte ces mots : *le rebours*, note que nous avons remarquée trop tard pour nous y conformer dans notre planche. Cette note signifie que les pièces doivent être disposées au rebours, c'est-à-dire d'or et de sable, et non de sable et d'or. En blason, la préséance appartient au métal.

1288 Le siré de Croisé (Croisic?).

D'argent, à la croix de sable, chargée de cinq coquilles d'or.

1289 Le sire de Landeval (Sourdeval? f° 131, v°).

De gueules à trois tourteaux d'argent (ou d'hermine).

1290 Le sire de Fontenay.

D'argent, à trois couples de bandes diminuées, de gueules.

1291 Le sire de Saint-Père.

D'or, à la bande d'azur, accompagnée de deux cotices de même.

1292 Le sire d'Asigny (Acigné).

D'hermine ou de Bretagne, à la fasce de gueules, chargée de trois fleurs de lis d'or.

1293 Le sire de la Roche.

De gueules, à deux lions d'or passants.

1294 Le sire du Chastelet. (*Alias* Chastelier.)

D'or, au chef cousu de sable, chargé d'un lambel trois pendants d'argent.

1295 Le seigneur de Chalon.

De gueules, à trois têtes de léopard d'or, 2, 1.

1296 Le sire de Pruscalet (Ploesquellec ou Plusquellec).

Chevronné d'argent et de gueules. (Voyez ci-dessus, n° 1255.)

1297 Le sire de Laumuce. (*Alias* La Muce.)

D'argent, à trois tourteaux de gueules.

1298 Le sire de Pinto. (*Alias* Ponto.)

De sable, treillisé d'or.

1299 Le sire de Menros. (*Alias* Montroy.)

De gueules, au croissant d'or.

1300 Le sire de la Chapelle.

De gueules à une fasce d'hermine (a).

(a) Je ne puis clore ici la série des blasons français sans remercier également M. Lacabane, mon collègue et directeur à l'école des Chartes. Durant tout le cours de ce travail, il m'a soutenu de ses conseils, de la compétence toute spéciale, ainsi que de la haute autorité que possède, en matière de généalogie et de blason, le savant conservateur du Cabinet des titres.

CHAPITRE IX

LES HAULTE ET BASSE ALLEMAGNES *(a)*

Alemaigne (F° 141).

1301 Ropetain.
1302 Henone.
1303 Huengue au conte?
1304 Espetain.
1305 Regehain.
1306 Liestenbert.
1307 Val de Bo.
1308 Busebert.
1309 Bergebert.
1310 Lignebert.
1311 Ysebert.
1312 Saquetain.
1313 Burquenbac.
1314 Lucenbart.
1315 Cossebert.
1316 Freubeguer.
1317 Le sire de Fenestranges.
1318 Viernenbourch (le conte).
1319 Salme (le conte).
1320 Le duc de Guerles.
1321 Le duc de Juiliers.
1322 Le duc des Mons.
1323 Le duc de Clèves.
1324 Le conte de Hollande.
1325 Le conte du Mont de l'Estoile (Sernberg), f° 142, v°. *Sternberg*
1326 Le viconte de Niven.
1327 Messire Jehan Ginger.
1328 Beviere (Bavière), duc et per (f° 151).
1329 Autriche, duc.
1330 Brun Suye, duc (Brunswick).
1331 Sarsongne, duc et per (Saxe, Electeur de l'Empire).
1332 Susenbour, duc (Luxembourg).

(a) Voy. pour le blason allemand (outre les *Wapenbuch*-imprimés), ms. fr. 8199.
La société des antiquaires de Zurich a récemment publié en fac-similé, sous le titre de *Wappenroll*, un armorial allemand avec figures, exécuté au xiv° siècle.

1333 Brebant, duc et per.

    Écartelé 1 et 4 de France à la bordure componée qui est de Bourgo-gne-duché ; 2, d'argent au lion de gueules armé et lampassé de sable, qui est de Limbourg; 3, de sable au lion d'or, qui est de Brabant.

1334 Le duc de Lanbourt ; crie : *Lesignen.*

1335 Le marquis de Bade.

1336 Le marquis de Mise (Meisen).

1337 Le conte de Neuso (Nassau).

1338 Le Bourgrave de Novembert (Nurenberg).

1339 Le conte de Saume.

1340 Le conte de Saleverne (f⁰ 151, v⁰).

1341 Le conte de Salebruche.

1342 Le conte de Meurs.

1343 Le conte de Sangrien.

1344 Nellembert.

1345 Le conte de Montfort.

1346 Le s¹ de Hainzberg, conte.

1347 Le conte de Solin.

1348 Le sʳ de Guillechin.

1349 Le sʳ du Lichetain.

1850 Le sʳ de Ginnel.

1351 Espohain.

1352 Le duc de Breban (Brabant), f⁰ 152.

    D'or au lion de sable.

1353 Le duc de Lenbourc.

1354 Le duc de Clèves.

1355 Le duc de Mons.

1356 Le duc de Guerlles (Gueldres).

1357 Le conte de Heaynault.

1358 Le sire de Rocelare.

1359 Le sire de Monjoie.

1360 Le sire de Hornes.

CHAPITRE X

LES ESPAGNES

Castille

1361 Le conte de Haro (f⁰ 153, v⁰).

1362 Le sire de Mandosse (Mendoça).

1363 Le conte de Benevant.

1364 Le conte de Cabre.

1365 Le sire de Tenarde.
1366 Le conte de Tristambre (Trastamare?).

Espaigne

1367 Ceulx de Manuel (f° 154, v°).
1368 Ceulx de Selve.
1369 Ceulx de Valquès.
1370 Ceulx de Walieres.

CHAPITRE XI

L'Escosse (a)

1371 Le conte de Boquan (f° 157, v°). Buchan.
1372 Le conte de Craffort (Crawford).
1373 Le conte d'Illes (of the Isles).
1374 Le conte de Firquant.
1375 Le conte de Fit (Fife).
1376 Le conte d'Estramne.
1377 Le conte de Lenay (Lennox).
1378 Le conte de Surdelle.
1379 Le conte de Mare (Marr).
1380 Le conte du Glès (Douglas).
1381 Le conte d'Angos (Angus).
1382 Le conte d'Orquenay (Orkney).
1383 Le conte de la Marche (f° 158), March.
1384 Le conte de Morat (Murray?).
1385 Le conte d'Ormont (Ormond).
1386 Le sire de Sameton, Semton ou Sainton (Swinton?).
1387 Le sire de Linesay (Lindsay).
1388 Le sire de Seton (Seaton).

(a) Les noms qui forment ce chapitre ont été recueillis par M. Francisque Michel, dans son ouvrage intitulé : *Les Écossais en France et les Français en Écosse.* Londres et Paris, 1862, 2 vol. in-8°, fig. (Voy. t. Ier, p. 225 et suiv.) On trouvera, dans ce même ouvrage, de nombreuses figures héraldiques et des détails intéressants sur les familles écossaises du xve siècle. — J'ai, en outre, mis à contribution et à profit, tant pour ce chapitre XI (*Écosse*), que pour le chapitre XIII (*Angleterre*), les lumières et l'obligeance de mon excellent ami le Rév. Stevenson, d'Édimbourg, attaché au *Record office* (Archives de la couronne d'Angleterre), et justement célèbre aujourd'hui des deux côtés du détroit, par ses savantes publications historiques.

1389 Le sire de Dernelé (Dernley, Darnley).
1390 Le sire de Montgoby (Montgomery).
1391 Le sire de Poloc (Pollock).
1392 Le sire de Begart (Biggar).
1393 Le sire de Hameleton (Hamilton).
1394 Le sire de Quimans (Quimant).
1395 Le sire de Boursel (fo 158 vo), Bothwell.
1396 Le sire de Roualles (Ruthwell?).
1397 Le sire de Cranoc ou Cranot (Crannock?).
1398 Monseigneur de Quili.
1399 Monseigneur de Gray.
1400 Monseigneur de Quohon (Colhoun).
1401 Monseigneur de Roven (Ruthwen).
1402 Le seigneur de Bene.
1403 Le sr de (a) Lion (*Lion* King at arms).
1404 Le sr de Maquele (Maxwell).
1405 Le sr de Bes.
1406 Monseigneur de Forbois (Forbes).
1407 Le sr de Grain (fo 159).
1408 Le sr de Quinimont (Voy. ci-après no 1414).
1409 Le sr de Losec (Loset).
1410 Le sr de Bouquevel.
1411 Monseigneur de Rues.
1412 Le sr de Chastelmont.
1413 Le sr de Copal.
1414 Le sr de Quenimont. Kinmont (Voy. ci-dessus, no 1408, fo 159).
1415 Ceulx de Quoquenton.
1416 Ceulx de Mandoel (Macdowel).
1417 Ceulx de Sausi (Spens?).
1418 Ceulx d'Aplicton (Arlington?).
1419 Ceulx du Lac.
1420 Ceulx de Mon castel (Mount castle?), fo 159, vo.
1421 Ceulx d'Andresel.
1422 Ceulx de Nesegles (Nesbit?).
1423 Ceulx d'Apegart.
1424 Ceulx de Blairiau (Blair jun?).
1425 Ceulx de Tranquart (Traquair, ou Fraquair?).
1426 Ceulx de Vouldy ou Bouldy.
1427 Ceulx de Maligny.
1428 Le seigneur de Lodun (Lothian).
1429 Ceulx de Vedenmeton ou Vadenneto (Weddermouth).
1430 Ceulx de Foucart.
1431 Ceulx de Blaquetout (fo 160).
1432 Ceulx de Quarehut.

(a) *Lion*, roi d'armes d'Écosse.

1433 Ceulx de Helioton ou Helieton (Haliburton).
1434 Ceulx de Dunegles (Dunglas).
1435 Ceulx de Maligny.
1436 Ceulx de Limeton (Linton).
1437 Ceulx de Callemer ou Tallemey (Callender).
1438 Ceulx de Crenoc ou Crenot.
1439 Monsieur de Gast (Gask).
1440 Ceulx de Toury.
1441 Ceulx de Dompry ou Douihory (Dumbar).
1442 Ceulx de Bediton.
1443 Ceulx de Valgoiny (fᵒ 160, vᵒ) Bulgony.
1444 Ceux de Corville, (Colville).
1445 Ceulx de Riendersue ou Riendersur.
1446 Ceulx de Tourneboulle (Turnbull).
1447 Ceulx de Qualor.
1448 Ceulx de Bar ou Bas.
1449 Ceulx de Dondas (Dundas).
1450 Ceulx de Bernbague ou Bernbaquel (Barnbogle).
1451 Ceulx de Criston (Crauston).
1452 Ceulx d'Alnoby.
1453 Ceulx de Carmes ou Cairnes (Cavers).
1454 Ceulx de Lusennes ou Lusemies.
1455 Le sire de Borquint ou Bocquint (fᵒ 161.)
1456 Ceulx de Helles (Hailes).
1457 Ceulx de Salmeton.
1458 Ceulx de Batilli.
1459 Ceulx de Bel (Bell).
1460 Ceulx de Lanton (Langton).
1461 Ceulx de Cercofin ou Cortofin (Corstorphin).
1462 Ceulx de Eistaurie.
1463 Ceulx de Haldor.
1464 Ceulx de Haubogle (fᵒ 161).
1465 Ceulx de Herques (Harker?).
1466 Ceulx de Dalhel ou Dallas (Dalyell?).
1467 Ceulx de Launton (fᵒ 161, vᵒ).
1468 Ceulx de la Guiere.
1469 Ceulx de Domgan (Duncan).
1470 Ceulx de Poloc ou Polot (Pollock).
1471 Ceulx d'Abrecherme (de Brecherme).
1472 Ceulx de Boisglain.
1473 Ceulx de Melledron (Meldrum).
1474 Le sʳ de Crafort (Crawford).
1475 Le sʳ de Ranple ou Rample (Semple?).
1476 Ceulx de Bogery ou Bogivy.
1477 Le sʳ de Coqueran (Colburn).
1478 Le sʳ de Menipegny (Mony penny).

1479 Ceulx de Grinan (a), f° 166.
1480 Ceulx de Ratri (Rattery).
1481 Ceulx de Bonsainville (Boswell).
1482 Ceulx de Glin (Glyan).
1483 Ceulx de Lorn.
1484 Ceulx de Wichart (Wishart).
1485 Ceulx de Colleville (Colville).
1486 Jorges Bannantin (Bannatyne).
1487 Jacques de Rous (Rouse).
1488 Guillaume Clifton.
1489 Guillaume Crafort (f° 166, v°), Crawford.
1490 Guillaume Arcilles ou Arrules (Athol?).
1491 Guillaume de Modreville (Motherwell).
1492 Jehan Simple (Semple).
1493 Alixendre Magnen (Maughan ou Methven).
1494 Abrecommier (Abercromby ou Abrercombry).

CHAPITRE XII

Ytalie (b)

1495 La Colonne (Colonna), f° 171.
1496 Les Ursins.

    Bandé d'argent et de gueules, au chef cousu d'argent, chargé d'une rose de gueules à pistil d'or; sur le tout une fasce d'or, à une guivre de sable (c).

1497 Les Maletestes.
1498 Le sire de Campmartin (Campmarin, Campmanin?).
1499 Le Préfait de Rome.

(a) Les blasons qui suivent, comme on peut voir par les folios, se trouvent transposés dans le ms. Nous les restituons ici à leur place. (Voy. Fr. Michel, les Écossais, etc., loc. cit., p. 228.)

(b) La Bibliothèque impériale possède, sous le n° 360 des manuscrits italiens, un riche recueil de blasons qui se rapportent à d'anciennes familles de toutes les parties de cette péninsule.

(c) Cette dernière pièce est à peine indiquée dans le héraut Berry. Mais elle est très-visible dans les blasons italiens des XVIe et XVIIe siècles, qui reproduisent les armes de la maison Orsini. Ces mêmes armes (sans la guivre), sont peintes au feuillet 15, v° du ms. 4985, sur l'écu du chancelier de France, Guillaume Jouvenel des Ursins. (Voy. ci-dessus, p. 43.) Les Jouvenel de Champagne, en effet, se prétendaient issus de la même famille que les Orsini de Rome. Il est aujourd'hui constant que cette prétendue identité n'eut jamais d'autre fondement qu'une fraude concertée et intéressée des deux parts. (Voy. biographie Didot, au mot Ursins.) Jean Jouvenel, prévôt des marchands de Paris, seigneur et baron de Traînel, en Champagne, ne s'ap-

1500 Le s^r de de Sarne?

1501 Le conte Denguylase.

1502 Sans dénomination. — Taillé de gueules et d'argent.

1503 Le conte de Fondes.

1504 Tibalesq.

1505 Le conte de Plonbin (Piombino?).

1506 Le marquis de Mor...

1507 Le marquis de Saluces (f° 171, v°).

1508 Le sire de Mento.

1509 Le sire de Pade.

1510 Le marquis de Farare (Ferrare).

1511 Les Bouters.

1512 Le marquis de Sene ou Seve.

1513 Le s^r de Lescalle.

1514 Les Arbers.

1515 Les Roiers d'Ast.

1516 Les contes de Rome.

1517 Les Grivelles de Rome.

1518 Le s^r de Tréché et de Foligny (Foligno?).

1519 Le sire du Flèque (f° 173).

1520 Ceux de Grimaude (Grimaldi). Voy. n° 1553.

1521 Hanibal de Rome.

1522 Porcaire.

1523 Le conte de Carrate.

1524 Le conte de Casart (Voy. 1540).

1525 Messire Jacobuche Capdoro.

1526 Le conte de Matiere.

1527 Le conte de Terrenofve?

1528 Le duc de Daudie.

1529 Le duc de Feste.

1530 Le prince de Tar...

1531 Le conte de Orbin (Urbino?), f° 173, v°.

1532 Ceux de Saint-Severin (San-Severino).

1533 Carache grent Senechal (Garraccioli).

1534 La Marque, duc de Douroy.

1535 Le conte de Vitaut?

1536 Le conte de Geras.

1537 Le conte de d'Acques (Acqui?)

pela jamais des Ursins. Dans l'armorial de *Navarre*, on ne trouve ni Jouvenel, ni Trainel. Mais on y voit figurer (n° 133) : « Le sire des Oursins de Romme, bandé d'argent et de gueules de vi pièces à un chief d'or. » Ainsi, les armes d'Orsini étaient connues en France dès 1396, par le registre de *Navarre*. C'est là, entre autres sources, que Jean II Jouvenel, auteur de cette fiction d'identité, put prendre ce blason pour se l'approprier. Le héraut Berry a donné au chancelier Guillaume (ci-dessus, p. 43) les armes que portait celui-ci. Il a également inséré en son rang l'écu banneret de la seigneurie de Trainel. (Ci-dessus, n° 813 et planche lithographiée.)

1538 Le conte de Campebas (Campo-Basso).
1539 Le conte de Rosnes.
1540 Le conte de Caserte. (Voy. 1524.)
1541 Le conte de Cherites.
1542 Le conte de Sainte-Agathe.
1543 Le conte de Saint-Valentin (f° 174).
1544 Le conte d'Arque.
1545 Le conte de Nole.
1546 Le conte de Bousine?
1547 Le conte de Vesin.
1548 Le conte de Meritonne.
1549 Le conte de Troies (*Troja*, Naples).
1550 Le-conte de Comversant.
1551 Ceulx de Cose.
1552 Ceulx du Flesque (f° 176.)
1553 Ceulx de Grimaulde (Grimaldi). Voy. n° 1520.
1554 Ceulx de Campefrigouze (Campo-Fregoso).
1555 Ceulx d'Orie (Doria, ou d'Oria).
1556 Ceulx d'Adourne (Adorno).
1557 Ceulx de Spinole (Spinola).
1558 Ceulx de Malespine (Malaspina).

CHAPITRE XIII

Angleterre (*a*)

1559 Le duc de Sonbreset (Somerset), f° 183.
1560 Le duc d'Asestre (Exeter?)
1561 Le duc d'York.
1562 Le duc de Boqingen (Buckingham).

(*a*) Le Bristish Museum, à Londres, possède, parmi ses manuscrits, sous le n° 11542, un armorial, inédit à ce que je pense, et très-analogue à celui du héraut Berry, sous le rapport de l'exécution. Il paraît avoir été dressé principalement pour l'Angleterre et la Normandie, à l'occasion du traité d'Arras (septembre 1435), par quelqu'un des nombreux officiers d'armes de toutes nations qui assistaient à cette solennité. On trouvera une courte notice sur cet ouvrage dans la *Bibliothèque de l'école des Chartes*, t. VIII, p. 118 et suiv. L'armorial de Londres fournira un moyen de contrôle précieux à ceux qui voudraient soumettre ce chapitre XIII à une analyse approfondie.

L'Angleterre paraît être au moins aussi riche que la France, qui est assez pauvre, en monuments héraldiques d'une époque reculée. Le British Museum possède, dit-on, un Mathieu Paris manuscrit, exécuté vers 1250 et orné de nombreux et très-curieux blasons, qui sont regardés comme l'œuvre autographe du chroniqueur, mort en 1259. Il existe en Angleterre diverses copies d'armoriaux ou rôles d'armes, dont les origi-

1563 Le duc de Norfort (Norfolk).
1564 Le duc de Van...? (Warwik)?
1565 Le conte de Selebery (Salisbury).
1566 Le conte de Notenbelen (Northumberland).
1567 Le conte de Sas...? (Suffolk?)
1568 Le conte de Vatenberland (Westmoreland).
1569 Le conte de Richemont.
1570 Le conte de Vain...? (Winchester).
1571 Le sire de Gray (f° 183, v°).
1572 Le s⁺ de Brequigny.
1573 Le s⁺ de Villeby (Willoughby).
1574 Le sire de Ponis (Poynings).
1575 Le sire de Boille.
1576 Le sire de Foquenbergue (Fauconberg).
1577 Le sire de Cornoalle (Cornwall).
1578 Messire Robert Harcourt.
1579 Le conte de Watebelent (Westmoreland).
1580 — 1 — 2. Trois écus non dénommés.
1583 Le sire de Watre (f° 184), Fitzwalter.
1584 — 5. Deux écus sans dénomination.
1586 Honnefort au Conte (Honneford).
1587 Messire Tomas Rameston (Rampston).
1588 Le s⁺ de Persy.
1589 Le s⁺ de Talebot (Talbot).
1590 Le s⁺ de Biaumont (Beaumont).
1591 Le conte de Rotelein (Rutland).
1592 Le s⁺ d'Audelay (Audley).
1593 Le sire Doiré (d'Aire).
1594 Le conte de Sufort (Suffolk).
1595 Le sire de Ferières (Ferrer).
1596 Le conte de Harffort (Hereford), f° 184, v°.
1597 Le conte d'Arondelle (Arundel).
1598 Le s⁺ de Collehain (Colham).
1599 Messire de Scalles (Scales).
1600 Les Fastos (Falstalf).
1601 Les Herons (Heron), f° 184, v°.

naux remontaient au xIIIᵉ siècle. Plusieurs de ces documents ont été récemment imprimés, et nous allons citer l'une des plus importantes publications de ce genre. En original, plusieurs documents de l'ordre héraldique qui subsistent dans le même pays, datent du xivᵉ siècle. La Société des Antiquaires de Londres a édité récemment : *Three rolls of arms of the latter part of the XIII ᵗʰ century, together with an index and an alphabetical ordinary of the coats. Edited by Weston Styleman Walford, Charles Spencer Perceval and Augustus Francks, esquires. London, 1864. Printed for the private distribution;* 100 pages gr. in 4° sans figures, tiré de l'*Archæologia*, vol. XXXIX. On trouvera, dans la préface de cette intéressante publication, des renseignements très-instructifs sur la matière.

1602 Ceulx de Wavre (Fitz-Walter?).
1603 Le sire de Clifort (Clifford).
1604 Le sire de Boursières (Bourcher).
1605 Ceulx de Chandos.
1606 Ceulx de Ripen (Ripon).
1607 Les Boutilliers (Butler), f° 185.
1608 Messire Rocourt.
1609 Les Ghetins (Githin).
1610 Le comte de la Marche (March).
1611 Les Bardor (Bardolf).
1612 Le sire d'Iaucourt (Harcourt).
1613 Ceulx de Morles (Morley).
1614 Le sire de Gray.
1615 Ceulx de Despencier (Spencer).
1616 Ceulx d'Arsi (Darcy).
1617 Ceulx de Souche (Zouche).
1618 Ceulx Destruge (Estrange).
1619 Ceulx de Louvel (Lovel), f° 185, v°.
1620 Ceulx de Hilton.
1621 Ceulx de Camus (ou Camois ?)
1622 Ceulx de Gristols.
1623 Ceulx de Cliffeton (Clifton).
1624 Ceulx de Scroup (Scrope).
1625 Ceulx de Lille (Lisle).
1626 Ceulx de Limely (Lumley).
1627 Ceulx de Maingarny.
1628 Ceulx de Bonnes.
1629 Ceulx de Redeman (Readman).
1630 Ceulx de Prigny.
1631 Ceulx de Maudic (f° 186).
1632 Les Basses (Basset).
1633 Les Coces (Cock).
1634 Ceulx Vernon.
1635 Ceulx de Hamelin.
1636 Thomas Bourcq (Burg ou Burk).
1637 Ceulx de Lenclastre (Lancaster).
1638 Ceulx [de] Darby (Derby).
1639 Les Fourques (Fox).
1640 Ceulx de Redefort (Redford).
1641 Ceulx de Milleton (Milton).
1642 Les Salvain (f° 186, v°).
1643 Ceulx de Courson (Curson).
1644 Mathieugo (Matthew Gough).
1645 Messire Bertin Usil.
1646 Messire Robiert Pinge (Ping ?).
1647 Messire Estienne Hallife (Hall ?).

1648 Messire Guillaume Hocton (Horton).
1649 Messire Richart Garnat (Garnet).
1650 Messire Guillaume Lusseby.
1651 Messire Raoul Limelce (f° 186, v°).
1652 Ceulx de Gournay (Gurny).
1653 Les Vistes (Bisset).
1654 Ceulx de Fraville (Freville), f° 187.
1655 Guillaume Oudonal et ceux de Batfort (Backford).
1656 Messire Guillaume Godane.
1657 Ceulx de ..... (Tory?)
1658 Ceulx de Gallafre (Golafre).
1659 Ceulx de Rodapre.
1660 Ceulx de Saint-Cler (Sinclair).
1661 Ceulx de Pigors (Piggot).
1662 Ceulx de Bonneville.
1663 Messire Raoul Esseton (Ashton).
1664 Ceulx de Salman (Salmon).
1665 Ceulx de Daubescourt (Aubricourt?).
1666 Messire Robert Vair ou Veer.
1667 Ceulx de Biaucamp (Beauchamp), f° 187, v°.
1668 Ceulx de Bando.
1669 Le s^r de Molins (Moleyns).
1670 Ceulx de Saut de Lonne.
1671 Ceulx de Chavendon (Clarendon?).
1672 Ceulx de Biaufort (Beaufort).
1673 Ceulx de Maulevrier (Maulevrer).
1674 Ceulx Grely (Grailly).
1675 Ceulx de Falos (Fellows).
1676 Messire Hamon Noions (f° 187, v°).
1677 Ceulx de Monboisier (Montboucher).
1678 Ceulx de Harquebec.
1679 Ceulx de Valleton.
1680 Ceulx d'Ingloe.
1681 Messire Thomas Teny.
1682 Messire Jehan de Montenay.
1683 Mesire Richart Tempeste (Tempest).
1684 Ceulx de Hapleby (Appleby).
1685 Messire Henry Wavasour (Vavassour).
1686 Ceulx de Boucolles.
1687 Messire Thomas d'Erlands (Ireland).
1688 Ceulx de Penel (Penniel).
1689 Ceulx de Monfort (Montfort).
1690 Ceulx de Berninga... ou Verninga (Birmingham).
1691 Ceulx de Gop (f° 188, v°).
1692 Ceulx de Monteby.
1693 Messire Thomas Flamenc (Fleming).

1694 Messire Jehan Lestrainge (Lestrange).
1695 Ceulx de Berlande.
1696 Ceulx de Parbout.
1697 Ceulx de Carbonnel (Carbonel).
1698 Ceulx Dandesay (Dancy).
1699 Ceulx de Liquest.
1700 Ceulx de Mauvoisin.
- 1701 Ceulx de la Vache (fᵒ 188, vᵒ).
1702 Ceulx de Quoquesalle (Korkstal.).
1703 Ceulx de Scroque (Scrope), fᵒ 189.
1704 Ceulx de Celeston (Kellison?).
1705 Ceulx de Quaqueville.
1706 Ceulx de Bocton.
1707 Ceulx de Lusi (Lucy).
1708 Ceulx de Taillebois (Tallbois).
1709 Ceulx de Bos (Bowes).
1710 Messire Thomas Houl (Howel).
1711 Ceulx de Hougrave (Hengrave).
1712 Messire Guillaume Peche (Pecche).
1713 Messire Thomas Guildalle (Gildhall).
1714 Messire Guillaume Bruiant (Briant).
1715 Ceulx de Libonne (Labourn), fᵒ 189, vᵒ.
1716 Messire Raoul Poly (Pool).
1717 Ceulx de Tepetop (Tiptoft).
1718 Ceulx de Nocebonne?
1719 Ceulx de Couppe (Coop).
1720 Jehan de Bourdelonne.
1721 Ceulx de Rochefer (Rochford).
1722 Ceulx de Herissi (Harris).
1723 Ceulx de Meppan (Metven?).
1724 Ceulx de Sinefort (Swinford).
1725 Ceulx de Greffin (Griffin).
1726 Ceulx de Holdeston (Hocelston).
1727 Ceulx de Trompiton (Trumpington), fᵒ 190.
1728 Ceulx de Valle (Wall).
1729 Ceulx de Vaire.
1730 Ceulx de Folievre.
1731 Ceulx de Tursel.
1732 Ceulx de Paistal.
1733 Ceulx d'Ardines.
1734 Ceulx de Boutevillain.
1735 Ceulx de Gramorin.

1736 Ceulx de Standic (Standish).
1737 Ceulx d'Insin.
1738 Ceulx de Heldon.
1739 Ceulx de Hondrefort (Hungerford).
1740 Ceulx de Odeville (O'Donnel).
1741 Ceulx de Kiriel.

Suivent quelques écus vides et sans dénomination.

CHAPITRE XIV

Orient (f° 191)

1742 Le grand quen de Tartarie.
1743 Le soudan de Babilone.
1744 Le grand Turc.

FIN DE L'ARMORIAL. — SUIT LA SÉRIE DES NEUF PREUX.

NOTICE

D'UN MANUSCRIT DU XVIIᵉ SIÈCLE, CONTENANT UNE COPIE

DE L'ARMORIAL DU HÉRAUT *BERRY*

~~~~~~~~~~~~~~~~~~~~~~~~~~

Le présent ouvrage était en grande partie imprimé, lorsque nous avons connu cette copie. Après avoir appartenu à la collection dite du *collége héraldique de France*, ce volume est aujourd'hui en vente à la librairie Bachelin-Deflorenne, éditeur de notre Armorial (*a*).

Ce manuscrit, sur papier, relié en veau ou basane brune, se compose en tout de 61 feuillets. Il ne contient que la partie française de l'Armorial, c'est-à-dire la transcription : 1º des premières pièces liminaires ; 2º celle des noms, qui sont placés au-dessus des blasons, et la description des armoiries.

La copie que nous avons sous les yeux provient de trois mains bien distinctes. La première est celle d'un calligraphe, pourvu d'une plume très-posée, très-habile, mais peu instruit, qui opérait vers 1690. Il a ainsi copié *in extenso* la *généalogie*, par laquelle s'ouvre le manuscrit français 4985, généalogie dont nous avons parlé ci-dessus, page 36. Vient ensuite, et toujours du même copiste, la transcription de la préface, que nous avons, de notre côté, reproduite ci-dessus, p. 39 et suiv.

Une deuxième main, beaucoup plus intelligente, a transcrit en lettre lisible quoique moins bien moulée que la précédente, le corps de la copie. Elle comprend les *cris d'armes*, répartis par l'auteur de *marche* en *marche*, et de place en place, de son Armorial. Le compilateur a négligé volontairement certains liminaires. Il commence à *Montmorency* (page 67, nº 77 de notre édition), et s'attache, dès lors, à l'original, qu'il suit de page en

(*a*) Voy. *Catalogue de livres héraldiques*, etc. Paris, 1866; grand in-8º, p. 3, nº 15.

page et pas à pas, à travers ses transpositions. Il termine avec le chapitre de la Lorraine, qui, dans la disposition du manuscrit original, est le dernier de l'œuvre. Le compilateur a aussi négligé, chemin faisant, les éléments qui, pour lui, étaient étrangers, ou qui n'entraient pas dans son cadre.

Cette seconde partie, due au second écrivain, atteste, chez celui-ci, un généalogiste familier avec cette science et avec la langue héraldique.

Un troisième auteur, écrivain, ou amateur, paraît avoir mis en œuvre les deux premiers. Il a réuni la première partie à la seconde. De plus, il a interfolié cette seconde partie. Puis, à l'aide du papier blanc ainsi inséré, il a placé en regard des descriptions de blasons, des notes historiques, et surtout généalogiques, sur les familles dont l'énumération compose cet armorial. La date la plus récente que nous ayons rencontrée dans ces notes, est celle de 1697. Elle indique approximativement l'époque, identique à quelques années près, où ce manuscrit fut exécuté dans son ensemble.

Cette transcription nous a offert un secours tardif et limité, mais précieux (a) pour la tâche que nous avions entreprise. Un pareil guide, si nous l'avions possédé dès le commencement, eût singulièrement abrégé notre besogne et nos recherches. Nous pensons toutefois que ce guide, ou cet extrait, n'est pas lui-même exempt de quelques défectuosités. Il est d'ailleurs incomplet, en ce sens que le transcripteur a omis en général : 1º ce qui n'était pas français ; 2º les blasons sans dénomination ; 3º les dénominations sans blason ; 4º les répétitions, sans tenir compte des membres multiples d'une même famille ; ce qui, pour l'auteur primitif, justifiait ses apparents pléonasmes.

D'un autre côté, ce manuscrit du xviiᵉ siècle, et c'est là sa grave recommandation, contient un nombre considérable d'articles ou de blasons qui existaient au xviiᵉ siècle dans le manuscrit original, et qui en ont été enlevés ou arrachés depuis cette époque (b).

Nous avons recueilli avec soin tous ces articles, et, en y joignant quelques omissions qui avaient échappé à notre propre transcripteur, nous en avons composé le *Supplément* qui va suivre.

(a) Les variantes précédées du mot *alias* nous ont été généralement fournies par cette copie.

(b) Voy. ci-dessus, p. 81, note c et le renvoi.

SUPPLÉMENT

MARCHE DE FRANCE (*a*)

1745 Andrezel.

D'or, au lyon de gueules.

1746 Les Boyaux.

Pallé d'argent et de sable de six pièces, à la face de gueules sur le tout.

1747 Le sire de Beauvillier.

Gyronné d'argent et de gueules.

1748 Bouville.

D'argent, à la face de gueules chargée de trois annelets d'or.

1749 Marly.

D'or, à la croix de gueules.

1750 Loris.

D'or, à la face d'azur accompagnée de trois aiglettes de gueules.

1751 Le sire de Mitry.

D'argent à la croix de gueules, accompagnée de seize molettes d'éperon de gueules.

1752 La Roche-Guion.

D'or, à cinq cotices d'azur.

1753 Cholet.

Bandé d'argent et de sable de six pièces.

(*a*) Copie du xviiᵉ siècle, fᵒ 27, vᵒ. Ms fr. 4985, entre les folios 25 et 26 ; à intercaler entre les nᵒˢ 116 et 117 de notre édition.

1754   Le sire de Gazerand.
> De gueules, au lyon d'or.

1755   Villedart.
> De gueules, à la face d'or accompagnée de six merlettes de mesme.

1756   Ceulx de Pleinvilliers.
> D'azur, à deux faces d'or.

1757   Ceulx de Tignonville.
> De gueules, à dix macles d'or : 3, 3, 3, 1.

1758   Ceulx de Poissy.
> D'or, à l'aigle de sable membré et becquée de gueules.

1759   Ceux du Puy.
> De gueules, au lyon d'or.

1760   Ceux de Beauvillier.
> Facé d'argent et de gueules de six pièces.

1761   Ceux de Saint-Briçon.
> D'azur, à six fleurs de lis d'argent : 3, 2, 1.

1762   Le sire de Rougemont.
> D'argent, à l'aigle à deux testes de gueules.

1763   Ceux de Pisagu.
> D'or, à la face d'argent.

1764   Ceux de Cantiers (ou Cantiers).
> D'azur, à la croix engreslée d'argent.

1765   Les Baveux.
> De gueules, à trois chevrons d'argent.

1766   Ceux de Coceriel.
> D'argent, à deux faces de sable.

1767   Praly.
> De sable, à la croix d'argent ; l'escu sepmé de fleurs de lis d'or.

MARCHE DE BERRY

1768 Jhen de la Châtre [crie :] « La tret (l'attrait) des bons chevaliers. »

D'argent, à la croix ancrée de gueules (a).

1769 Ceux de Chamborans (b).

De sable, au lion d'or.

1770 Le s^r de Bordet.

De Rochechouart, au lambeau d'argent.

1771 Les Bouviers (c).

D'or, à trois testes de bœufs, accornées d'azur.

1772 Les Auberts.

De gueules, à trois faces d'argent, au franc-quartier de mesme, chargé d'une estoile d'azur.

1773 Les Guerins.

D'or, à une face de gueules.

1774 Ceux du Mats.

D'or, à la face de gueules, accompagnée de trois tourteaux de sable.

1775 Le sire d'Yvoy.

Rochechouart, à la bordure d'azur.

1776 Ceux de Pelourde.

De gueules, à une aigle d'or, à l'orle sept croix recroisetées, idem.

1777 Ceux de Bar.

Tiercé de sinople d'azur et d'argent, de quinze pièces.

1778 Ceux d'Estampes.

D'azur, à deux girons de gueules posés en chevrons, au chef d'argent, chargé de trois couronnes de gueules.

(a) *Sic* dans Berry, au ms. 4985, f° 35 v°; omis dans la transcription. Copie du xviie siècle : « De gueules à la croix ancrée de voir. » (Ci-dessus, entre les n°s 220 et 221.)

(b) Copie du xviie siècle, f° 33. (Ci-dessus, après le n° 245.)

(c) Famille du héraut *Berry*. Ainsi se trouve résolu le point que nous avons traité ci-dessus, p. 4.

1779 Les Pelourdes de Cologne.
D'or, à une aigle d'azur.

1780 Les Gorges (ou Georges).
Party de gueules et d'argent, sepmé de croisettes de l'un en l'autre, au lion de mesme.

1781 Les Fradez (Fradet).
D'or, à trois coutres ou fers de charrue de sable, la pointe en bas.

1782 Ceux de Guierlay.
Facé d'or et d'azur, de six pièces.

1783 Blanchefort.
D'or, à deux léopards de gueules, l'un sur l'autre.

1784 Les Roys.
De sable, à neuf trèfles d'or : 3, 3, 2, 1.

1785 Beulles.
D'argent, au chevron de sable, accompagné de trois perroquets au naturel ; au chef de gueules, chargé de trois chamois au naturel.

1786 Remond Bertrand (ou Mont Bertrand).
Losangé d'hermine et de gueules.

1787 Monsr Morin, s^r du Breuil.
D'azur, au lion d'or.

1788 Crevant-Baugé (ou Baugy ?)
Escartelé d'argent et d'azur.

1789 Le s^r de Vouhet.
D'azur, au chevron d'argent, accompagné de trois fleurs de lys d'or.

1790 Prie.
De gueules, à trois tierces-feuilles percées d'or.

1791 Beaujeu.
D'or, au lion de sable armé, lampassé de gueules, chargé d'un lambel de cinq pendants brochant sur le tout.

1792 Les Barres.
D'or, à la croix ancrée de sinople.

1793 Le Boschet.
D'azur, à la croix d'argent, chargée de cinq coquilles d'or.

1794 Le Bouteiller.
>   Écartelé d'or et de gueules.

1795 Cluis.
>   D'argent, au lion d'azur.

1796 Trousseau.
>   De gueules à la fasce d'azur, chargée de trois fleurs de lys d'or et accompagnée de trois trousseaux (ou ballots) d'or, liez et courdonnez de sable.

1797 Voudenay.
>   D'or, à trois portails, donjonnez de sable.

1798 Pot.
>   D'or, à la face d'azur.

Indépendamment des noms qui précèdent, on trouve dans l'extrait de l'*Armorial* inséré par le P. Labbe, *Alliance chronologique*, t. i, p. 694, les noms suivants, sans blason :

1799 Daultry

1800 Villediois ou Villedieu.

1801 De Bourbon.

1802 De Mornay.

1803 Les Vachiers.

1804 Saint-Chartier.

1805 La Ferté-Imbert.

1806 Les Vigiers.

1807 Les Vincens.

1808 Des Ayges.

1809 De Puylonge.

1810 De Mauvoisin.

1811 De Molin Porcher.

1812 De Burenlure.

1813 De la Motte.

1814 De Menou.

1815 De Saint-Sébastien.

1816 De Bigny.

1817 Barbançois.

1818 De Boise (a).

Auvergne (b).

1819 Pesteils.
> D'argent, à la bande de gueules, accompagnée de six sautoirs de mesme.

1820 Ceux de Marzé.
> Facé d'hermine et de gueules de six pièces.

1821 Ceux de Ravel.
> Facé d'or et d'azur de six pièces.

1822 Le s^r de Saint-Germain des Fossez.
> De gueules, à trois colombes d'argent.

1823 Le s^r de Bosredon.
> Escartellé de gueules et de vair.

1824 Le s^r de Bellenave.
> D'azur, au lion couronné, d'or; la queue passée en sautoir.

1825 Le s^r de Chauvencé La Rochebriant.
> Escartellé d'or et d'azur.

1826 Ceux de Cordebœuf-Bauvergier.
> Burellé d'argent et d'azur, sans nombre, flanché d'hermine·

(a) Il semblerait, d'après cette nouvelle addition, que du temps où le P. Labbe écrivait (avant 1651), le ms. original était plus complet qu'en 1690 environ, date présumée de la copie manuscrite que possède la librairie Bachelin-Deflorenne.

(b) Lacune du ms. fr. 4985, entre les f°s 49 et 50. (Ci-dessus, entre les n°s 293 et 294.) Ms. du XVIIe siècle, f° 39.

1827 Ceux de Brachet, seigneurs de Magnac.

D'azur, à deux chiens courans, d'argent, armez et languez de gueules.

1828 Ceux de Blon, seigneurs de Laval.

D'azur, à une tour d'argent, au lion de gueules.

1829 Ceux d'Antragues-Montaret.

D'azur, à l'aigle d'or, à deux vivres d'argent mises en face.

1830 Ceux d'Ussel.

D'or, à deux léopards de gueules.

1831 Ceux d'Aubusson.

D'or, à la croix ancrée de gueules.

1832 Ceux d'Escorrailles.

D'azur, à trois bandes d'or.

1833 Ceux de Murol.

D'or, à la face nébulée d'azur.

1834 Ceux de Courcelles, seigneurs de Breuil et d'Aurouze (a).

D'argent, à trois faces de gueules, accompagnées de huit losanges d'azur : 3, 3, 2.

1835 Ceux de la Gardette-Fontenille (b).

De gueules, à la bande componée d'or et d'azur, accompagnée de six estoilles d'argent.

1836 Ceux de Bréon, seigneurs de Merdogne.

D'or, à la croix ancrée de sinople.

1837 Ceux de Sarlant.

D'or, au croissant de gueules.

1838 Ceux de Bressoles.

D'argent, à trois bandes d'azur.

1839 Ceux de Chaslus-Entragues.

D'or, à la croix engreslée d'azur.

(a) Sur Louis de Courcelles, chevalier, sr d'Aurouze, voy. *Histoire de Charles VII*, t. III, p. 305 et suiv.

(b) En 1456 et 1458, Jean de la Gardette était bailli du Velay et prévôt de l'hôtel du roi. Voy. J. Chartier 1859. in-12, t. III, p. 53 et suiv., et *Livre d'heures d'Étienne Chevalier*, Curmer, éditeur. Paris, 1866. Frontispice de Munich (*Lit de justice*, etc.), p. 21, et *Désignation des personnages*, n° 57.

1840 Ceux de Fougeroles.
De gueules, au chef de vair.

1841 Ceux d'Urfé.
De vair, au chef de gueules.

1842 Chasteau de Montagne.
D'or, à l'aigle de gueules (a).

MARCHE DE PICARDIE (b)

1843 Le seigneur de Gaucourt, qui crie : Clermont.
D'hermine, à deux bars adossez de gueules.

1844 Le sieur de Mouy.
De gueules, fretté d'or.

1845 Rembures.
D'or, à trois faces de gueules.

1846 Ceux d'Aufermont.
De gueules, à deux bars adossés d'or, l'écu sepmé de trèfles de mesme, qui est Clermont en Beauvoisis.

1847 Le sr de Fontaines.
D'or, à cinq tournelles de sable, 2, 1, 2.

1848 Le sr de Chepoy.
D'or, à cinq tournelles de gueules, mises en sautoir.

1849 Luxembourg, comte de Saint-Pal.
D'argent, au lion de gueules, la queue nouée et passée en sautoir.

1850 Le sire de Heilly.
D'or, à la bande fuselée de gueules.

1851 Le sr de Dampierre.
Escartellé de Chastillon et de Dampierre, qui est de gueules à deux léopards d'or.

1852 Le sr de Longueval.
De gueules, à trois bandes de vair.

(a) Copie du xviie siècle, fo 41 (fin de l'*Auvergne*).
(b) Ms. du xviie siècle, fo 34. (Ci-dessus; entre les nos 362 et 363.)

1853 Le s^r de Renty.

D'argent, à trois doloires, les deux du chef adossées; escartellé d'argent à deux faces de gueules, qui est de Croy en Picardie.

1854 Le s^r des Présures (a).

D'argent, à la croix de gueules frettée d'or.

1855 Le s^r de Saveuse.

De gueules, à la bande d'or, accompagnée de six billettes mises en orle, de mesme.

1856 Le s^r de Campremy.

D'argent, à la bande de gueules, à l'orle de merlettes de mesme.

1857 Le s^r de Sains.

De gueules, semé de croissants d'or, au lion de sable sur le tout.

1858 Le s^r de Monsures.

D'or, à la croix de sable chargée de cinq fermaux d'or.

1859 Le s^r de Précy.

Losangé d'argent et de gueules, au chef d'or.

1860 Le s^r d'Espineuse.

D'hermine, à un escu de gueules en cœur.

1861 Le vicomte de Breteuil.

D'or, à la croix d'azur.

1862 Le s^r de Sermaises.

D'argent, à treize lozanges de gueules.

1863 Le s^r d'Espaigny.

D'argent, à la bande de gueules, chargée à chesque (chaque) bout de deux bezans d'or.

1864 Ceux de Chantemerle.

D'azur, à la bande d'argent, chargée de trois coquilles de gueules.

1865 Le s^r de Quinsi.

De gueules fretté d'or.

1866 Le s^r de Chivres.

Échiqueté d'argent et d'azur.

(a) Autre lacune; ms. du XVIIe siècle, f° 34, v°. (Ci-dessus, entre les n°s 386 et 387.)

1867 Le s^r d'Emery.

     D'argent, à une quinte-feuille de sable, à l'orle de merlettes de gueules.

1868 Le s^r de Sorel.

     De gueules, à deux léopards d'or.

1869 Le s^r de Tillay.

     D'argent, à la bande losangée de sable.

1870 Le s^r de Varennes.

     De gueules, à la croix d'or.

1871 Le s^r de Lifermont.

     D'azur, à deux lions passants d'or.

1872 Le s^r de Falvy (Flavy).

     D'hermine, à la croix de gueules chargée de cinq coquilles d'or.

1873 Le s^r de Cléry.

     D'argent, à une face d'azur.

1874 Le s^r de Polechar.

     De sable, au chef d'argent fretté de gueules.

1875 Le comte de Pontieu.

     D'or, à trois bandes d'azur.

1876 Le s^r de Pois (Poix).

     De gueules, à une bande d'argent, l'escu sepmé de croissants, idem.

1877 Le s^r d'Arennes.

     D'argent, à deux faces de gueules.

1878 Le sire de Silieurs (ou Silienos).

     D'or, au croissant de gueules, à trois merlettes du mesme (b).

1879 Le sire de Breteval.

     De gueules, à la fasce d'argent (a).

1880 Le s^r de Hennelincourt (b).

     D'or, fretté de gueules.

    (a) Ms. 4985, f° 40, omis dans notre transcription, entre les n°s 393 et 394.

    (b) Autre lacune entre les n°s 432 et 433. Ms. fr. 4985, f°s 41 à 42. Ms. du XVIIe siècle, f° 36, v^o.

1881 Le s^r de la Planque.
> D'argent, sepmé de billettes de sable au lyon de mesme.

1882 Le sire de Vredon.
D'or, à trois merlettes de sinople.

1883 Le chastelain de Bergues
De gueules, au lyon d'or.

1884 Le s^r de Rely.
D'or, à trois chevrons d'azur.

1885 Le s^r de Lieval.
Varié d'argent et de gueules.

1886 Le comte de Guines.
Varié d'or et d'azur.

1887 Le s^r de Tanques.
D'argent à la face de gueules.

1888 Le sire de Wavrin.
D'azur, à un escusson d'argent.

1889 Le s^r de Renty.
D'argent, à trois doloires de gueules cantonnées.

1890 Le s^r de Rubempré.
D'argent, à trois jumelles de gueules.

1891 Le s^r de Hely (Heilly).
D'argent à la bande fuselée de gueules.

1892 Le sire de Mailly.
De gueules, à trois maillets d'or.

1893 Le s^r de Saucourt.
D'argent fretté de gueules.

1894 Le s^r d'Aubigny.
D'argent à la fasce de gueules chargée de trois besants d'or

1895 Le chastelain de Lens.
Escartellé d'or et de sable.

1896 Le s^r de Halbuterne.

    Burelé d'argent et de gueules, au lyon de sable armé, lampassé et couronné d'or.

1897 Le s^r de Mazières.

    De sinople, à la face d'hermine.

1898 Le s^r de Thérouanne.

    D'azur, sepmé de billettes d'or, au lyon de mesme.

1899 Le s^r de Balleu.

    De gueules, à la croix engreslée d'or.

1900 Le s^r de Beauvais.

    D'azur, fretté d'or.

1901 Le sire de Sally.

    De sable, fretté d'or.

1902 Le s^r d'Annequin.

    Escartelé d'or et de sable, au filet de gueules.

1903 Le s^r de Malinquehan.

    Eschiqueté d'or et de gueules.

1904 Le s^r de Bellibourg.

    D'argent au lyon de sable.

1905 Le s^r de Humières.

    D'argent, fretté de sable.

1906 Le s^r de Hames.

    D'azur, à un escu d'argent au filet de gueules en bande.

1907 Le s^r de Bourc.

    Eschiqueté d'argent et de gueules.

1908 Le s^r de Berre.

    De sable, au lyon d'argent, brisé à l'espaule d'une fleur de lis de sable.

1909 Le s^r de la Motte.

    Varié d'or et d'azur.

1910 Le s^r de Beaulieu.

    D'argent, à deux faces de gueules.

1911 Le s^r de Licques.

Bandé d'argent et d'azur de six pièces, à la bordure engreslée de gueules.

1912 Le s^r de Heuville.

D'or, à deux doloires adossées de gueules.

1913 Le s^r de Gagny.

D'argent, à trois doloires cantonnées de sable.

1914 Ceux d'Arras.

De gueules, au chef d'hermine.

1915 Ceux de Mesins.

D'azur, à un escusson d'argent à l'orle de merlettes de mesme.

1916 Saint-Girno.

De gueules, fretté d'hermine.

1917 Le s^r de Locres.

D'argent à la face de gueules, à une molette de sable en chef.

1918 Le s^r de Bourc.

De gueules, à la croix d'or.

1919 Le s^r de Hardenton.

De sable, sepmé de billettes d'or, à la bande de mesme.

1920 Le s^r de Vermailles.

D'argent, au lyon de sinople.

1921 Le s^r de Villiers.

De sable, à trois losanges d'or.

1922 Le s^r de Fressiaux ou Frettiaux.

De gueules, fretté d'argent.

1923 Le s^r de Fransures.

D'argent, à la face de gueules, chargée de trois besants d'or.

1924 Le s^r du Hamel.

D'argent, à trois lyons de sable.

1925 Ceux de Hedin.

D'azur, à l'aigle à deux testes d'argent.

MARCHE DE TOURAINE

Anjou et Maine (a)

1926 Ceux d'Entenaise.

D'argent, à la croix nillée de sable, accompagnée de trois coquilles de gueules.

1927 Le sire de Montejan.

D'or, fretté de gueules.

1928 Le s^r de Bueil.

Escartelé : le 1 et 4 d'azur au croissant d'argent, accompagné de six croisettes recroisetées, au pié fiché, d'or.

1929 Le s^r du Bellay.

D'argent, à la bande fuselée de gueules, accompagnée de six fleurs de lis d'azur.

1930 Le s^r de Fontaines.

De gueules, à l'aigle d'or, membré et béqué d'azur.

1931 Chaperon.

D'argent, à trois chaperons à l'antique de gueules.

1932 Le s^r de Baux.

De gueules, à l'étoile à seize rais d'argent.

1933 Bouracen.

Escartelé : le 1 et 4 facé d'argent et d'azur de six pièces ; le 2 et 3 de gueules à trois lyons d'or, à l'orle de fleurs de lis de mesme.

1934 Beauvau.

D'argent à quatre lyons quantonnez de gueules, couronnez, armez et lampassez d'or.

1935 La Jalile.

D'argent, à la face fuselée de gueules.

(a) Lacune. Ms. fr. 4985, entre les f°s 81 et 82. (Ci-dessus, n°s 684 et 685.) Copie du xviie siècle, f° 47.

1936 Geofroy Gifart.

D'argent, à la croix de gueules, chargée de cinq coquilles d'argent, et accompagnée de quatre lyons d'or.

1937 Champagne-Tucé.

Escartelé : le 1 et 4 de sable fretté d'argent, au chef de mesme, chargé d'un lion naissant de gueules, couronné, armé et lampassé d'azur.

1938 Ansegnys (Ancenis?)

D'hermine, à la face de gueules.

1939 Asigny.

De sable, à l'aigle d'or.

1940 Antenaise.

Varié d'or et de gueules.

1941 La Tour-Landry.

D'or, à une face crénelée de gueules.

1942 La Giraudière.

Gironné d'argent et de sable, de huit pièces. Et crie : *La Giraudière aux Girons.*

1943 Chasteau-Fremont.

De gueules, à la croix ancrée d'or.

1944 Ceux de Lespine.

D'or, fretté de gueules.

1945 Nebosaie.

D'argent, au lion de gueules, armé, lampassé et couronné d'or.

1946 Jean Martel.

De gueules, à trois marteaux d'or.

1947 Formentières.

D'azur, à deux faces d'argent.

1948 Martigny.

Escartelé : le 1 et 4 de gueules, à trois quintes-feuilles d'hermine ; le 2 et 3 burelé d'argent et d'azur, à une croix engreslée de gueules sur le tout.

1949 Ceux de Laval-Beaumont.

De Laval, au franc cartier de Beaumont le vicomte, qui est d'azur sepmé de fleurs de lis d'or, au lyon de mesme.

MARCHE DE CHAMPAGNE

Dauphiné

1950 Vignay (ou La Tour de Vinay).

De gueules, à une tour d'argent, et un avant-mur crénelé du même (a).

MARCHE DE BRETAGNE

1951 Le s^r de Pluec (b).

Chevronné d'hermine et de gueules de six pièces.

1952 Le s^r de Longaunay.

D'azur, au sautoir d'argent.

1953 Ronyvinen.

D'or, à la hure d'un sanglier de sable armee d'argent.

(a) Omis. Ms. 4985, fº 139. Copie du xvıı^e siècle, fº 57. (Ci-dessus, après le nº 989.)

(b) Copie du xvıı^e siècle, fº 56, vº. Ms. fr. 4985, entre les fº^s 131 et 132. (Ci-dessus, après le nº 1300.)

LES SALADINS D'ANGLURE

LÉGENDE HÉRALDIQUE

(Voyez *Armorial*, nᵒˢ 818 et 885)

~~~~~~~~~

A quelque distance de Troyes, vers l'extrémité du département de la Marne, s'élève un château, reconstruit dans les temps modernes, mais dont le plan général, et quelques débris, attestent encore une époque reculée. Ce château, compris à *l'angle* d'une île formée par l'Aube, avait reçu, à cause de sa position, ainsi que le village qui se développa auprès de lui, le nom d'*Anglure*. Un seigneur de ce même nom figure comme le héros d'une légende, que nous allons rapporter en peu de mots.

Suivant la tradition, ce château appartenait primitivement à une famille nommée de Saint-Chéron, dont les armes étaient d'argent (d'autres disent d'or), à la croix ancrée de sable. Un seigneur de cette lignée, ajoute le récit, partit pour la croisade et se battit contre les infidèles. Vaincu et fait prisonnier par Saladin, il fut mis dans les fers et assujetti au sort des esclaves. Cependant le vainqueur, frappé de la bravoure que le guerrier avait déployée dans le combat, lui promit sa liberté, moyennant une forte rançon, et lui accorda la faculté d'aller la chercher lui-même, pourvu qu'il laissât au départ un gage certain de sa fidélité à remplir l'engagement qu'il contractait. « Je suis pauvre et nu, dit le gentilhomme ; mais je vous engage un trésor qui me reste, plus précieux cent fois que toutes les richesses : c'est ma parole de chevalier chrétien ! » Saladin le laissa partir.

Le seigneur d'Anglure arrive à la porte de son manoir ; mais, défiguré par les souffrances de la captivité, par les fatigues du voyage, par la barbe et le costume de pèlerin, ses serviteurs ne le reconnaissent plus et ne lui accordent qu'à grand'peine l'entrée du castel. Il trouve sa jeune épouse qui, se croyant veuve, célébrait ce jour même les fiançailles d'une nouvelle union. Cependant, à l'aide d'un anneau rompu, dont chacun des époux avait jadis échangé la contre-part, le mari parvient à se faire reconnaître, et les préparatifs d'allégresse servent à fêter son retour inattendu.

Le seigneur d'Anglure goûtait depuis quelque temps les douceurs de la famille ; mais tous ses efforts pour réunir la rançon promise avaient été infructueux. Le délai expiré, notre chevalier songe à sa parole, et, nouveau Régulus, il s'arrache aux embrassements des siens et retourne en captivité. Le sultan, touché de cette conduite, ne voulut pas se laisser vaincre en générosité : il combla le chrétien de présents et le renvoya libre, mais à deux conditions : la première, que les aînés de sa maison porteraient le nom de Saladin ; la seconde, que le blason du chevalier se composerait à l'avenir de grelots ou *grillets* que son cheval à lui, Saladin, portait le jour du combat, soutenus de *croissants*, symbole oriental.

D'autres généalogistes racontent différemment cette aventure. Suivant eux, un seigneur d'Anglure ayant vaincu un mécréant du nom de Saladin, les chrétiens l'engagèrent à transmettre à ses aînés le même nom, comme un trophée héréditaire et impérissable de cet exploit. Quant aux armes, ils prétendent qu'elles existaient antérieurement et se composaient de grelots accompagnés *d'anglures,* ou découpures en *angle,* qui formaient des armoiries parlantes.

Telles sont les principales variantes de ce récit, qu'on peut lire, raconté par divers écrivains et que la tradition reproduit encore de vive voix, en plusieurs localités (a), où nous avons pu la recueillir.

Le plus ancien texte qui rapporte cette tradition, à notre connaissance, en termes explicites, est un éloge d'Anne d'Anglure, surnommé *le Brave guerrier,* seigneur de Givry, etc., éloge composé en latin par Papire Masson, et imprimé en 1594. De là, ce récit a passé dans une multitude d'auteurs, qui la plupart du temps, se sont copiés ou répétés, sans aucune critique (b).

Avant d'examiner la valeur des faits primordiaux, allégués par cette légende, comme ayant été la cause ou l'origine de ce nom de Saladin, porté dans une famille chrétienne, et des armes *orientales,* conservées par la

(a Anglure, Bourlemont, Frebécourt (Vosges) ; Jours (Côte-d'Or), etc.

(b) *Annœi Anglurii, cognomento Givrii, nobilissimi fortissimique equitis elogium;* Papirio Massonio, advocato, etc., *autore* 1594; in-8°. Voy. aussi *Oraison funèbre de Saladin d'Anglure, marquis du Bellay,* etc., par Mesrus de Saint-Ouin, prieur de Loisy. Paris, 1676; in-4° indiqué par Fontette, *Biblioth. histor. de la France,* t. III, n° 31,847. — Louvan Geliot, *Indice armorial,* etc. Paris, 1635; in-f°, p. 228 et 361. — Palliot, *La vraye et parfaite science des armoiries.* 1660; in-f°, p. 228. — Caumartin, *Nobiliaire de Champagne;* 1758, au mot : *Anglure.* — Catalogue des armoiries des gentilshommes qui ont assisté aux Estats de Bourgogne de 1548 à 1682. Dijon, Fr. Durand graveur, 1760; in-f°. — Marin, *Histoire de Saladin;* 1758, in-12, t. II, p. 403 et suiv. — Courtalon-Delaistre, *Topographie historique de la ville et du diocèse de Troyes;* in-8°, 3 vol. 1783; t. III, p. 266. Almanach de Troyes ; in-32 oblong, 1783, p. 41 et suiv. — J. Cayon, *Ancienne chevalerie de Lorraine,* etc. 1850; in-4°, p. 5 et 6. —Beaune, etc., *La noblesse aux États de Bourgogne.* 1864; in-4°, p. 111, 112, etc.

même maison, examinons d'abord ce qu'il en est à l'égard de ce nom et de ces armoiries.

La généalogie de la famille d'Anglure, insérée au Moreri et vérifiée par Caumartin, a été imprimée dans ces deux auteurs. D'après cette généalogie, Oger de Saint-Chéron, mort en 1256 (a), eut pour femme Helvide d'Anglure, dont l'un des ancêtres avait accompagné, à la première croisade, Godefroy de Bouillon. C'est à Oger que l'on applique, avec le plus de vraisemblance, les allégations de la légende. Oger Ier eut pour fils aîné *Jean* (et non Saladin), qui prit le nom et les armes d'Anglure, et mourut vers 1301. Jean eut pour fils aîné Oger II (et non Saladin) ; Ancelin (frère d'Oger II), qui fut d'église, et un troisième fils, qui s'appela en effet Saladin. Celui-ci servit le roi Philippe le Bel dans sa campagne de Flandres, en 1314 ; il fut capitaine et gouverneur de Troyes (b). C'est le premier seigneur de la maison d'Anglure, que sa généalogie authentique nous montre avec le nom de Saladin.

Le fils aîné de Saladin Ier fut Oger III, mais son deuxième fils reçut le nom de Saladin...

Oger V, mort en 1412, eut pour fils Jean, dit Saladin IIIe, de ce surnom. En résumé, la maison d'Anglure se partagea de bonne heure en plusieurs branches, telles que les seigneurs d'Anglure, les vicomtes d'Étoges, les barons de Bourlemont, les barons de Jours et autres. Le premier des Saladins paraît, comme on l'a dit, vers 1300. Jusqu'au xvie siècle, rien de régulier ne se manifeste dans la transmission de ce surnom, ou prénom. Il est intermittent. Mais, à la fin du xvie siècle, il se fixe dans l'une des branches, établie en Lorraine, en la personne de Charles, dit Saladin (VIIe de cette dénomination), né vers 1572, marié en 1602 à Marie Babou de la Bourdaisière, et grand sénéchal de Lorraine. Après lui, ce vocable de Saladin se transmit dans cette branche, d'aîné en aîné, jusqu'à Marc-Antoine *Saladin*, mort en 1688. Puis ce nom échut encore à Louis Saladin d'Anglure, d'une autre branche, marié en 1682, gouverneur de Champagne, etc., mort après 1732, sans postérité. En lui s'éteignit le nom et la maison d'Anglure.

Quant aux armoiries, le plus ancien monument original que nous ayons découvert est un sceau de cire rouge, qui pend à une quittance sur parchemin, conservée au cabinet des titres. Elle commence ainsi : « Sachent tous que je, Symon d'Angleure, chevalier, confesse avoir eu du receveur de Champagne la somme de 45 s. t. etc. » Elle se termine en ces termes : « Tesmoing *mon scel* mis en ceste lettre, *du quel je use.* » La date est du 27 janvier 1353 (1354. n. s.). Ce sceau, rond, très-fruste, présente un écu penché dans un

---

(a) Oger de Saint-Chéron figure parmi les trente-quatre seigneurs de Champagne qui scellèrent, comme témoins, l'acte rendu en 1212 par la comtesse Blanche de Navarre. Cet acte subsiste en original à la direction générale des archives ; mais le sceau d'Oger a été détruit. Voy. Teulet, *Layettes du trésor des Chartes*, 1863 ; in-4°, t. I, p. 386 : *Statutum Blanchæ comitissæ Trecensis de jure hereditario filiorum in compania et Bria et de Duellis.*

(b) Lettres données en 1317, par Me Sallehadin d'Angleure, bailli de Troyes. Vallet de Viriville, *Archives de l'Aube.* 1841 ; in-8°, p. 385.

champ treillisé et semé de petites sphères informes, qui pourraient, à l'extrême rigueur, être prises pour des grelots. L'écu est écartelé : 2 et 3 d'une clé ; 1 et 4 de pièces très-vagues, qui pourraient être deux lions léopardés ? Mais à coup sûr ces pièces ne sont ni une croix ancrée, ni des grelots, ni des croissants, ni des *anglures* (a).

Vient ensuite un sceau d'Oger, sire d'Anglure, pendant à une quittance analogue et datée de mai 1368. Il reconnaît avoir reçu du rece-veur général de Reims 105 liv. pour la paye de lui et de cinq écuyers, savoir : *Salhadin d'Angleure* (Saladin II ?) etc. Le sceau porte un écu banneret, monté latéralement sur une hampe de lance et soutenu par un lion. Sur la bannière ou écu carré, on distingue parfaitement des grelots et des croissants, semés; alternant entre eux ; savoir, 1ʳᵉ tire en fasce : grelot, croissant, grelot; 2ᵉ : croissant, grelot, croissant, et ainsi quatre tires. 1ʳᵉ tire en pal : grelot, croissant, grelot, croissant; 2ᵉ tire : croissant, grelot, croissant, grelot : 3ᵉ comme la 1ʳᵉ (b).

Les archives de Bourgogne contiennent un acte de dénom-brement, donné le pénultième jour de mars 1391, par « Jehan Salehadin d'Ainglure (probablement le précédent) seigneur de Doolot et Melisy, de ce que le dit seigneur reconnaît tenir en fief lige du comte d'Auxerre et de Tonnerre. A une lemnisque tirée de l'acte en parchemin, pend un sceau, rond, de cire brune. Sur un fond treillisé, s'y dessine un écu, droit, en ogive, la pointe en bas. Il est semé de grelots et d'anglures, ou croissants, très-aigus par les pointes et par le dos, ou som-met de la courbe (c).

L'armorial de *Navarre* (vers 1396) ne contient pas de figures ; mais il dit : (N° 654) « Le sire d'Angleure : *D'or, découpé sur gueules, à sonnettes d'argent semées.* » — (N° 710) : « M. Rogier (d) d'Aingleure (*mêmes armes*), à un lambel d'azur. » — (N° 711) : « M. Gauchier d'Eingleure : *semblable-ment*, à un baston d'azur (e). »

Dans les deux figures du héraut Berry (Voir notre planche lithogra-phiée), les grillets et les croissants n'alternent plus. Le champ est d'or, semé de grillets d'argent (métal sur métal) ; soutenus de croissants ou découpures de gueules.

Cependant Saladin V d'Anglure, seigneur d'Etoges, chambellan de René d'Anjou et chevalier de son ordre du croissant, en 1449, portait, au 1 et 3, d'or semé de grillets d'argent, *alternant* avec des Croissants de gueules,

(a) Titres scellés, vol. v, p. 187.

(b) Voy. la fig. ci-dessus (agrandie), d'après *ibidem*, p. 185. Autres montres du même, 1375, 1378; *ibid.*, autre quittance du même, 1383; sceau pareil, p. 187.

(c) Archives de la Côte-d'Or. J'ai sous les yeux un excellent dessin pris sur l'ori-ginal et lavé à l'aquarelle par mon confrère et ami M. Philippe Guignard, à qui j'en suis redevable, ainsi que de renseignements précieux, depuis le 25 mai 1841.

(d) Ogier?

(e) Edition d'Arcq.

comme sur le sceau de Saladin II et sur le sceau d'Oger (1368), que nous avons minutieusement décrit ci-dessus. Nous en jugeons ainsi du moins par un recueil des blasons des chevaliers de l'ordre du Croissant, recueil copié et gravé vers 1590, mais d'après des documents qui remontaient nécessairement au xvᵉ siècle, puisque l'ordre fut aboli par le pape Pie II en 1460 (a).

Un armorial français, composé vers 1500, donne (rapprochement précieux), sur la même page, les blasons plus ou moins fabuleux qui vont être énumérés, savoir :

Le roi Saladin..

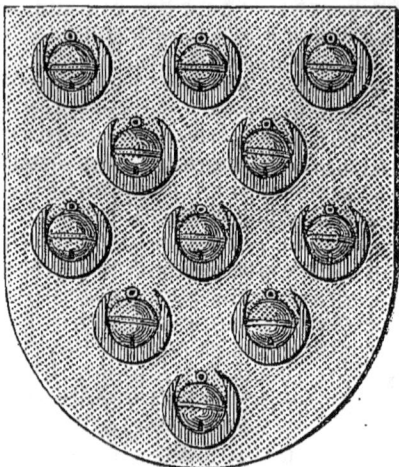

1° l'empereur de Trapesonde (Trébisonde);

2° le roy David;

3° *le roy Salhadin*;

4° le roy Alixandre;

5° *le souldan d'Ammarie* (de Samarie, ou d'Arménie ?)

Le blason qu'il attribue au *roy Salhadin* est, pour les pièces et pour leur disposition, exactement celui que Berry assigne au seigneur d'Anglure (n° 818), savoir : *d'or* semé de sonnettes ou grillets également *d'or*, soutenu de croissants ou découpures de gueules (b).

Les armes du soudan sont de gueules fretté d'or. Chaque barre du fretté est découpée en rinceaux, ou meneaux, évidés, de manière à former, dans les intersections, un quatrefeuille ou champ à quatre lobes, de gueules; et, dans chacun de ces cartouches quadrilobés, une sonnette, ou grelot d'argent. Nous reviendrons plus tard sur les inductions que l'on peut tirer de ces deux curieuses figures (c).

Le soudan d'Ammarie.

On voit encore de nos jours, et j'ai vu en 1841, au château de Bourlemont, dans la chapelle, les dalles tumulaires, gravées ou figurées de plusieurs seigneurs et dames de la maison d'Anglure, qui ont été inhumés en ce lieu. L'un d'eux y est représenté, couché, les mains jointes, vêtu de son blason, en compagnie de sa femme, Marguerite de Montmorency. A la figure du chevalier se rattache cette inscription : « Cy git Colas d'Anglure, baron de

(a) Bibl. imp. Ms. fr. n° 5225, f° 20; ms. fr. n° 5605, f° 104.

(b-c) Voy. les deux figures ci-dessus, d'après le Ms. St-G. fr. 662, f° 3.

Bourlemont, le quel trespassa le jour de Sainte-Anne, xxvie de jeullet mil
v^c et xvi (1516) ; priés pour luy. » Ses armes sont écartelées d'Anglure
et d'Etoges, brisées d'un écu en abîme pour Bourlemont. Dans le quartier
d'Anglure, les grelots et les *croissants* alternent très-clairement (*a*).

Sur la porte de l'escalier du principal corps de logis, se voit un écusson
aux armes d'Anglure, surmonté d'une couronne à perles pour fleurons et
entouré du collier de l'ordre de Saint-Michel, avec cette date sculptée (en
chiffres arabes du xvie siècle) : 1526. Ici les grelots n'alternent plus ; ils
sont semés et soutenus, ou accompagnés, chacun, non plus de croissants,
mais de découpures rectilignes (*b*).

Tel est encore le quartier d'Anglure sur les armes d'un autre seigneur,
inhumé dans la même chapelle, avec cette inscription : « Cy gist messire
Salehadin d'Anglure, chevalier, baron et seigneur de Bourlemont, qui trespassa le IIIe jour de juillet m. v^c xlv (1545). Priés pour luy (*c*). »

Les armes de « Messire François d'Anglure » (*d*), peintes vers 1540 par
Jean le Feron dans son armorial manus-
crit (*e*); un fragment de rétable sculpté
en 1575, provenant du château de Jours
et conservé au musée de Dijon; une che-
minée peinte et sculptée vers le même
temps, qui subsiste au château de Jours,
reproduisent les armes d'Anglure d'une
manière uniforme. Plus de croissants;
mais des découpures aiguës (*f*).

Les croissants curvilignes reparaissent
au xviie siècle, notamment sur le cachet
d'une lettre adressée de Troyes, le 2 août
1687, par le seigneur d'Etoges, baron
d'Anglure, à l'évêque de Troyes, et dans
les divers traités de blason de cette période, tels que Palliot, Ménétrier et d'autres (*g*).

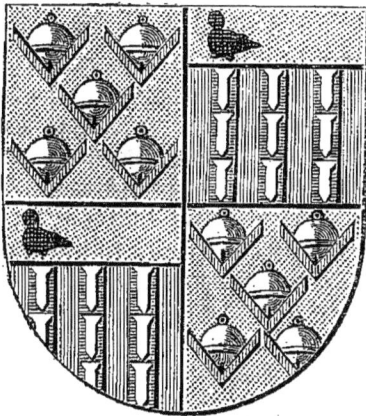

(*a*) Dessins pris sur place, en 1841.

(*b*) Mêmes dessins.

(*c*) Même source.

(*d*) Vicomte d'Etoges, lieutenant général pour le roi en Champagne, mort le 21 septembre 1544.

(*e*) Ms. fr. 5934 de la Bibl. imp., f° 43. Voy. la figure gravée sur la présente page.

(*f*) Mêmes dessins. — Ainsi les croissants disparaissent du blason de la maison
d'Anglure et de ses supports ou signes extérieurs, de 1526 à la fin du xvie siècle.
Henri II, né en 1519, eut, de très-bonne heure, le croissant pour devise, et l'on
n'ignore pas quel rôle joua ultérieurement ce symbole. Nous n'insistons pas, d'ailleurs, sur ce rapprochement, et nous reconnaissons que ce changement des croissants
en pièces découpées peut tenir à une cause purement arbitraire et privée.

(*g*) *Archives de l'Aube*, p. 100, 180. Palliot, p. 228. La Colombière (ou Salvaing de
Boissieu), *La science héroïque.* 1669; in-f°, p. 174. Ménestrier, *Méthode du blason.*
1693, p. 152. Etc., etc.

Cherchons maintenant à vérifier ces allégations et ces faits, à l'aide des données positives que nous fournit l'histoire.

La maison de Saint-Chéron et celle d'Anglure tiraient leurs noms de deux fiefs situés à peu de distance l'un de l'autre, dans le voisinage de Sézanne. Elles appartenaient d'ancienneté à la mouvance des comtes de Champagne. Toutes deux figurent à ce titre, dès 1152, époque où le comté de Champagne prit en quelque sorte son assiette féodale (a).

Le sire d'Anglure était un des quatre barons de la crosse et le premier baron de la *chrétienté* de Troyes. Il n'est donc point invraisemblable, en thèse générale, que ces seigneurs aient pris part aux grandes expéditions des chrétiens du moyen âge en Orient.

Cependant les historiens des trois premières croisades ne nous fournissent aucune mention, aucun passage, qui puisse s'adapter aux récits en question. Nous y avons vainement cherché le nom même, sous une forme quelconque, du chevalier champenois qui en aurait été le héros. L'époque de la quatrième et dernière croisade paraît être, à certains égards, celle qui conviendrait le mieux aux principales allégations de ce récit.

En 1239, Thibaut IV, roi de Navarre et comte de Champagne, s'embarqua pour la Terre sainte. Il était accompagné d'un certain nombre de ses vassaux, mais qui, en général, ne sont pas clairement dénommés par les historiens. Parmi ces chevaliers, on remarque Etienne de Sevinghem (b), ainsi nommé dans le principal manuscrit du chroniqueur; manuscrit contemporain de l'expédition et de l'auteur. Mais un autre manuscrit du *quinzième* siècle substitue à ce nom de Sevinghem, celui de *Saint-Chéron.*

Peu après leur débarquement, les croisés livrèrent aux Sarrasins la célèbre bataille de Gaza. Les chevaliers français y firent des prodiges de valeur; mais ils furent complétement vaincus. Là moururent ou furent pris, dit le même historien, le comte de Bar (-le-Duc), chef de l'expédition, *Estienne* de Karni (Charny), qu'il nomme *Mathieu* quelques lignes plus haut ; « et assés d'autres que je ne sçay mie nommer (c). » Ceux-ci ajoute- « t-il, furent lié et mené en prison, en Egipte, en Damiète, et au Kakaire (le Caire) et en Babiloine et en mains autres lieux par le païs (d). »

Telles sont les seules lueurs, les seules apparences de conformité, que les textes de l'histoire présentent à la critique, avec les affirmations de la lé-

(a) H. d'Arbois de Jubainville, *Histoire des ducs et comtes de Champagne*, t. ɪɪ, p. 425 et cxxx.

(b) En 1216, Étienne de *Seignelay*, en Bourgogne, figure parmi les alliés d'Erard de Brienne, prétendant à la succession du comté de Champagne. Jubainville, ouvr. cité, t. ɪv, p. 129.

(c) *Recueil des historiens des croisades, Historiens occidentaux*, t. ɪɪ, publ. par MM. Ph. Le Bas et H. Wallon. 1859; in-fº, p. 539. M. de Jubainville, juge si éclairé en ce point, et dont les omissions ont, en quelque sorte, une valeur judiciaire, passe complétement sous silence la mention de Saint-Chéron. *Ibid.* p. 315 et suiv.

(d) « Moult estoient gabé (moqués) et escharni (raillés) parmi les bonnes villes des mescréanz où il entroient. Li mescreant pristrent fiante de chevauz et autres bestes et les metoient ès encensiers et les encensoient, etc. » *Ibid.* p. 541, 546.

gende.. Mais on voit, dès à présent, combien une pareille base est insuffisante
et inadmissible. Le second personnage nécessaire, qui joue un rôle dans
cette tradition est le sultan, ou chef militaire : Saladin. Or, on connaît deux
Saladins, qui ont successivement marqué dans l'histoire d'Orient, au
moyen âge. Le premier, Malek-Nasser-Yousouf Salah-ed-Din, né en 1137
de notre ère, fut sultan d'Egypte et se distingua contre les chrétiens. Plusieurs traits de son caractère s'accordent avec l'attitude que lui donne le
récit dont nous traitons. Mais il mourut en 1193, quarante-six ans avant
l'époque assignée par le continuateur de Guillaume de Tyr, (texte visé ci-dessus) à la présence d'un Saint-Chéron en Terre sainte. L'autre, Melik-el-Nasr
Salah-ed-Din, ou Saladin second, fut sultan d'Alep et mourut en 1261. Mais
il n'était âgé que de dix ans en 1239, date à laquelle se rapporte l'action gé-
néreuse, attribuée au puissant capitaine des mécréants ; et la succession
des actes de sa vie (a) ne donne lieu à aucun rapprochement conciliable
avec cette légende (b).

Ainsi donc, silence, obscurité, incompatibilité morale et chronologique
entre les faits allégués, tels sont les résultats que l'on a devant les yeux, si
l'on cherche à éclairer ce récit par les lumières positives de l'histoire.

Cependant, à défaut d'une source rationnelle, authentique, et de témoignages portant avec eux le caractère de la certitude historique, il n'est peut-
être pas impossible, en cherchant dans un domaine voisin de l'histoire, de
s'expliquer, du moins jusqu'à certain point, l'origine de cette tradition.

Saladin Ier, le sultan d'Egypte, est un de ces personnages qui, par leurs
dons brillants, propres à charmer, au point de vue moral, les imaginations,
ont laissé une double trace, et dans l'histoire, et dans la poésie, ou roman.
Les vertus de Saladin, sa haute capacité, son courage, sa générosité envers
les vaincus, sa courtoisie envers les femmes, ont été célébrés, d'un côté par
ses coreligionnaires ou compatriotes, de l'autre par les chrétiens. Nos chroniqueurs occidentaux rendent hommage à ces hautes qualités d'un adversaire,
par le témoignage précis de leurs narrations. Les poëtes, ou trouvères français, les ont également chantés dans leurs vers. Suivant ces récits, qui glissè-
rent, en se transformant, du terrain de la vérité sur le domaine de la fiction,
Saladin se fit recevoir chevalier par Honfroy de Thoron, l'un des barons
chrétiens de la croisade.

Un poëte du xiiie siècle a composé, d'après cette donnée, un poëme
devenu fameux et intitulé l'Ordene de chevalerie (c).

(a) La vie de Saladin II.

(b) Voy. sur ce point: Histoire de Saladin, sulthan d'Égypte, par Marin. Paris,
1758, 2 vol. in-12 ; t. ii, p. 403, 405, 490.

(c) Sources citées : Marin, historien des croisades ; biographie Didot, article Saladin·
L'ordene de chevalerie, publ. par Barbazan. 1759 ; in-12. Histoire littéraire de la France
t. xviii, p. 752-760. Le Pas Salhadin, pièce historique en vers relative aux croisades
publ. par Trébutien. Paris, 1836 ; in-8°. Voy. aussi le Roman de Godefroy de Bouillon et de Salhadin, ms. 383 ; Sorbonne (Bibl. imp.). Cet exemplaire est daté de 1337
et orné de nombreux blasons. Voy. aussi Conqueste d'Outre-mer, ms. Sorbonne, 387.

Suivant cette dernière composition, Saladin, après avoir repris Jérusalem aux chrétiens, fit venir devant lui un des chevaliers français qui avaient défendu cette capitale et qui est nommé, non plus Honfroy de Thoron, mais *Hue de Tabarié* ou Hugues de Tibériade (a). Saladin témoigne d'abord à son ennemi l'estime que lui inspirait son courage. Il le salue amicalement ; puis lui signifie qu'il ait à lui payer une forte rançon, (200,000 besants), ou à perdre la vie. Hugues se résigne à périr, dans l'impossibilité où il se voit de réunir une si grande somme. Mais Saladin le rassure et l'invite à se rendre auprès des siens, pour y recueillir la somme prescrite. Il lui accorde même à cet effet un délai de deux ans et lui rend la liberté sur parole ; à condition, toutefois, que le chevalier, sous l'obligation de son honneur, reviendra dans cet intervalle, soit pour apporter sa rançon, soit pour se constituer prisonnier. Hugue s'engage par serment et se dispose à partir. Mais Saladin le retient pour lui demander à être informé de la chevalerie chrétienne, et de tout ce qui touche à cet ordre si célèbre, à ce *mystère*.

Hugues se refuse d'abord à l'initiation d'un infidèle ; puis il soumet le Musulman à toutes les cérémonies successives qui s'accomplissaient pour faire un chevalier. L'initiateur ne manque pas d'expliquer et d'exalter le sens moral et allégorique de ces divers actes. Saladin, rempli d'admiration, pousse la bienveillance et la générosité jusqu'à l'enthousiasme. Il conduit le chrétien dans une salle où se trouvent cinquante *amiraux* ou capitaines sarrasins. Le sultan les convie lui-même à former, en se cotisant, la rançon du chevalier chrétien. Ces officiers s'y prêtent de bonne grâce ; mais il manque encore seize mille besans pour parfaire la somme. Saladin mande alors son trésorier et fait compter, à ses frais, les seize mille besans. Hugues, ainsi racheté, est renvoyé libre ; il est comblé de présents par son vainqueur et se retire, emmenant avec lui dix autres chevaliers libérés sans rançon (b).

Cette narration, comme on voit, ne contient pas tous les éléments de la légende. Mais on y trouve des points de repère sensibles et une analogie, qui, ce me semble, ne saurait être déniée. Une grande part, dans le récit complet de la légende, doit être nécessairement attribuée à la tradition orale ; la tradition, cette boule de neige, qui va toujours grossissant de bouche en bouche, se transformant de siècle en siècle et souvent aussi se déformant.

On peut, je crois, regarder comme un fait non-seulement admissible, mais présumable, qu'un membre de la maison d'Anglure ou de Saint-Chéron prit part à l'une quelconque des croisades. Au moment où le poëme de *l'Ordene de chevalerie* se propage et prend faveur en France, nous voyons se produire aussi les premiers témoignages de cette tradition domestique. *Saladin I*er d'Anglure, chevalier en 1317, dut naître en effet vers la fin du

(a) Voy. ces deux noms : *Tabarié, de Thoron*, dans les historiens occidentaux, vol. cité, à la table.

(b) *L'ordene de chevalerie*, etc. Barbazan. **E.-J.** Delécluze, *Roland ou la Chevalerie*. Paris, 1845 ; in-8° t. 1, p. 78 et suiv.

xiii⁰ siècle. Il suffit, pour expliquer cette dénomination, que la famille d'Anglure se fût approprié en partie la légende de *l'ordene*, et qu'en souvenir de ce prétendu antécédent, elle eût dès lors résolu de perpétuer parmi les siens le prénom ou surnom de Saladin, ajouté au nom de baptême et patronymique de ses membres. Combien de légendes nobiliaires, ou traditions domestiques de ce genre, n'offrent point une origine plus légitime, ni plus certaine (a)!

Plus tard et peu à peu, le récit s'agrandit et s'orna. Plusieurs de ces ornements ajoutés trahissent la source imaginaire, ou romanesque, à laquelle ils furent empruntés. Ainsi, la circonstance du mari méconnu qui revient au moment où sa femme va convoler à de nouvelles noces, l'anneau d'alliance, *brisé* et partagé par les époux, servant à déterminer leur mutuelle reconnaissance, tout cela forme un espèce de lieu commun à l'usage des romanciers. Tout cela se retrouve dans une multitude de contes et notamment en partie dans une légende héraldique de la maison de Rupt (b).

Cette histoire fabuleuse, développée et fixée par la plume des panégyristes, prit un corps plus précis et plus saisissable à la fin du xvi⁰ siècle. Perpétuée par la famille, à cause du lustre moral et d'antiquité qu'elle jetait sur cette race, elle trouva au dehors ce crédit qu'obtiennent toujours les fables, lorsqu'elles sourient, par leur contexture et leurs couleurs, à l'imagination. Le nom de Saladin finit alors par devenir systématiquement héréditaire, d'aîné en aîné et de mâle en mâle, dans l'une des branches de cette maison, qui comptait encore de nombreux rameaux (c). Tant que la famille subsista, la tradition rencontra cette crédulité, ou mieux cette complaisance extérieure, qui servit de support, en d'autres exemples, à tant de prétentions bien autrement incertaines ou exagérées. A peine la famille est-elle éteinte, que nous voyons un savant littérateur, connu ; que nous voyons, dis-je, Marin, auteur de *l'Histoire de Saladin*, analyser cette légende, pour en démontrer la fausseté et en faire justice.

Quant aux croissants ou grelots provenant, suivant l'une ou l'autre variante de la tradition, d'un ennemi musulman, vainqueur ou vaincu, ce

---

(a) En 1395, Oger, seigneur d'Anglure, entreprit à titre de pèlerinage privé, le voyage de la Terre sainte. Parti d'Anglure le 16 juillet, il entra en Italie par la Savoie et s'embarqua pour l'Archipel à Venise. Il visita successivement Corfou, Alexandrie, Rhodes, Damas, Jaffé, Jérusalem, Bethléem, le Caire, Alexandrie d'Egypte et l'île de Chypre. « Et le jeudi... xxii⁰ jour de juing, 1396... refeusmes au disner à Englure. » Ainsi s'exprime le voyageur lui-même dans une relation originale dont une copie manuscrite, exécutée vers 1500, nous a été conservée. Ms. fr. n⁰ 15217 de la Bibliothèque impériale. Cet opuscule a été imprimé sous le titre suivant : *Journal contenant le voyage fait en Terre sainte par Simon de Sarrebruche, chevalier baron d'Anglure*, etc. (et Oger d'Anglure). Troyes ; Noël-Moreau. 1621 ; in-8⁰.

(b) *Revue historique de la noblesse ;* in-8⁰. 1841 ; t. ɪ, p. 30 et suiv.

(c) Du Cange écrivait, en 1668 : « La maison d'Anglure crie : *Saladin* ou *Damas!* dont l'origine est racontée par Papire Masson, en l'éloge du seigneur de Givry. » *Dissertations sur Joinville*. Dissertation xɪ : *Du cri d'armes*. Papire Masson. Voy. ci-dessus p. 200, note *b*.

genre de transmission était tout à fait habituel dans les mœurs militaires du moyen âge. La pratique à laquelle on fait allusion remontait certainement à l'usage des trophées de l'antiquité. Qu'il nous suffise de citer un exemple. Un chroniqueur anonyme raconte qu'en 1428 le seigneur de Scales, Anglais, combattit en Normandie un célèbre chevalier, le sire de Coulonces, et le vainquit. « Et pour ce que, ajoute le chroniqueur, et pour ce que ledit baron de Coulonces portoit des floquars à sa devise (espèce de volants d'étoffe ou lambrequins qui décorait son heaume), ledit seigneur de Scales les porta toujours en signe de vaillance, et laissa les seraines (sirènes), qu'il portait en précédent (a). »

Ces détails nous ramènent naturellement aux particularités héraldiques de la légende.

D'après la tradition et la généalogie citée, Oger d'Anglure, mort en 1301, aurait substitué le nom et les armes d'Anglure à ceux de Saint-Chéron. Les monuments qui nous sont parvenus ne m'ont pas permis de vérifier ce point, en lui-même très-naturel et ordinaire. Mais nous avons pu constater que Simon d'Anglure, en 1354, portait sur son scel un blason distinct et différent. Puis les armes d'Anglure, avec les grelots et croissants, se montrent ou reparaissent ensuite dans les monuments ultérieurs. Cette particularité relative à Simon n'a rien absolument d'insolite. Ces changements d'armes, dus simplement à un caprice individuel, se rencontrent à chaque pas dans l'histoire des faits héraldiques. J'admets donc volontiers que cette substitution des successeurs de Simon, par rapport à ce dernier, est une seconde substitution, en comptant celle des Anglures aux Saint-Chéron pour la première. J'admets enfin que le blason d'Anglure qui, en 1368, se composait de grelots et de croissants, remontait à l'origine même du blason, c'est-à-dire environ au XIIᵉ siècle (b).

Resterait à expliquer comment ce même blason, dans l'armorial de Berry le plus ancien monument *peint* que nous connaissions, était formé de grelots *d'argent* sur un fonds *d'or*, c'est-à-dire de métal sur métal. Ce point accessoire semble surtout problématique, à raison de la légende orientale à laquelle il se rattacherait. Faudrait-il voir, dans ce spécimen, une autre dérogation volontaire et spéciale à une règle élémentaire et bien connue? Faudrait-il y voir des *armes à enquerre* comme celles de Jérusalem : *d'argent à la croix d'or*, etc.; ainsi blasonnées, disent les héraldistes, parce que l'or et l'argent n'étaient point trop *nobles* pour figurer un tel royaume? Dans le cas présent, le cas qui se rapporte aux Anglure, il convient encore, à notre avis, d'écarter le merveilleux et de rentrer dans l'ordinaire, si l'on veut rencontrer le vrai.

Un écrivain, fort instruit de la matière que nous traitons, s'exprime ainsi : « On lit dans un ancien héraut d'armes de Champagne que l'écu primitif de cette maison (la maison d'Anglure), était papelonné de gueules

(a) *Chronique de Jean Chartier* (suites), t. III, p. 200, 201.

(b) Voy. à la fin de cette dissertation, *Note-appendice*.

[et d'or ?] semé de sonnettes d'argent, etc. (*a*). » Cet écrivain ne nous fait pas savoir plus précisément quel est ce héraut et son ouvrage. Mais nous avons déjà fait observer que *Navarre*, l'auteur du plus ancien de nos armoriaux connus, blasonne ces mêmes armes : « D'or découpé sur gueules à sonnettes d'argent semées. » Le *papelonn*, comme on sait, est ainsi nommé, selon quelques-uns, parce qu'il consiste en découpures rangées par tires dans l'écu, et dont les intervalles, ou *écailles*, ressemblent assez à des ailes de *papillon*. Le papelonné, composé comme l'hermine d'un métal et d'une couleur (argent et sable pour l'hermine), formait donc une sorte de champ neutre et hybride, ainsi que cette fourrure (*b*)? On pouvait donc y placer des pièces quelconques, soit de métal, soit de couleur, et les grelots d'*argent* (que les héraldistes du xve siècle asseyent sur les croissants de *gueules*), s'adaptaient parfaitement, par leur forme, à remplir les ailes ou écailles du papelonné primitif. Quoi qu'il en soit, on a vu, d'après un exemple cité plus haut et tiré du ms. S. G. fr., no 662, que, vers 1500, 1o les armes du roi Saladin; 2o celles de l'un des soudans de la Terre sainte; (et 3o, ajouterons-nous, les armes des Saladins d'Anglure), étaient blasonnées d'après un même type. On a vu, en effet, que ces trois blasons n'offrent pour ainsi dire entre eux que des variantes ou brisures (*c*).

De ce dernier rapprochement, nous conclurons, en premier lieu, que la légende des Saladins d'Anglure avait évidemment cours et créance parmi les héraldistes, à l'époque où fut construit l'armorial que l'on vient de citer.

On en peut déduire aussi que, tel qu'il était, *à enquerre* ou non, et quelle qu'en pût être l'origine, le blason des Saladins d'Anglure était alors adopté et consacré par les maîtres en l'art héraldique.

(*a*) J. Cayon, *Ancienne chevalerie de Lorraine*, p. 5, 6.

(*b*) D'autres écrivent *pampelonné*, *pampeluné*, et le font venir de Pampelune. « Le *papelonné* ou *pampelune*, est mentionné comme une fourrure dans le roman de Garin le Loherain. » F. Michel, *Etoffes de soie*. 1852; pet. in-4o, t. i, p. 111.

(*c*) André Duchesne, dans son *Histoire de la maison de Montmorency*, consacre un article à Marguerite de Montmorency, femme, en 1471, de Colas d'Anglure, mort en 1516. Voy. ci-dessus p. 203, 204. Il reproduit les armes de Marguerite et décrit ainsi la partition de son mari : « Anglure, d'or, pampelonné ou découpé de gueules à grillets ou sonnettes d'argent semées. » 1624; in-fo, p. 243. Voy. aussi Le Laboureur *Origine des armoiries*. 1658; in-4o, p. 217. La copie du héraut Berry, exécutée au xviie siècle, et qui nous a fourni le *supplément* de cet Armorial, porte (à l'art. no 818 de notre édition) : « D'or découpé de gueules; chaque découpure chargée d'un grillet d'argent, » fo 50 vo. L'auteur joint à cet article la note généalogique ci-après transcrite : « L'ancienne maison d'Anglure, connue sous les noms d'Étauges, de Bourlemont et de Sy. La branche d'Étauges a passé dans la maison de Savigny, originaire de Lorraine, qui est obligée de porter les noms et les armes d'Anglure. C'est donc aujourd'hui Marc-Antoine Saladin d'Anglure, comte d'Étauges, marquis du Bellay, prince d'Yvetot, baron d'Anglure, qui a épousé N. de Rouville, dont des enfants. » (*Ibid.*, fo 51.) Voy. encore ci-dessus page vij, note 1 et ms. fr. 5605, fo 104.

Note-appendice.. (Voy. ci-dessus, page 209, note *b*).

Quels sont les plus anciens monuments subsistants de l'art héraldique?

Nous écarterons d'abord de cette recherche les monuments sigillaires, qui se confondent avec les symboles en général et qui remontent à la nuit des temps. Il n'y a de blason que là où il y a des règles, et il n'y a de règles que là où il y a des émaux. Nous commencerons donc aux monuments coloriés.

Dans la tapisserie de la reine ou duchesse Mathilde, morte en 1083, beaucoup de guerriers portent des boucliers multicolores et ornés. Mais ces dessins ne sont pas réglés suivant l'art héraldique : ils continuent la tradition des armes décorées suivant le mode de l'antiquité (*a*).

Les *émaux* proprement dits, et probablement ceux de Limoges, sont, je crois, la source la plus ancienne qui puisse nous fournir les exemples désirés. Tout le monde connaît la curieuse plaque de cuivre émaillée qui décore aujourd'hui le musée du Mans, après avoir été conservée, pendant des siècles, à la cathédrale de cette ville. Elle représente un guerrier portant un écu où se remarquent quatre lions ou léopards d'or, semés sur un fond *bleu* (*b*). La coiffure du personnage offre la même décoration. Les uns voient dans ce personnage Geoffroy Plantagenet, duc d'Anjou, mort en 1152, et dans cette plaque un ouvrage contemporain de ce prince; d'autres, il est vrai, renvoient cette production à la fin du même siècle (*c*); mais nous inclinons fortement vers la première opinion, en nous appuyant avant tout sur le caractère archaïque du costume et sur la confection *élémentaire* de ce blason. On ne peut douter, dans tous les cas, que ce monument est et a toujours été un des spécimens les plus anciens de l'art héraldique, et l'une de ses productions primitives ou *incunables* de cet art.

C'est en effet sous le règne de Louis VII (1137-1180), que les écrivains les plus sensés dans cette matière, s'accordent à voir les premières traces des armoiries héréditaires et réglées (*d*).

Nous citerons ensuite quelques vitraux de la cathédrale de Chartres. L'un de ces fragiles et précieux tableaux représente Alix, femme de Pierre de Dreux, vêtue de son blason qui décore la jupe de sa robe. Il en est de même

---

(*a*) Voy. à cet égard les anciens manuscrits, et les gravures italiennes dans les éditions, imprimées au XVIᵉ siècle, du *Notitia utriusque imperii romani*.

(*b*) Ces mêmes armes *réglées* sont devenues depuis le blason d'Angleterre.

(*c*) *Le Moyen âge et la Renaissance*, t. V : *émaux*. — E. Hucher, *Émail de Geoffroy Plantagenet*. 1860; in-8°. — J. Labarte, *l'Émaillerie*, etc. 1856; in-4°, p. 199 et suiv.; *Histoire des arts industriels*, etc. 1865; in-4°, t. III, p. 670 et suiv.

(*d*) Fauchet, cité par Moreau, *Le tableau des armoiries de France*. 1609 in-8°, p. 15. Ménestrier, etc.

de Mahaut, épouse de Philippe, comte de Boulogne, marié en 1216 et mort en 1233. Ce dernier porte ses armoiries sur sa cote d'armes. Ces divers ouvrages sont reconnus pour appartenir à la première moitié du xiiie siècle (a).

Nous arrivons ainsi à saint Louis, où le blason devient un art, très-goûté, très-usité dans l'ornementation et où commencent à se produire les *brisures*, signe d'un usage déjà développé. Beaucoup de bassins doubles ou gémellions (b), ouvrages de Paris et surtout de Limoges, appartiennent au xiiie et au xive siècle, surtout à partir du règne de saint Louis (1226-1270). Nous n'omettrons pas de mentionner, comme un exemple très-notable de ce genre, le coffret ayant appartenu à ce prince et que le musée des Souverains conserve actuellement sous le nom de cassette de saint Louis (c). Ce coffret, qui servait, dit-on, à renfermer la *discipline* de cet ascétique souverain, est très-élégamment orné de médaillons parmi lesquels l'art héraldique joue le principal rôle; on y trouve reproduits près de cinquante écus d'armoiries où sont figurés les blasons les plus célèbres des barons français ou des puissances chrétiennes du xiiie siècle.

Les manuscrits ornés de miniatures fourniraient aussi quelques exemples précieux dans la série des ouvrages que nous recherchons. Mais pour signaler les plus anciens, il faudrait entreprendre un dépouillement *ad hoc*, travail immense et qui n'a pas encore été fait (d).

Nous signalerons enfin l'armorial du héraut Berry que nous publions, comme le plus ancien livre de ce genre, orné de figures peintes, qui soit connu et qui subsiste de nos jours.

(a) Lasteyrie, *Histoire de la peinture sur verre*. 1853; in-f°, planche xi, etc. Cf. pl. xvii, guerriers de la cathédrale de Strasbourg : Saint-Victor et Saint-Maurice; un peu antérieurs aux vitraux de Chartres, cités. Saint Victor et saint Maurice portent des écus ornés ou décorés de *couleurs sur couleurs* : tandis qu'à Chartres, les émaux sont héraldiques et *secundum artem*.

(b) Bassins *lavabo* pour l'autel et pour la table dans les existences privées.

(c) N°35 du Catalogue publié par M. Barbet de Jouy.

(d) Ce grand travail, désiré et institué, sans succès, par M. de Salvandy, en 1838, a été repris, de nos jours, par le zèle méritoire et désintéressé de notre savant confrère et ami M. H. Bordier, qui le continue depuis plusieurs années. M. Bordier prépare lentement et laborieusement le catalogue des miniatures qui décorent chacun des manuscrits de la Bibliothèque impériale. Le fonds latin, seul, est déjà en partie exploré. — Voy. *Armorial du héraut Berry*, ci-dessus p. 91, note a et ms. 10,435, *passim*.

INDEX ALPHABÉTIQUE

Bellibourg, n° 1904.
Belon, n° 1023.
Benac, n° 1173.
Beuville. Voy. *Beuville*.
Bercus, n° 126.
Bergue, n° 1883.
Berly. Voy. *Verly*.
Bernamont, n° 862.
Berre, n° 1903.
Bery, n° 656.
Berry, p. 6 et suiv., 22, 48, 63, 185. Voy. *Bouvier*.
Berseuse, n° 1082.
Bertevin, n° 696.
Bertrand, n° 1786.
Bès, n° 727.
Bettencourt, n°s 551, 579.
Betz. Voy. *Bès*.
Beuil. Voy. *Bueil*.
Beulles, d° 1785.
Beuve, n° 1166.
Beuville, n° 665.
Biaumenoir, n° 1238.
Biaumont. Voy. *Beaumont*.
Biauval. Voy. *Belleval*.
Biauvilier. Voy. *Beauvilliers*.
Biauvoir. Voy. *Beauvoir*.
Bigny, n°s 312, 1816
Bigos ou Bigot, n° 601.
Bila, n° 1178.
Billy, n°s 762, 854.
Biron, n° 1125
Blainville, n° 526.
Blamont, n° 802.
Blanchefort, n°s 240, 1783.
Blancquafort, n° 230.
Blarue, n° 590.
Blasons légendaires, p. VII, 203 et suiv.
Bloc, n° 274.
Bloces, n° 558.
Blois, n° 54.
Blon, n° 1828.
Bobelinière (La), n° 176.
Bochage (de), n° 977.
Bochay, n° 390.
Boconvillier, n° 99.
Bodard, n° 406.
Boeme. Voy. *Bohéme*.
Boesay, n° 559.
Bohême, p. 21, n° 18.
Boiau, n°s 188, 1746.
Bois ou Du Bois, n°s 353, 610, 621 Voy. *Bos, Bouis*.
Boise (de), n° 1818.
Boisgrenier, n° 139.
Boisi ou Boissy, n° 202.
Boissac, n° 971.
Boissat, n° 971.
Boisvert, n° 351.
Bolle, n° 1071. Voy. *Boul*.
Bone, n° 452.
Bonnay, n° 216.
Bonnebeau, n° 555.
Bonneul, n° 177.
Bordes, n° 137.
Borne (de la), n° 298.
Bornonville, n° 438.

Bordet, n° 1770.
Borniquel, n° 1214.
Bos (Du), n° 376.
Bosredon, n° 1823.
Bossus, n° 476.
Botherel, n° 1258.
Botrel, n° 1258.
Boubers, n° 1115.
Bouchage (Du), n° 977.
Boucicault. Voy. *Boucycaux*.
Boucycaux, n° 719.
Bouel, n° 421.
Bouillon (Godefroy de), p 20, 51, 201, 206.
Bouis, n° 413.
Boul, n° 1057.
Boulongne, p. 45, 48 n° 427.
Bouny. Voy. *Bonnay*.
Bouracen, n° 1933.
Bourbel, n° 623.
Bourbon, p. 6, 45, n°s 36, 313, 1801. Voy. *Clermont, Monpensier, Préaux, Vendôme*.
Bourc, n°s 1907, 1918.
Bourc-Guérin (le), n° 734.
Bourch, n° 873.
Bourges, p 6 et suiv.
Bourgogne, p. 46, 48, n°s 34, 40, 46, 65. Voy. *Nevers*.
Bourguignen, n° 1177.
Bourlemont, p. 200 et suiv.
Bourneul, n° 458.
Bournonville. Voy. *Bornonville*.
Bourssier, n° 934.
Bousies, n° 484.
Boutilliers (les), n° 162.
Boutry, n° 418.
Bouvier (Le), n°s 175, 1771.
Bouvigney, n° 861.
Bouvigny. Voy. *Bouvigney*.
Bouville, n° 1748.
Boves, n° 179.
Bovès, pour *Beauvais*, n° 367.
Bovillier, n° 432. Voy. *Beauvilliers*.
Boyaux. Voy. *Boiau*.
Bozniquel. Voy. *Borniquel*.
Brabant, n°s 133, 1352. Voy *Breben*.
Brachet, n° 1827.
Bracques (les). Voy. *Braque*.
Braque, n° 83.
Braquemont, n° 532.
Brabant. Voy. *Breben*.
Breben, n° 843.
Bréon, n° 1836.
Brescieux, n° 975.
Bresille, n° 723.
Bressey. Voy. *Bruscey*.
Bressieu, n° 975.
Bressoles, n° 1838.
Bretagne, n° 59. V. *Etampes, Pierre II*.
Bretenou (Châteauneuf de), n° 1194.
Breteuil, n° 1861.
Breteval, n° 1879.
Bretonou. Voy. *Bretenou, Châteauneuf*.
Breuil (Du), n° 1834.
Breuil-Doré. Voy. *Brildoré*.
Brézé, p. 31, n° 683.

Poissy, n. 1758.
Poix, n. 1876.
Polaine. Voy. *Pologne.*
Polechar, n. 1874.
Polierbes, n. 303.
Pologne, p. 31, n. 25
Pomay, n. 331.
Pommay, Voy. *Pomay.*
Pompadour. Voy *Ponpador.*
Pomponne, n. 86.
Ponçon, n. 1013
Ponnery, n. 1153.
Ponpador, n. 286.
Pouponne. Voy. *Pomponne.*
Pons, n. 578, 1074.
Pont-d'Oire n. 1009.
Pont (marquis du), n. 847.
Pontarlier, n. 763.
Pont-Audemer. Voy. *Ponteau-de Mer.*
Ponteau-de-Mer, n. 589.
Pontevez, n. 1056.
Pontevys. Voy. *Pontevez.*
Ponthieu, n. 1875.
Pontieu, n. 1875.
Ponto, n. 1298.
Pontoise, p. 10.
Poquierès, n. 330.
Port Meselle, n. 939.
Portsaille, n. 941.
Port-Saillis, n. 941.
Porte (De la), n. 703.
Porte Moselle, n. 939
Porte-Muselle, n. 939.
Portigal. Voy. *Portugal.*
Portugal, p. 21, n 23.
Portraits du xvᵉ siècle, p. 49.
Posteau, n. 185.
Pot, n. 1798.
Poucane. Voy. *Pocaise.*
Poulaine. Voy. *Pologne.*
Pousauges, n. 1080.
Praly, n. 1767.
* Précigny, n 716.
Précy, n. 11, 1859.
Prés (Dé), n. 131.
* Presigny, n. 716.
Prestre Jhen (Le), n. 10.
Presure, n. 1854.
Prêtre Jean, p. 21, 26 et s., n. 10.
Preuilly. Voy *Pruly.*
Preux. Voy. *Neuf Preux.*
Prise, p. 48, n. 1790.
Prosy, n. 218.
Prulay, n. 598.
Pruly, n. 714.
Prunelay, Prunellé. Voy. *Herbaut.*
Pruscalet. Voy. *Pluscalet,* n. 1255, 1296.
Pucelle (la). Voy. *Darc.*
Puy (Du), n. 1759.
Puy du Fou (Le), n. 1085.
Puylonge, n, 1809.

Q

Quaquebec, n. 502.

Quarmain, n. 1215.
Quayeu, n. 397.
Quelar. Voy. *Caylar.*
Quenboure. Voy. *Combourg.*
Quernay, n. 411.
Quernel, n. 1233.
Quéru, n. 442.
Quéruel. Voy. *Quernel.*
Quesnoy, n. 483.
Quierès, n. 407.
Quiéret. Voy. *Quiérès.*
Quinsi, n. 1865.
Quintin, n. 1231.
Quoiment, n. 1251.
Quoiquen, n. 1249.

R

Rais. Voy. *Rez.*
Rambures, n. 1845.
Ramerupt. Voy. *Remeru,*
Rampont, n. 878.
Rance. Voy. *Ranse, Ransse.*
Ranse, n. 825.
Ransse, n. 820.
Rasilly, n. 737.
Ravais, n. 1028.
Ravel, n. 1821.
Ravenel, n. 374.
Raville, n. 931.
Ravoire (La), n. 1005
Ray, n. 799.
Rayneval, n. 366.
Rebaix, n. 1028.
Rechignevosin. Voy. *Rechingnevoisin.*
Rechingnevoisin, n. 222.
Registre des nobles, p. 57,
Reims, n. 71.
Relimont, n. 384.
Rely, n. 1884.
Remeru, n. 826.
Renboere, n. 1005.
René d'Anjou. Voy. *Anjou, Bar, Jéru-salem, Lorraine. Sicile.*
Renty, n. 1853, 1889.
Reny, n. 400.
Reuppe. Voy. *Ruppes.*
Reus, n. 796 Voy. *Reux.*
Reux, p. 5, 55. Voy. *Reus.*
Revillon, n. 948.
Rey, n. 773.
Rez, n. 1228.
Ribemont. Voy. *Relimont.*
Richard II, roi d'Angleterre, 18 et s.
Richard, duc d'York, p 33, 149.
Richemont (Arthur de), p. 43, 44, 54, n 60.
Riès, n. 1220.
Rieux, p. 9, n. 470, 1225.
Rigault, n. 87.
Rinzy, n. 394.
Riquies, n. 498
Rivarennes, n. 736.
Rivière, n 93, 1139. Voy. *La Rivière.*
Robart, n. 406.
Robois, n. 473.

ERRATA

Page 2, *au lieu de :* « d'argent et non d'azur, » *lisez :* d'or, etc.

Page 4, note 2 à la fin, *au lieu de :* eum omni amiciciâ, *lisez :* cum, etc.

Page 7, note 2, *au lieu de :* ms. fr. 1977, *lisez :* 1997.

Page 27, aux notes, *au lieu de :* 3-4, *lisez :* 2-3.

Page 39, note 2, *au lieu de :* page 15, *lisez :* page 13.

Page 48, vers le bas, *au lieu de :* Tournan, *lisez :* Tournon.

Page 69, n° 99, *au lieu de :* Fascé d'azur et d'argent, *lisez :* Burelé d'argent et d'azur, etc.

Page 70, n° 115, *au lieu de :* Fascé, etc., *lisez :* Burelé d'argent et de gueules, etc.

Page 73, n° 154, *au lieu de :* Frotté de sable, *lisez :* Fretté de gueules.

Page 74, n° 169, *au lieu de :* ... à une bande de gueules, *lisez :* fasce ; et *au lieu de :* ... un massacre, etc., *lisez :* un lion naissant de sable.

Page 75, n° 178, *au lieu de :* Fascé de gueules et d'argent, *lisez :* Burelé d'argent et de gueules.

Nota. Le métal doit toujours être nommé avant l'émail. Voy. p. 165, note *b*. Appliquez cette rectification aux n°s 282, 347, 392, 535, 536, 537, 570, 602, 725, 934, 1166, 1169, 1225.

Page 78, n° 208, *au lieu de :* « Armes d'Albert (voy. n° 5), » *lisez :* « Armes d'Albret (voy. n° 51). »

Page 81, n° 244, ce renvoi : « Voy. ci-après n° 320, » appartient au n° 245.

N° 288, *au lieu de :* quatre pins, *lisez :* quatre corneilles.

N° 383, *lisez :* D'argent à quatre lionceaux cantonnés.

N° 400, 401 et 417, *au lieu de :* bandes, *lisez :* fasces.

N° 445, *lisez :* 2 et 3 d'or, etc.

N° 522, *lisez :* à deux fasces d'or.

N° 558, *au lieu de :* face, *lisez :* fasce.

N° 600, *au lieu de* : recercelées, *lisez* : recroisetées.

N° 608, *au lieu de* : sino d'or, *lisez* : de sinople.

N° 824, *lisez* : Burelé d'argent et de gueules, etc.

N° 826, *lisez* : Gironné d'argent et de sable; semé, etc.

N° 896, *au lieu de* : croix, *lisez* : clé.

N° 945, *au lieu de* : d'azur, *lisez* : de vair.

N° 1013, *au lieu de* : marteaux, *lisez* : ponçons (ou poinçons à forer).

N° 1107, *lisez* : ... du même, adossés; en chef un lambel, etc.

N° 1764, *lisez* : Cantiers ou Cautiers.

N° 1849, *lisez* : Saint Pöl (saint Paul).

Paris — Imprimerie DUPRAY DE LA MAHÉRIE, boulevard Bonne-Nouvelle, 26
(Impasse des Filles-Dieu, 5)

www.ingramcontent.com/pod-product-compliance
Lightning Source LLC
Chambersburg PA
CBHW070810270326
41927CB00010B/2370